U0574605

湘潭

韶乐惊风起弦歌

主编：周亚平　文孝男
副主编：李珊珊　李钱良

湖湘文化区域精粹

总编：刘建武　肖君华
副总编：贺培育　殷晓元

SSAP
社会科学文献出版社
SOCIAL SCIENCES ACADEMIC PRESS (CHINA)

“湖湘文化区域精粹”丛书
编　委　会

总 序

中华民族有五千多年的悠久历史，儒、道、法、墨、兵、阴阳、纵横家等思想流派源远流长，博大精深；哲学、艺术、文学、历史、地理、宗教等学术文化领域异彩纷呈，高潮迭起。海纳百川，浩浩汤汤。中华优秀传统文化就是在这个基础上逐渐形成并为全社会广泛认知的最大公约数，是中华民族生生不息、发展壮大的丰厚滋养，是中国特色社会主义植根的文化沃土，是当代中国发展的突出优势，是中国人的精神家园，是中华民族的“根”和“魂”。中华优秀传统文化的主要内容集中在核心思想理念、中华传统美德和中华人文精神方面，这些正面向上的文化基因对当代中国人的思想启迪、精神滋养和价值培育极其重要，不可或缺。中国文化精神中的讲仁爱、重民本、守诚信、崇正义、尚和合、求大同等核心思想理念，自强不息、敬业乐群、扶危济困、见义勇为、孝老爱亲等传统美德，文以载道、求同存异、形神兼备、俭约自守等人文精神，集中展现了中国人独特的智慧禀赋、精神追求、价值观念、生活旨趣，是中华优秀传统文化的精髓，在今天也有着最大的群体认同。传承发展优秀传统文化，就是要抓住重点，明辨视听，正本清源，激浊扬清，最大限度地形成认知和实践共识。

党的十八大以来，以习近平同志为核心的党中央高度重视弘扬中华优秀传统文化，把文化看成民族的血液和人民的精神家园，提出了创造性转化、创新性发展优秀传统文化的重要方针。中共中央办公厅、国务院办公厅《关于实施中华优秀传统文化传承发展工程的意见》，第一次以“两办”文件的方式印发各地，表明了我们党和政府对文化建设特别是传承与发展本民族优秀传统文化的高度重视，为传承发展中华优秀传统文化的理论与实践指明了方向。我们要按照中央的要求，整合全社会力量，通过深入研究，有序引导和增强人民群众对中华民族所创造的光辉灿烂的中华文化的认同自觉和坚定自信。

湖湘文化是中华传统文化的重要组成部分，既一脉相承，又具有鲜明的三湘地域特征和湖南文化个性。长期以来，湖湘文化因其独有的忧国忧民、敢为人先、自强不息、崇尚务实等优良品格而广为传颂。特别是其中的崇尚务实、敢为人先的实践品格是湖湘文化最富个性的特征，它彰显了湖南人忧国忧民的爱国主义精神，激励了湖南人奋斗不息的不屈意志，赋予了湖南人开拓创新、勇于进取的实干精神。“惟楚有材，于斯为盛。”湖湘文化的绚丽光彩，还表现在近代以来，湖南杰出人物睥睨天下、纵横捭阖，无数英雄竞折腰。一座岳麓山，半部中国近代史。这里不仅有魏源等人睁眼看世界，有曾国藩、左宗棠等湘军将帅，有谭嗣同、唐才常等人力推维新变法，有流血革命的黄兴，这里更是孕育了毛泽东、刘少奇等老一辈无产阶级革命家的热土，是红色革命文化的重要源泉。在社会主义现代化建设进程中，湖湘文化作为湖南发展的文化底蕴，有力助推了全省现代化的进程。因此挖掘湖湘文化的优秀传统和有益成分，实现湖湘文化的现代变革，服务于湖南现代化建设，是我们理论工作者在社会主义建设进入新时代时不可推卸的历史使命和责任担当。

在湖南，发掘、整理和研究湖湘文化，严格地说开始于湖广分治、湖南独立建省之后。反思与总结绵延不断，自信与自卑、表彰与批评交织在一起。前贤秉持这样一种严谨和较为理性的态度，在传播和弘扬湖湘文化的过程中，做了大量的工作。比如说，纂修第一部省志《乾隆湖南通志》，编辑《沅湘耆旧集》《湖南文征》，曾国藩兄弟不遗余力刊刻《船山遗书》。从民间到官府，通过举办这一系列文化工程建设，洗抹湖南“边鄙无文”的旧形象，构建湖南文化的道统谱系，塑造湖南与中原地区同沐圣恩、一道同风的文化气派。到民国时期，本土学者李肖聃的《湘学略》、刘茂华的《近代湘学概论》，以及国立师范学院钱基博的《近百年湖南学风》等，则把对湖湘文化的研究由清代以搜集整理文献为主推进到了综合研究的新阶段。中华人民共和国成立后，特别是改革开放四十年来，湖南的知识界更是把前人文献整理和综合研究两个方面结合起来，比如“湖南精神”的提炼发布、七百巨册的《湖湘文库》出版，《湖湘文化通史》等重点课题的完成，在全国产生了很大的影响。这些工作都卓有成效，值得我们今天好好学习和总结。

湖南省社会科学院是从事哲学社会科学研究、经济社会发展战略决策咨询的专门机构，是省委、省政府的思想库和智囊团。曾经在湖南地方文史研究方面取得很大的成绩，率先完成的大型科研成果有《湖南通史》古代、近代、现代三卷本，《湖南文学史》古代、现代、当代三卷本，《湖湘文化纵横谈》等，是湖南省社会科学研究的第一方阵和主要基地。2012 年，省委研究同意在省社会科学院成立湖南省湘学研究院，明确要求进一步整合学术资源，深入开展学术研究，促进探讨交流，提升湖湘文化研究水平。我们要全面贯彻落实省委、省政府关于文化强省建设的决策部署，汲取历史的营养和先贤的智慧，弘扬湖湘文化的时代精神，增强湖南文化自觉和文化自信，加快建设文化强省和教育强省，提升湖南文化竞争力和软实力，推动湖湘文化走向世界。努力把湘学研究院建设成为湖湘文化的研究中心、宣传中心、学习中心和人才中心，为传承中华文化多盖一片瓦，为新时期湖湘文化建设多加一块砖。

由省湘学研究院组织编纂的"湖湘文化区域精粹"丛书，共15册，分为总论和14个市州分册，这个结构非常好。文化都有自己的共性和个性，中华传统文化从地域的视角看，有南方与北方、东部与西部、长江与黄河、沿海与内地之间的差别，它们在神州大地上都以母体文化为依托，形成各具特色、争奇斗艳的区域文化。十里不同风，百里不同俗。湖湘文化的发展历史也是一样，从三湘到四水，从洞庭湖到九嶷山，从湘东到大湘西，汉族民众和土家、苗、瑶、侗、白、回等少数民族同胞和睦相处，差别化的发展极大地丰富了湖南的文化光谱。湖南14个市州的文化作为湖湘文化的组成部分，如同湘资沅澧汇入洞庭湖一样，孕育和滋养了湖湘文化。研究地域文化，实际上就是研究文化的空间分布及其特征。从市州、县乡区域文化角度开展湖湘文化研究，不仅有助于我们将湖湘文化研究推向微观层面，还能帮助我们从文化层面增进当地人民群众对本土文化以及湖湘文化的认同，增强文化自信。此外，对市州湖湘文化精粹进行深入研究，对形成地域文化品牌，推进市州文化建设也有着重要的实践指导意义。我们可以把这一套丛书的编撰和出版看成湘学研究院的学者们在深入推进湖湘文化研究中的一次探索和试验。

不辱文化使命，创造性转化、创新性发展优秀传统文化，为实现中华民族的伟大复兴而努力奋斗，全省理论学术界任重而道远。期待全省从事思想文化和社会科学研究的同志们围绕建设湖南文化强省的目标，进一步拓展文史工作的深度和广度。

一方面，湖湘文化是一种传统文化，也是农耕文明时期的人文思想和智慧，有精华也有糟粕，有进步的元素也有落后的内容。湖湘文化要实现由革命性文化向建设性文化转变，由封闭文化向开放文化转变，由重农文化向重工文化转变，由斗讼文化向和谐文化转变，由自负文化、“老子天下第一”向自信文化转变，由关注政治军事方面向崇商和重视经济转变，传统的湖湘文化如何创造性转化、创新性发展，适应新时代的新要求，助推湖南全省经济社会发展，这是一项刚刚起步的重大课题，希望每一位从事意识形态和社会科学研究的同志都来思考这个题目，求索解决问题的答案。另一方面，湖湘文化的精粹与中华民族文化的优良传统一脉相承。在培育和践行社会主义核心价值观的过程中，湖南应当以继承发扬优秀湖湘文化传统为切入点，做好湖湘优良传统文化与社会主义核心价值观的融合文章，通过着力深化社会主义核心价值观的文化内涵、文化认同、文化体验，不断把培育和践行社会主义核心价值观推向前进。

湖南省社会科学院党组书记　院长　刘建武

目　录

湘潭赋

南楚形胜，千载峥嵘。闻友声毗邻长株，仰雄岳南迓衡峰。北眺洞庭之澄碧，西承雪岭之浩清。地沃人杰，日月同光。纳乾坤之慷慨，铸百代之恢宏。

妙哉，湘潭！其妙在山水也。白石、乌石、韶山，名传四海；涓水、涟水、湘江，泽被八方。至若巍巍昭山，秀拔特起，晴岚异色；峣峣壶山，万化冥合，鸥鹭环翔。唐兴桥头，樯来楫往；烟柳雨湖，翠拥红彰。杨梅洲含映水木渔歌美，仰天湖摇扬葳蕤稻花香。不啻抬足即动人风景，举目皆锦绣词章。

壮哉，湘潭！境中多藏物产，千秋极尽馥芳。锰都鹤岭，花石金莲，吴家酱业，紫油灯芯，至今名传遐迩，美誉留香。更以地善博大，山川平活，九衢四达，商茂市稠，乃为湖楚重镇、米药巨港。所谓“三秦之人恃此而饱，六军之众恃此而强”，自西汉置治，姚黄魏紫，溢彩流光。

胜哉，湘潭！其胜在人杰也。贤哲辉映如日月，士子灿然若河汉。本色豪情，纵横江海，砥柱中流沥肝胆；文韬武略，四维开张，鸾翔凤翥竞铿锵。胡安国燃薪碧泉，创立湖湘学派俎豆馨香；毛泽东开天辟地，升起新中国万丈曙光。彭德怀横刀立马，驱倭抗美，铁肩道义，气宇轩昂。王闿运、杨度、八指头陀、齐白石、“黎氏八骏”，其文光墨斗历百代而弥珍，播殊醇而昭启来芳。

古城藏轶事，逝水咏沧桑。勿与忘：洪武二年，常遇春血腥屠城，生民余七户；顺治六年，清军以“邑人多贰于圣朝”，“屠城九日”，饥疫兼行，掩瘗竟无量。而近三百年间，兵燹人祸，天灾地患，以致厚土狼藉，市廛荒寒。幸我湘潭民众如高山之松、凌寒之梅，霜打不垮，雪压不折，救国难，抗外侮，平内乱，保家乡，顶天立地，气干霄云，其敢为人先、大义凛然之不朽精神，山高水长。

美乎哉，湘潭！放眼今朝，鼎鼎湘中半壁，春风浩荡。发展响擂金鼓，古郡再谱新章。加快经济转型升级，培育新的经济增长，实现争位赶超，提升质量效益，激情飞扬；坚持创新、协调、绿色、开放、共享，凝聚发展共识，形成发展活力，雄姿奔放。结合本地实际，打造智慧城市、军工城市，走智能制造特色发展之路，步履铿锵。城市规划，科教文卫，立体交通，通信旅游，振翮翱翔；农村改革，精准扶贫，千村万户，齐奔小康，活色生香。建设富裕湘潭、法治湘潭、幸福湘潭、文化湘潭、美丽湘潭，弘开大业，凯奏笙簧。不忘初心，追梦中国万民携手奋进；再创辉煌，振兴中华绽放熠熠灵光。

祝曰：湘水泱泱，中兴之邦。厚德传承，造福八方。和衷共济，破浪远航。大美与共，浩翰无疆。

第一章　中湘惊凤舞　韶乐起弦歌

一 先秦时期的文化密码

(一)悠久典型的三大史前遗存

湘潭历史悠久，在这方土地上，30 万年前，就出现了古人类活动的踪迹。

湘潭县杨嘉桥镇蛟托村发现的 30 万年前的石制砍砸器

大约 7000 年前，湘潭先民开始在这片土地上繁衍，揭开了历史发展的第一页。在湖南新石器时代考古成果中，湘潭是长江流域最有代表性的大溪文化遗址的集中发现地，这里拥有湘潭县杨嘉桥镇金棋村老虎坑、湘潭县锦石乡堆子山、湘乡市龙潭乡岱子坪三大遗址。其出土的器物表明，境内先民已进入父系氏族社会。

1. 湘潭县杨嘉桥镇金棋村老虎坑遗址

1980年，考古工作者从湘潭县杨嘉桥镇金棋村老虎坑遗址采集到一批石器和陶器，距今约7000年。发现的石器有石斧、石锛、石镰等，分别以燧石、砾石经过磨制和多次加工而成；陶器有豆、壶、杯、碗、甑、罐、鼎等，制作分夹砂和泥质两种，饰以弦纹、刻划纹。从制作技术和画饰来看，老虎坑遗址的文化类型与我国江汉平原的大溪文化相似，属于湖南大溪文化，出土的器物也表明，境内先民已进入父系氏族社会。这一时期湘潭先民的生活状态大致是十几人或几十人为一群，活动在湘江、涟、涓谷地，凭借简单的石器工具，过着采集、渔猎的原始生活。

2. 湘乡市龙潭乡岱子坪遗址

岱子坪遗址今属龙潭乡童家村，1976年发现。整个遗址面积约1万平方米，文化层最厚处达2米，一般厚1~1.5米。出土的陶器、石器数量和种类众多，石器有石斧、石锛、石凿、穿孔石刀、石矛、石簇、石铲、石网坠等，陶器有鼎、釜、豆、壶、瓮、碗、罐、纺轮等，制作技术比老虎坑遗址有了新的提高，表明湘潭先民开始由采集经济向稻作农业和家畜饲养过渡，原始农业、手工业开始发轫。

岱子坪遗址距今约4500年的文化层和湘潭县白竹湾、杨家岭遗址，与中原屈家岭文化和龙山文化形态相当，反映中原文明已渗入湘潭境内，先民历经跋涉，逐渐过渡到原始社会后期。从大溪文化晚期到屈家岭文化这2000多年时间里，有迹象表明，湘潭先民们是沿着涟、涓二水由东向西逐渐向上游推进，并创造了洪荒时代这方土地的早期文明。

3. 湘潭县锦石乡堆子山遗址

遗址位于湘潭县锦石乡苍场村，遗址面积5000平方米，文化层厚1~2米。1993年湖南文物考古研究所对遗址进行发掘，出土了大量大溪时期文化遗物。遗物以陶器为主，有少量的石器（17件）和玉器（2件）。陶器泥质和夹砂各占一半，纹饰较老虎坑遗址出土陶器增加了戳印纹、弦文、绳纹、带状方格纹等，更加细密精致、富于变化。器型以三足器为大宗，器类有鼎、釜、罐、盘、碗、钵、纺轮、簋形器等。堆子岭遗址较湘潭县老虎坑遗址略晚500余年，其文化分期大致与大溪文化划城岗类型相当，其可贵性不仅在于出土器物之多，更在于其大溪文化类型的总体风格上体现出的明显土著特色。

（二）古苗、古越、楚文明的文化烙印

湘潭曾是三苗、扬越人、楚人的聚居区，楚越文化在这里浸染、融合甚为明显。一半华夏、一半蛮夷的双生血统，以及介于东西南北之间的地域优势，使湘潭一开始就烙上了楚越文明的文化烙印，具有极强的文化包容性。

当历史的脚步跨过原始社会，华夏的部落族群经历漫长的结盟、征战，形成“天下万邦”的局面。在广袤千里的江西、湖南、湖北、河南一带，古苗人建立起了古“三苗国”。三苗国并不是一个严格意义上的国家，而是长江中游一带强大的苗蛮部族联盟。湘潭地区属于三苗国的范围，古苗人成为原住民的主体。三苗文化虽然已在逝去的岁月中湮没，但考古学家依然通过对湖南石器、青铜器族系源流以及苗、瑶、侗各民族关于祖先的口述历史分析，找到了很多踪迹，三苗文明的真相，远不是落后的“南夷蛮貊”那样简单，它的稻作农业，石器、玉器加工，制陶业等文明成果，甚至走在了黄河流域的前面。

1. 舜帝南巡，奏响韶乐

北方中原地区完成黄河流域的统一后，黄帝、炎帝及尧、舜、禹三皇不断拓土南疆，相继对三苗国展开旷日持久的征战，三苗族裔主体向西南深山迁徙，成为云南、贵州苗、瑶、侗各民族的祖先。在这场战争中，舜帝曾经亲自南征，并葬身九嶷。湘潭接受过战争的洗礼，留下了中华初祖远古美丽的神话传说。炎帝南迁，溯湘江而上，入洣水，去茶陵，途经这里。舜帝南巡，在韶山奏响韶乐，“木叶翻飞，凤为之下”，韶山因此得名。

2. 周昭王南征，殁于昭潭

舜的继承者禹继续对三苗进行征战，最终古三苗国战败灭国。但三苗的后裔仍然在湘江这片土地上生息繁衍，他们被称为“扬越”，又叫“荆蛮”。生活在湘潭的越人是扬越的一支。在漫长的岁月中，古越人创造了富有特色的越文化。中原商、周王朝强大以后，为迫使扬越人服威输贡，频繁发动对扬越的战争。商朝初期，商的军队曾大举南下，侵伐荆蛮，《诗经·商颂》对此有过记载。西周对荆蛮、扬越的战争，多是在西周中期以后进行的。据《竹书纪年》记载，周昭王曾三次南征，但都遭到“荆蛮”的强烈反抗，最

后“南巡不返”“卒于江上”。传说周昭王“卒于江上”的地方，就是湘潭的昭潭，“昭山”由此而得名，山下有深潭名“昭潭”，即昭王葬身之所。

周昭王以后，周穆王、周宣王又继续用兵“扬越之地”。在漫长的征伐战争中，中原文化和古越文化在湖湘大地激烈冲撞交融，越人学会了中原先进的青铜制造技术，并在此基础上创造出独具一格的青铜铸造、铁冶、制陶技术和灿烂的越文化。湘潭地区发现了大量西周中期至春秋战国时期的越人墓，出土了一批生产工具、生活用品、兵器、礼器等，其中越式变形夔龙纹鼎、战国提梁卣、原始青瓷瓿等，都显示出了越人非凡的青铜铸造技术和创造能力。

西周末年，生活在湖北丹阳一带（今湖北枝江）的“楚子国”逐渐发展起来，春秋中晚期楚子国已成为强大的楚国，为“春秋五霸”之一。春秋中期，楚人以洞庭湖东、西两岸的澧水、沅水下游地区和岳阳地区为据点，分东、西两路向湖南纵深推进。至春秋晚期，楚国完成了对整个资水流域和包括湘潭在内的湘江中下游地区的占领。战国时期，湘江流域成为楚国的腹心区域，楚人与原住民逐渐融合，形成湘潭居民的主体。楚人南下，为湘潭地区带来了新的发展。楚怀王时，曾分封上官大夫靳尚，封地就在今天宁乡市的麻山乡，与今湘潭、湘乡紧邻。发源于湘乡市金石乡的一条小河，由于流过靳尚封地，故称靳江。靳尚的封地可能包括湘潭一部分。楚国三闾大夫屈原被楚怀王流放湘沅，其忧国忧民、怀沙自沉的高尚情怀和芬芳瑰丽的《离骚》，对湘潭历代士子影响巨大。

（三）熠熠生辉的青铜文明见证多元瑰丽文脉

今天，我们能够直接触摸到祖先的，只剩一些器物。即便是器物，我们也能感觉到一些难以言说的东西与我们血脉相连。或许，这就是文化。

在商周、春秋战国时期辉煌灿烂的华夏青铜文明中，湘潭出土的青铜器以其独特的形制和精湛的制作工艺，占有很高的地位。湖南是出土青铜器的大省，在已发现的青铜器中，无论数量之多还是造型之美、纹饰之精，都居南方各省份之冠。湘潭处于湖南青铜器集中出土的湘中青铜文化带中心，出土了包括生产工具、生活用品、兵器、礼器、乐器等数十件青铜器瑰宝，代表器件有商代晚期豕尊、西周“旅父甲”尊、春秋动物提梁卣、春秋变形夔龙纹鼎等。这些青铜器有两种类型：一种是中原型，形制、工艺都与中原同类器物如出一辙，估计是中原南迁军士、贵族带过来的；另一种是中原和地方的混合型，与中原同类器物相比，造型灵秀，透着南方独有的纤巧，估计是越人、楚人在中原制作技术基础上的再创造。透过这些出土器物，我们可以清晰地感受到生活在湘潭的先民们对艺术以及精神生活的追求，可以清晰地感受到活泼、清新、柔和、灵巧的青铜文化与今天湘潭文化审美取向的深度关联。毫无疑问，楚越文化是湘潭地域文化的重要基因。

1. 商晚期豕尊

国家一级文物，1981 年在湘潭市九华乡桂花村船形山出土。整体作野公猪造型，高 40 厘米，长 72 厘米。纹饰精美细腻，头部阴刻兽面纹，躯体饰鱼鳞纹，四肢饰长尾夔龙纹，背部有盖，盖上捉手残缺，文物工作者根据残存情况复原成凤鸟；双眼直视，獠牙外露，两耳竖立，四肢粗壮，尾下垂；肘部前后各有一圆形管孔，经过尊腹，直通另一肘部。此管应是先铸，然后安装于豕尊范中铸造的。豕尊重达 30 多千克，容积有 13 升，盛满之后，一个人难以搬运，有此管孔，可以穿系绳索，供人抬举，安装此管的作用是便于人们搬运。这件青铜瑰宝以鸟兽合体造型，与中原青铜器庄严凝重相比，更加形象生动，富有浓郁的越文化风格。可能是商代中晚期越人从中原工匠那里学会青铜铸造技术后融入越文化元素设计铸造而成。

豕尊

2. 春秋动物提梁卣

国家一级文物，1985 年湘潭县杨嘉桥镇金棋村出土。卣高 45 厘米，直口，椭圆体垂腹，底部有圈足，弧形盖上有一个小捉手，提梁方便使用者携带。相比中原地区青铜器器型的雄浑凝重，这件提梁铜卣造型生动活泼，特别是器身通体的纹饰，有蛇、青蛙、沙鳅、水虫等富有南方地域特色的水生生物，是越人当时所处环境的真实写照。尤其是对称的浮雕蛇纹造型极具灵活性，蛇的尾部向上翘起，这种立体的设计，大大增加了提梁铜卣的铸造难度。在青蛙纹饰的设计上，通过蛙背上的“S”纹造型，把青蛙本身的花纹很好地表现了出来。对动物造型的刻画，不仅反映了当时越人对周围生活环境的细致观察，也体现了越人活泼、清新、柔和、灵巧的审美追求。文物专家对动物纹提梁铜卣进行研究，没有发现立体纹饰有焊接过的痕迹，说明这件器物在铸造过程中很有可能是一次成型，这样的青铜器铸造工艺，在当时具有很高的技术含量。此类铜卣在湖南宁乡、衡阳也有发现，应该是湘江流域越人仿制中原西周铜卣的作品。

（四）三眼井楚简与虎座凤架鼓

在人们的印象中，黄河是中华文明的摇篮，而一个个惊人的考古发现证明，以楚文化为代表的长江文明，与北方的黄河文明双峰并峙。从湘潭被纳入楚国版图的那一刻起，楚文化的烙印就深深地打在了湘潭这块土地上，至今仍然透射出楚文化的绚丽光芒。《史记》记载，战国晚期，以长沙、湘潭、衡阳为中心的湘江中下游平原，已经是“楚之江南地”，这里的农业非常发达，成为楚国粮仓。湘潭地区楚墓出土的青铜器、漆木器、铁器、玉石器、青瓷瓿、楚金币，也表明湘潭地区手工业、商业非常高的发展水平，稍稍拭抹掉器物上时光的尘封，依然能够展现动人心魄的韵致。

郡县制由楚国首创，这一结论已为历史学界普遍接受。湘乡市三眼井出土的战国楚简为这一结论，也为湘潭地区最早的建置不晚于公元前 250 年，提供了实物佐证。

湘潭地区的建置始于何时，第一个县级行政中心是什么，史书上有两种记载。一种说法以光绪刊《湘潭县志》为代表，认为境内建置始于西汉初年设立的湘南县，它是唐置湘潭县的前身。湘潭地区秦代属长沙郡临湘县（一说湘县），西汉初为从军事上拱卫长沙侯国免遭西南少数民族侵扰，以湘河口（涟水入湘口）为界，分秦临湘县地置湘南县，境域包括涟水以南到耒水的大片地区。湘乡建置始于汉哀帝建平四年（公元前3年），划湘南县一部分地区封长沙缪王子刘昌为湘乡侯。另一种说法是，《读史方舆纪要》、乾隆刊《湘潭县志》认为秦代设湘南县；湘乡建置始于汉哀帝建平四年，封长沙缪王子刘昌为湘乡侯。然而，2014年湘乡市三眼井出土的战国晚期楚简，刷新了上述史籍的纪录，证明湘潭地区最早的建置始于战国晚期的楚国，约公元前250年，至今已有2260多年历史。

1. 三眼井楚简

2014年10月，湘乡市昆仑桥办事处南正街社区三眼井遗址出土楚竹简，这批竹简埋藏于3口废弃古井的淤泥中，总数700余支，竹简长度23厘米，文字形态属典型的战国楚文字。经对简牍的初步识读，内容多为战国晚期楚国当地行政中心对县、乡、村邑等基层社会的管理。考古工作者认为，城址中古井出土政府简牍，必定在当时的衙署之中，因此可以认定湘乡设行政中心始自楚国，时间不晚于公元前250年，而不是《汉书·王子侯表》中记载的汉哀帝建平四年（公元前3年）始封长沙缪王子湘乡侯刘昌，只可惜竹简中没有行政中心称谓的记载。

2. 战国虎座凤架鼓、漆器几案

世人都惊叹长沙马王堆汉墓出土的漆器风华绝世，却很少有人知道湘乡楚墓出土的战国虎座凤架鼓和漆器几案，是马王堆汉墓漆木器有着血缘关系的直接源头，且一样的风华绝世。

战国虎座凤架鼓、漆器几案于1975～1976年在湘乡市牛形山一号、二号战国墓出土。这两座战国墓是湘潭地区已发现的最大楚墓，都是二椁三棺，有宽长的墓道、五级和九级台阶，墓主当为大夫一类贵族夫妻。一号墓为五级台阶，墓主为女性，出土文物222件。其中，最有代表性的为虎座凤架鼓、漆器几案。虎座凤架鼓，架高1.2米，以两卧虎为鼓座，两凤鸟为鼓架，将鼓悬挂在两凤之上，悬空敲击演奏。凤的冠、首、身、翼、足均为榫卯结构，两只卧虎昂首卷尾背向而踞，卧虎背上分别站立着一只高贵的凤鸟，栩栩如生。除了器型较大，虎座凤架鼓还是一件雕刻精致的漆器。座架以黑漆为底，用红、黄两色绘制了凤密集的羽毛，虎身布满了红彩绘制的云雷纹。与中原人崇拜龙不同，楚人崇拜凤凰。凤凰对楚人而言，是一种凌驾于一切之上、最高贵最有神性的动物。在这件乐器上，凤所传导出来的柔美和神秘，散发出一种浪漫主义气息。漆几长81.3厘米、宽18.1厘米、高约40厘米。漆几造型的独特之处，在于略带弧度的长方形几面。几面以黑漆打底，上面用棕、黄、红漆绘制了缠绕的夔凤纹及三角形云雷纹。生动的纹饰加上优雅的造型，使漆几看起来典雅大方。另外一件漆案，长125厘米、宽51厘米、通高10厘米，案面上整齐地绘制着圆涡纹，造型简约柔和，色彩艳丽高贵。

二　秦汉至隋的文明曦光

秦汉至隋，湖南北阻洞庭，南绝五岭，远离中原政治礼法中心，经济虽有所发展，但前进的脚步远逊中原，文化也进入长达近千年的相对沉寂期。湘潭地区在自然经济为主导的这一时期，禀赋的优势并未释放，作为郡府州城的羽翼，其建置频繁更迭，县城也变动不居，今治城一直是湘江边毫不起眼的滨江小镇，经济文化发展落后于郡府州城，除三国时期湘乡蒋琬的政绩文章彪炳青史外，整体上人才寥落，鲜能入著作之林。

（一）秦朝南联海域、北达中原的水陆商路体系

公元前226年，秦王嬴政开始灭楚战争，公元前223年，秦老将王翦攻破楚国的都城寿春，楚国灭亡。楚军余部退入湖南，继续顽强抵抗。公元前222年，王翦渡过长江平楚之“江南地”，湘潭地区最终被纳入秦王朝的版图。秦朝的统治非常短暂，前后不过15年，但秦为伐南越，修驰道、凿灵渠，客观上形成了湘潭贯通宇内的水陆交通体系，为湘潭日后经济社会的发展奠定了良好的基础。

公元前220年，秦在楚“郢粤间道”（间道，即便道。郢粤间道，指湖北江陵到广东番禺的便道）的基础上，修建首都咸阳经湘潭抵衡山直达湖南，再分东、西两线进入广东、广西的标准化驰道，这便是日后南北交通干线湖广段官道的雏形。为解决数量庞大的征伐南越士兵的粮饷问题，秦又开凿长60里、宽2丈，连接湘水、漓水的越脊运河——灵渠。灵渠开通的意义远远超过原来的军事意义，它勾连长江、珠江两大水系，湘江因之真正成为

"南联海域、北达中原"的水运大动脉。湘潭作为湘江上下游交集的门户，从此商贸地位凸显。

秦代湘潭属长沙郡，境域跨临湘、湘南两县，以涟口（河口）为界，涟口以北属临湘县，以南属湘南县。湘南县跨涓水与湘江，直达耒水，并包含涟水流域，今湘乡、双峰均在其境内。县治所在地在今湘潭县之石潭古城，遗址位于古城村堋子组，目前护城河格局依稀可见，城墙基址亦略有遗存。

（二）两汉湘乡、湘南侯国

西汉初，湘潭继续地跨临湘、湘南两县，以湘南县为主体，属长沙国。到西汉哀帝建平四年（公元前 3 年），为了加强长沙的屏障，从湘南县划出一部分，封长沙缪王刘鲁人幼子刘昌为湘乡侯，建立湘乡侯国。东汉建武初年（25 年）于湘乡侯国地建湘乡县，划属零陵郡，县治在湘乡今市城。东汉时期，安帝延光四年（125 年），封中黄门（宦官）黄龙为湘南侯，湘南县改为侯国。黄龙死后葬湘南境内，今湘潭县有黄龙山，为其墓地所在；城区有黄龙巷，在今市区解放路。

（三）东晋陶侃驻兵和六朝湘米北漕

六朝时期，湘潭境域建置频繁变更。南朝齐建元二年（480 年）湘南县废。南朝梁天监元年（502 年），分阴山县立湘潭县，其地域多在今衡东县境，治所在今衡东县石湾（今衡山县沙头乡永和村有故城遗址）。湘潭县名虽由此起，但今天湘潭县地当时绝大部分分属湘西、新康、湘乡三县，只有马家堰、茶恩寺镇，以及原属湘潭县今划入株洲县的王十万、淦田少部分地区在新设县。也就是说，南朝梁设立的湘潭县，除了县名叫"湘潭"之外，与今天湘潭的境域没有太多关系，今湘潭境域是承继秦汉湘南县而来。

三　梦起唐宋：商业背景下的文明之光

（一）大唐盛世湘潭置县

大唐盛世是湘潭经济与人文在"木帆船"时代一个崭新的启航。所谓

“木帆船”时代，是指主要倚重江河木帆船运载的全国意义上的商品经济时代，它肇起于唐，止于近代轮船与铁路为主体的运载方式兴起，具体是1907年株萍铁路通车。这个时代，湘潭之所以能够明珠出椟、异军突起，主要是因为航运条件得天独厚。

湘潭，位于湖南中部偏东，山连衡岳，水接潇湘，衡山山脉如脊，湘江九曲如弓。境内水网密布，涟水、涓水、靳水从西南向东北绕流其间，丘岗平原交互错杂，青翠扑帘，绿水周舍。湘江发源于广西海洋山，纳潇水、蒸水，穿衡永万山，挟众流奔腾而下，激湍回漩，水势若箭，击石成雷。可是一过湘潭上游的三门、昭陵两滩，湘江终于钻脱群山的束勒，河床迅速舒展，湘水收歇住它的狂野，遇到石嘴垴壁立的巨石，极温柔地三百六十度地回环，形成湘江最大一湾——湘潭锦湾（今窑湾）。

有人戏说，这块突兀的红色巨石是神性的造化，它改变了湘江的南北流向，折向西再突然向东，构造出一个巨大的江潭，留下一江的风帆和谪官、罪臣、羁旅文人的遐思，孕育出湘潭的繁荣和璀璨文脉。近代诗人卢前《忆江南·咏湘绮楼词》有“湘潭水，弯折世犹疑”句，首度提出了对这种造化的惊叹。湘潭本土文人都喜欢将回环的上下游河段，说成是湘潭张开的两条丰腴的手臂；湘潭的风水先生，说岳峙渊涵的江潭是“金盘养鲤”的风水宝地，湘潭的形胜。这种说法本自郦道元《水经注》“湘水北经昭潭西，亦谓之湘州潭”演绎而来。湘江湘潭段自涓水河口到水深“无底”的“湘州潭”（今昭潭），整体就是一个巨大的江潭，江深水缓，航漕稳定，泊舟条件得天独厚。清顾炎武《天下郡国利病书》纵论湖湘形胜时有一段文字，“（湘江）南桂岭过斗飞泷，自分水岭以北，滔滔滚滚，由永州达衡山，而湘潭实全汇之，则为交广之门户者，非湘潭耶”，对湘潭优越的地理环境进行了总结。尽管湘潭得名存在不同说法，我们还是相信这种最显著的地理特征是湘潭得名的由来。

湘江湘河口的上游有三门、昭陵、错石（也称凿石）三大礁石险滩（在今株洲境内），怪石参差，浪高流湍。光绪刊《湘潭县治》载：“昭灵滩石峰星错，川洪线引，商舟经此，时虞损没。”“三门滩石峻水险，仅三处可通舟楫，比于砥柱三门之险，因名。”50吨以上级木帆船无法上驶；往下游入洞庭、出长江，小吨位（20吨以下）木船又难以抵抗洞庭、长江风浪，所以南下的货船要在湘潭卸载分装成小船继续上驶，北上的货船要在湘潭集装成大船，再出洞庭入长江。这种现象在史志中被称为“换船”。因此，湘潭有着湘江流域其他埠口如长沙、岳阳、衡阳所无法比拟的优势。

在商品经济大潮未起之先，湘潭就是六朝搬运漕粮、“漕引江湘”的水次仓所在。“水次仓”是历代王朝设在江河流域比较繁荣、航运条件优越的仓储基地，用以堆放、转运流域各府县上解中央政府的税粮。唐代湘潭设有两座水次仓，一座在洛口，一座在今市城的小东门外。到了唐代，除了传统的漕运，跨地域的民间商业运输兴起，湘潭湘江之上帆杈集连，成为河湾的常态。

唐代湘潭经济腾飞的第二个重要因素，是南北商路变化的契机。唐初由中原通吴越、福建、岭南的南北商路分东、西二线，东线自巩县下洛水，沿运河岸的楚州、扬州至苏州、杭州，再沿长江西上至江西洪州（今江西南昌），然后沿赣江越大庾岭至广州。西线自长安东南的灞上出发，越秦岭，经商、洛、襄、邓、荆门达江陵，再东下洞庭，经岳州、潭州、衡州越骑田岭，达韶广。湘潭当西线要冲。“安史之乱”以后，东线断绝，原来中原通往岭南、吴越、福建的商货被迫绕经湘潭的西线。商路的变迁，为湘潭插上了腾飞的翅膀。

唐代湘潭人马辐辏，商旅杂沓，灯火万家，大书法家褚遂良《湘潭偶题》用“踏遍九衢灯火夜，归来月挂海棠前”的诗句来描绘城市街巷的热闹，大诗人许浑《送客南归有怀》诗中有“绿水暖青苹，湘潭万里春。瓦樽迎海客，铜鼓赛江神”句，记录了湘潭汇聚四方商客、物参外夷之货的热闹场景。由于经济地位日益重要，唐政府于天宝八年（749 年）在湘南县故地复置湘潭县，设治洛口。洛口即今天市区易俗河。《中国实业志 · 湘潭沿革》指出：“唐洛水，即今涓水。涓水入江之口，在今易俗河市，市之湘水北岸为下滠司，今下滠司旁有城塘，塘侧有故城迹，其基甚侈，是即唐时徙县治之故城。”从此湘潭县境域初定。

唐代湘潭文脉遽兴，迁客骚人际会湘潭，人文大盛。大政治家、大书法家褚遂良因反对唐高宗李治立武则天为皇后，被贬官潭州都督，在湘潭石头寺（今唐兴寺）大书“大唐兴寺”匾额，至今石刻犹存。大诗人杜甫在这里盘桓吟咏，既有着战争带给他羁旅难归的“终是老湘潭”的无奈，也有着

“岸花飞送客，樯燕语留人”这样透着明媚春光的欢快。柳宗元、刘禹锡先后为湘潭高僧撰铭，阐释深厚的佛教文化。

五代乱离，马殷据楚。在名相高郁的策划推动下，马楚建立了以易俗场为支点，内连省境、外连京城开封和荆、襄、唐、邓、郢、复诸州的市场网络（回图务），大规模进行茶马贸易，获利甚丰。易俗场设下濠司。光绪刊《湘潭县志》说：“下濠司，宋置，盖即易俗场官之地。”马殷得宜的经济措施，使湘潭得以延续大唐盛世的繁荣，并开始成为湖南百货总集之区，史籍称“屹然为天下重镇”。

（二）两宋“户溢十万”的繁荣与本土文化滋长

作为城市建设发展史上的湘潭，诞生于北宋中晚期，至今约有1000年历史。从诞生之日起，她就是湖南最具活力的城市。

北宋迁治。北宋建都开封，南宋迁都临安（今杭州）。由于中原和北方地区长期战乱，从唐代开始的中国经济重心南移到南宋已经完成，庞大的国家机器的运转，主要依赖江浙、荆湖、岭南地区的漕运支撑。另外，宋代坊市制崩溃，商业空前发展。在这一背景下，湘潭商业飞速发展。湘潭除湘江漕粮运输以外，这一时期的商货运输也十分繁忙，南船北樯在湘潭莫不停舟解缆，以致洛口港城不堪容纳。所以，湘潭的当政者决定将行政中心从洛口迁至船舶容量更大的宋家桥附近（今市城）。

是什么人在什么时间促成县治迁到今城？清湘潭历史学家谭澐《湘潭故城考》说：“今县治则自南渡（即南宋）以来皆治此。”也就是说，迁治最迟不会晚于北宋末年。故城迁址是谁的睿智之举，已无法考定。迁治对湘潭经济社会发展产生了巨大的影响，自县治迁往今城以后，湘潭向世人敞开她包容四海、吞吐万象的怀抱，得天独厚的泊舟条件，吸引了以前停泊长沙的船只改泊湘潭。到南宋，湘潭自宋家桥至窑湾蜿蜒十五里的街市已初具雏形。

欧阳修为湘潭粮食巨商李迁之撰写《湘潭县修药师殿碑记》（乾隆刊《湘潭县志·艺文志》收录），留下了当时湘潭盛况之一瞥。宋文学家宋祁描写北宋时期长沙的盛况：“长沙十万户，游女似京都。”南宋大学者、文学家洪迈（1123～1202年）记载湘潭的情况则是“湘潭为都府大邑，户溢十万，旁左莫与京（比）”（《湘潭县楚峰驿记》，《全宋文》卷四九一九），也就是说，因为经济的快速发展，到南宋时期，湘潭城市的户籍规模至少已比肩长沙。宋理宗时期湖南宁远籍诗人乐雷发途经下湲司时，用“楚女越商相杂沓，淮盐浙楮自低昂”（邓显鹤《沅湘耆旧集》前编卷第二十五）的诗句，记录当时江浙商人辐辏的情形。著名的宋人话本《碾玉观音》记载了主人公崔宁为湘潭大户琢玉的情节，描写了湘潭富室追求奢华生活的世俗情态。

经济发展为湘潭本土人文的滋长奠定了基础，大批名臣硕学莅潭任职，也推动了本土人文的兴盛。南宋抗金名将刘锜贬入潭州，定居昭山，今昭山下宋家祠即其故址。刘锜贬居时赋诗：“三千地里无知己，十万军中挂印来”，仍不忘伐金兴宋。嘉定十七年（1224 年），徐质夫任湘乡知县，在周爽故居创建涟溪书堂，教授县内子弟。景定三年（1262 年），余文起为湘潭县主学，当时胡安国父子开碧泉书堂讲学，湖湘学派初创，余文起对胡氏父子的事业十分景仰，多方支持，督促诸生“训厉勤笃”。此外，孔武仲、杨宋臣、薛大圭、曾宰等一批硕学大儒一度任湘潭县令，忠实实行朝廷“佑学政策”，推动了湘潭文教事业的长足发展。

两宋创新的气象带来了百业的辉煌，商品在这里贸迁有无，文化在这里交融冲撞，财货在这里大量累积，境内经济文化建设远迈前朝，人才辈出，人文日盛。衍至南宋，有路振、彪居正父子、黎明、杨训、周爽、舒宜、钟震等学者名于时，其中彪居正曾任岳麓书院堂长，路振（先世祁阳人，迁居湘潭）采集五代吴、南唐、吴越、前蜀、后蜀、北汉、南汉、闽、楚九国君臣事迹，著编年体史著《九国志》。淳熙十四年（1187 年），湘乡王容中廷试一甲一名（状元）；淳祐十年（1250 年），湘乡贺德英中神童科廷试第一，宋理宗以“京阙人家惊天地，湖南童子破天荒”誉之。唐代以前湘潭文学艺术方面无闻人的局面已被打破，至南宋出现了王以宁、胡景裕、钟将之等卓有成就的词人、诗人。王以宁，字周士，号收公，湘潭县人，著有《王周士词》《收公集》，精于文章，所作小词句法精健，无浮艳虚薄之习，《全宋词》收录其词数十首，称其词“悲慨苍凉，时有兴亡之感，然失之粗豪”。胡景裕，字好问，湘潭县人，登进士第，博学多闻，《宋诗纪事》卷三十九收其诗一首《饯范子》。钟将之，字仲山，湘潭县人，官至国史编修，著《岫云词》一卷，时人多称之。

（三）湘潭文化史上第一个破天荒事件——“潭学”兴起

南宋绍兴二年（1132年），湘潭，这座历史不足百年的年轻城市，发生了一件破天荒的大事：湘潭诸生黎明、杨训从湖北荆门迎胡安国来湘潭隐山定居，筑“碧泉书堂”，开坛讲学，传播其学说——“潭学”，从此“潭学”兴起。这一事件标志着湘潭第一次跨入湖湘学术文化发展的前列，成为湖南学术思想的源头。王闿运在所撰光绪刊《湘潭县志·胡大原传》中说：“道学开自周敦颐，乡邦无传其学者，至（胡）安国及子寅、宏来，发明之，湖湘之学比肩关洛。”又在赞语中称：“胡开潭学，朱张继响。”极为精确地指出了湖湘学派因其肇始于潭，所以称为“潭学”，张栻迁学于岳麓，湖湘学“比肩关洛”的流变。

四 “金湘潭”：名胜楚南第一都

（一）“小南京”：湖南商贸中心的确立

以一个县城，力压省会、府城，一度成为湖南最大城市，并从明万历开始，持续334年扛鼎湖南经济中心，上演经济与人文辉映的盛宴，这是湘潭人文的奇迹。

明代湘潭有“小南京”之称。元末明初，从唐宋开始繁忙起来的湘江风帆和陆道商旅，因为战争一度绝迹。明洪武元年（1368年），朱元璋部将严广克湘潭，因遇陈友谅旧部顽强抵抗，因此命令血腥屠城。明嘉靖刊《湘潭县志》称屠城后“潭民只剩七户”，广大城乡城狐社鼠，万灶烟寒。洪武初年，朱元璋鉴于湖南人丁稀少的状况，颁旨以江西人户充实湖广，并采取招诱移民、奖励垦荒的政策。父老相传的“江西填湖广，湖广填四川”即是指此。事实上，来到湘潭的移民，十之八九为江西人，苏、浙、山西等地也不在少数。移民开发湖广的政策取得了良好的效果，湖南农业得以迅速恢复并取得长足发展，获得“湖广熟，天下足”的美誉；加上江西、苏浙、山西自古擅商，迁移之人视界、进取之心又高人一筹，有了他们的加入，湘潭经济社会也很快得到发展。

明万历年间是“小南京”的标志性起点。万历年间，长沙各港淤集的程度已经非常严重，几乎无法泊船。于是长沙府上上下下轰轰烈烈地进行了长达近50年的“疏浚河港、开河通商”行动，上报朝廷的奏折全部收录在明崇祯《长沙府志》卷八《开河通商议详纪略》内，几乎所有的奏折都给出“商舶改停湘潭，长沙商业衰落”的理由。而稍后的湘潭进士李腾芳在所著《高峰塔记》开篇即言“湘潭于湖南最有名”，又在《湘潭戍兵议》一文中说：“试问湖南诸邑，其为水陆之会，上下散聚之门户，谁如湘潭?”“试问湖南诸邑，其钱币之所集，流移之所聚，谁如湘潭?”“流移之所聚”，是就商帮云集、货物吞吐的情况而言；“钱币之所集”，是指为吞吐量巨大提供服务的金融业，湖南诸邑商帮、交易量“谁如湘潭”，则可以认定这一时期已经完成长沙商船的转泊、商人向湘潭迁移的过程，湘潭终于破茧成蝶，实现对长沙的全方位超越，成为湖南商贸中心。

“小南京”呈现给世人的是怎样一幅图景呢?乾隆刊《湘潭县志》记载：其时城分熙春、观湘、拱极、瞻岳四门，已有三街、九巷、二十六坊。商业街市东连城堞，西至窑湾，商业精华在九总至十八总河街，沿江排列，蜿蜒十余里。米市、盐业、药市、茶市、钱业、蓝靛贸易是其大宗，商业臻于繁盛。江岸有码头十余处，江上商船连樯衔尾十余里。周圣楷《题万楼》诗：“野烟窈窕村中树，帆影参差槛外舟”“万家城廓青山绕，十里帆樯翠霭笼”，是这种热闹场景最直观、最生动的注脚。湘潭的财赋贡献也甲于全省。湘潭明遗民郭金台在所撰《寿长沙太守钱平甫序》一文中说，湖广十七府（包括今湖北、湖南两省）纳粮两百万石，长沙府占到五十八万石；其他征发，长沙府占到湖广四分之一强；长沙府辖十二县，“邑之在湖以南者，惟长沙壤地大而赋入为最贫”，“其次为善化”，浏阳、湘乡在明代是“仇堕”的重点县之一，经济发展举步维艰，长沙府的征纳、摊捐四分之一出自湘潭。由此推算，湘潭承担湖南全省八分之一的财政任务。

（二）“金湘潭”：湘潭商贸辉煌的极致

清代，湘潭号为“天下第一壮县”“金湘潭”（光绪刊《湘潭县志》）。

1. 海禁政策与湘潭—广州商路

乾隆年间清廷的“海禁政策”，使“金湘潭”发展臻于巅峰。乾隆二十二年（1757 年），清廷实施清代最为严厉的“海禁”政策，关闭了宋元以来海外贸易非常发达的宁波、泉州、松江三口（口岸），规定江浙、福建沿海居民内迁数十里，“寸板不许下水”，仅保留广州一口与外国通商，对外贸易只能由清廷特许的“十三行”经理。这样一来，全国整个的茶、丝、瓷器海外贸易，只能从湘江水运或从湖广官道陆路运往广州，再通过“十三行”从广州放洋。湘潭作为内地进入广州必经的水陆枢纽，迎来了最大发展契机。这一时期，苏、浙、皖、闽的出口丝茶，江西景德镇的出口瓷器，均由长江入洞庭湖，循湘江上溯，在湘潭改装，湘潭茶叶贸易（特别是红茶）大盛，商业繁荣到达顶峰。不止是贸易，因为北五省商人的信息传播，晋商钱庄票号进入湘潭，打破江西帮银号垄断；苏帮传统绸布业利薄，转型为酒酱业，打造出著名吴园泰、吴恒泰酱业品牌；江西商人本以经营木材、锡箔、银号为主，此期向药业转型，经营由原药向成药、药剂丸散深度发散；本地商业由零散状态结成本帮，也迅速壮大，创造苏钢、清芝斋香粉、湘镰（收割水稻的镰刀）、鼎锅等著名品牌。创新、转型、发展每天都在“金湘潭”这块方寸之地轮番上演，让世人对湘潭的创造力刮目相看。

嘉庆刊《湖南省志》记载湘潭商业繁华的情形：“城总市铺相连几十里，其最稠者则在十总以上。甲乙之货云屯雾集，为湖南一大码头。”光绪刊《湘潭县志》更加细腻，“（总市）人摩肩，夫争担，行者不遑趾，居者不暇餐……言贸易者，码头、口岸、装口，举世无比”，“酒馆娼寮，充溢里巷，笙歌达旦，车马塞途”，“号天下第一壮县”。中国第一个开眼看世界的学者容闳两度到湘潭考察，在《西学东渐记》一书中，他记录了对湘潭商业繁荣的感受：凡外国运来货物，到广东上岸后，必先集湘潭分运内地；出口丝茶，必先集湘潭装箱，再运往广州放洋，以至于湘潭与广州间，商务异常繁盛，陆路肩货往来于南风岭者，常年不下十万人；湘江湘潭段帆樯如林，船舶集联数十里，往来肩货常年不下十万……上述一帧帧画幅，构成金湘潭商业繁荣的全景。

2. 商帮、会馆、码头

这一时期，湘潭吸引晋商、苏商、徽商、闽商、西商进入，这些商帮依赖地域、亲缘、生意往来等关系，迅速呈几何级数壮大，到清中叶，来自18行省的外埠商人在湘潭形成了七大商帮，分别是苏（江苏）、南（江南，亦称江左，包括浙江、安徽）、建（福建）、广（两广）、北（北五省，包括山西、陕西、山东、河南、甘肃）、西（江西，亦称山右商帮）、本帮（湖南）。除七大商帮之外，还有数量不在少数的行商。金湘潭的舞台容纳了以客籍为主、本帮为辅，囊括全国最有影响的十大商帮在内的巨大商业阵容，高峰期设有行、栈、店、庄5400余家，从业者达到5万多人，占到当时城市人口的六分之一。这些商帮各业所长，晋商的票号、茶叶、棉花，徽商的盐业，江西商帮的钱业、淮盐、药材，苏商的粮、绸布、酒酱，粤商的海产品，分总经营，码头、仓储等商业设施完善。七大商帮在湘潭建有36座会馆，最典丽煊赫的是江西会馆（今平政路，雨湖公园夕照亭为会馆后花园水阁）、北五省会馆（今十一总，又名关圣殿）、岭南馆（今工人文化宫）。

码头，乾隆年间发展至37处，光绪年间达到53处。有六大船帮、九大船行承担江河运输；领帖牙商乾隆年间有909个；贩运商品的行商，搬运的箩工、脚夫“往来于南风岭者常年不下十万人”，其他斋作（酒店）、堆栈（仓储）、钱庄票号（金融服务）、妓寮等，共同形成规模远胜他邑的完整商业链。

3. 市场

湘潭商业以集散、转口贸易为特征。滇黔粤桂货物北进中原、东出江浙，中原、江浙货物南进两广、川黔，都在湘潭集散；省内湘江上游州县出产的土产，如桐油、茶油、材木、谷米、棉花、蛋品、烟叶、土瓷、纸、茶叶等，多荟萃湘潭转销汉口、江浙；湖南湘中及湘江流域上游州县日用苏广杂货，如食盐、布匹、百货、海产、槟榔，都从湘潭批发，湘潭形成省内苏广杂货、槟榔、鱼苗中心市场，以及省际的谷米、药材、茶叶、猪鬃、淮盐贸易市场。

米市是湘潭经济的第一大支柱。湖南在清代号称“天下粮仓”，粮食产量和外运量均十分巨大，湘江流域上游各州县所产谷米甚至滨洞庭湖地区的谷米，多汇聚湘潭，转口汉口、江浙（有时亦输出广东）。清代前期，湘潭米市集中在十八总沙湾。乾隆以后，因为沙湾无法满足谷米的仓储，市场主体转移至易俗河。易俗米市交易年均在400万石左右，有专业运粮码头19座，载运量在1000石以上的运粮船32艘，载运量在数十石至数百石的民船

二十世纪三十年代的湘潭县城鸟瞰

1565 艘，从事谷米搬运的箩工 1000 余人。沙湾在易俗河米市兴盛后，仍然保持年交易量 100 万石的水平。湘潭常年活跃着苏、浙、潮、益、汉、本六大粮帮，湘江之上，运米之船常年千艘云集，在湘江绵延数十里。湘潭在“四大米市”说法诞生之前，即与无锡、芜湖、九江米市市场地位相同，交易量仅次于无锡，犹在芜湖、九江之前。民国初年，由于运输方式的改变，湘潭米市为长沙靖港取代，才有无锡、芜湖、九江、长沙“四大米市”之说。

盐业是湘潭第二大支柱产业。清乾隆以前，湘潭贸易以米谷为第一，盐利第二。明清湖南主食淮盐，淮盐行销实行引岸制，“总商”将淮盐运至汉口，再由“水商”从汉口分运至各州县。湘潭盐业除销售规定的“额引”外，采取囤卖汉商之盐的手段供给上游各州县，以至于湘潭上游各县之盐价“俱以湘潭盐价消长为准”。湘潭盐业的传奇人物萧怡丰，本名萧炳南，原籍江西泰和县，嘉庆年间落籍湘潭，他在湘潭经营盐业发迹后，成为扬州“八大总商”之一，在长江中下游流域广布分号，年获利百万，成为乾隆年间湖南首富。经湖南巡抚荐奏，嘉庆钦点萧炳南为“皇表义士”，王闿运撰《皇表义士荣禄大夫萧君碑》中称“萧有怡丰，名震于潭”。萧炳南湘潭的总部在十六总。已公映的电影《大清盐商》，即是以萧炳南之子萧芸浦为原型，剧中称萧芸浦为江西人，严格地说应该是湘潭人，今湖南图书馆藏翁纯义撰《湘潭萧氏家传》稿本一卷，收录萧炳南及萧绍棨（字芸浦，萧炳南长子）、萧绍典（字楷堂，萧炳南次子）、萧绍渠（字小泉，萧炳南第三子）父子四人传略，可以为证。

4. 天下药都

康熙年间，江西临江府清江县樟树坊黄某在湘潭开设药材栈，兼营代客买卖，之后于乾隆二年（1737 年）报局注册，取得牙纪行帖，成为湘潭第一所正式药材行。仅两年时间，乾隆四年（1739 年），临江府新余、清江、新淦、峡山，南昌府的丰城等县药商纷纷在十总至十二总开设行栈字号，领有官帖的药材行已满 10 家（牙帖由户部发给，湘潭限额 10 家），包揽湘潭药材的全部经营，从业者达到四五百人，湘潭药材业进入鼎盛时期。其时，湘潭药市货源充盈，品种齐全，广西全州、柳州、桂林、梧州，广东清远、肇庆所产药材以及东南亚印尼、安南、暹罗、缅甸等国的进口药材，越南岭顺湘江进入湘潭，云、贵、川和鄂西所产药材顺长江东下经洞庭溯湘江而上湘潭，黔、蜀、湘三省毗邻地区经酉水或沅水转常德运至湘潭，北地陕西、山西、甘肃等省则经汉水入汉口转运湘潭，各种普通药材、名贵药材应有尽有，以致十总至十二总药袋塞途，交通不畅。药材销售十分畅旺，临丰帮构建起与全国“四大药市”的销售管道，临丰帮成立“八堂”，其中崇福堂、福顺堂、聚福堂、怀庆堂四堂分别是专营代客买卖，经营川货、汉货、淮货的组织。在清末的药材业界，湘潭在“四大药都”外称“天下药都”，常年销售额约白银 800 万两，有“药不到湘潭不齐，药不到湘潭不灵”之说。

此外，湘潭还是湖南苏广杂货批发中心。湖南日用百货多依赖苏、广，苏广杂货入湘必先运至湘潭，省城及各州县商人转从湘潭批发，康熙年间张垣《湘潭竹枝词》有“上湘广货下湘盐，舟到湘潭尽货添”之句，反映了各地舟船载土货而来添百货而返的盛况。湘潭的蓝靛、竹木市场、鱼苗市场亦是湖南的中心市场，湘江、涟、涓流域所产土靛集中在湘潭交易，各地靛商“持万金、千金、百十金”坐潭收购。河东板子厂一带为竹木交易中心，湘潭上游衡州、永州、郴州、道州以及茶陵、攸县林区的竹木，放排入湘潭，湘潭木材牙商充当山客、排客的经纪人，趸入后，在河东改扎成大排，运销汉口或江浙。小东门外的鱼苗市场是辐射湘西、湘中的一个较大市场，每当初夏四月，人烟辐辏，湘潭有民谚“小东门，不种田，靠着四月吃一年”的说法。槟榔加工与销售是湘潭的特色产业，十步一店，五步一摊，年交易额达二百万两白银。

五口通商以后，湘潭市场结构发生了较大调整，茶叶贸易成为第一支柱产业，米市和猪鬃分排二、三位，行业扩充至20类230种，与汉口商业行业分布基本一致。

5. 茶叶市场

湘潭在清初即为湖南最大的茶叶外销集散市场，其时业茶者以晋商为主，他们在湘潭坐庄收购，外销途径主要是经张家口运至俄罗斯的恰克图，转销欧洲，内销则主要是京师、陕甘。湖南最大产茶区安化、新化茶叶基本在湘潭装箱外运，以致清代《茶谱》作者将安化茶叶极品——铁色茶，误作“湘潭铁色茶”，清人江昱《潇湘听雨录》对此进行纠正，说“湘中产茶，不一其地，安化售茶湘潭，即名湘潭（京师称为湘潭茶），极为行远”，指出极为行远的“湘潭茶”为安化所产。乾隆《湘潭县志》亦有记载：安化茶制成后，色深如铁，茗香扑鼻，“今京师皆称湘潭茶”，故“湘潭（茶）名久重京华”。海禁开后，红茶贸易兴起，咸丰初粤商为扩大红茶出口，来湘潭传授红茶制作技术，大规模在湘潭城区设庄或委托本地商人设庄收购，安化、湘乡、醴陵、浏阳等地所产茶叶均集中湘潭装箱运汉口、广州，销欧美、俄罗斯诸国和地区，全盛时期，仅市区石塔庵一带就有茶庄60余处，交投火爆，其中，湘乡帮朱紫桂同治六年（1867年）在湘潭设庄，收制本地红茶运汉口外销，获利近百万两，成为名闻遐迩的巨富。光绪六年至十年（1880~1884年），湖南外销红茶90万箱，湘潭占到9万多箱，约占总数的10.8%。

6. 猪鬃产业

五口通商后，猪鬃产业崛起并迅速成为湘潭第三位的支柱产业，湘潭白猪鬃产量居全国第一，与汉口、天津、上海、重庆并称五大猪鬃市场，本省芷江、邵阳、衡阳、茶陵、津市、益阳、宁乡以及广西、云南、贵州、江西、湖北一带的毛货大多在湘潭集散，广东、汉口、上海等地商人坐潭收购。光绪二十年（1894 年）前后，湘潭成为全国五大猪鬃市场之一，年产白鬃 40 吨。第一次世界大战期间，猪鬃作为战略物资，引发欧美、日本、俄罗斯抢购，发展至最高峰。

7. 早期湖南金融中心

明末至清初，在湘潭经营典当和钱铺的多为江西吉安人，“湘潭金融，半归掌握”。至康雍乾嘉盛世，随着粮、盐、药材、茶叶等转口贸易量的海量增长，金融的创新产品“票号”也随之进入湘潭。票号专营汇兑业务，兼营存放款业务，为山西平遥商人雷履泰于嘉庆年间创设。道光元年（1821 年），雷履泰的日升昌票号就开设湘潭分号，至道光二十四年（1844 年），晋商经营票号的八大钱商全部在湘潭开设分庄。湘潭票号的通汇地点众多，诸如上海、汉口、长沙、广州等无不通达，每年内外汇兑达千万两白银，为湖南翘楚。湘军兴起以后，票号开始承汇政府和官吏的公私款项汇兑，代理国库汇解湖南应改京饷、协饷、战争赔款和外债等，业务开展更加兴盛。江西钱商在康雍乾嘉年间被晋商抢走风头，到乾隆嘉庆年间开始创设钱庄（又称银号），将以往货币兑换扩展到主营存放款业务、商票市票业务，因而重新焕发出生机。咸同年间，湘军将领拥巨资返乡，投入典当和钱庄业，湘潭金融业进入鼎盛，湘潭城内钱庄达百余家，月流通白银百万两，与上海、汉口、重庆等大都市齐名，其时“长沙市场不如湘潭繁盛，长沙钱庄业务也不及湘潭”。

8. 城市建设

清代大量商人和商业移民进入，湘潭城市人口出现较大增幅。据出版于 1915 年的《最近支那经济》，当时全国人口在 10 万以上的城市共 43 个，湘潭以 30 万城市人口排湖南第一、全国第 21 位（长沙 25 万，排湖南第二、全国第 22 位）。城市建设在明代基础上扩展为六门（增通济门、文星门）；繁华市总集中在城外沿江一带，东连城堞，西抵窑湾，街道分河、正、后三重，绵长约十五六里，略作半月形。富商巨贾辐辏云集，四海奇珍齐聚，到处是青楼画阁，绣户珠帘，雨湖歌舞，日夕喧阗，湘江沿岸，媚烟腻水，酒馆妓寮，充溢里巷，竽歌达旦，车马塞途，呈现出一派繁华的都会场景。

9. “金湘潭”的衰落

“五口通商”，汉口、九江开埠，是“金湘潭”商业由盛转衰的转折点。第一次鸦片战争失败后，清廷被迫签订《南京条约》，开广州、厦门、福州、宁波、上海五口对外贸易，史称“五口通商”。“五口通商”打破清朝闭关锁国的局面，从此海禁大开，广州一口通商和行商制度（十三行特许贸易）废止，丝茶贸易集散由广州转向上海，东南、江浙丝茶不再从湘潭集散，广东、广西沿海商贸也沿海路转向上海集散，湘潭转口贸易地位丧失。第二次鸦片战争失败后，清廷又被迫开汉口、九江为通商口岸，以前由湘潭集散的北五省商品改集汉口，湘潭中转贸易地位进一步削弱。五口通商和汉口、九江开埠，对湘潭商贸影响巨大，光绪刊《湘潭县志·货殖志》说：“五口开，汉口、九江建夷馆，县市遂衰。”1895 年，内河航运业兴起，铁壳轮船吨位大，经济、快捷、抗风浪，湘潭木制商船停泊优势丧失，苏、浙、汉粮食商人开始改用轮船运输，米市移至长沙靖港，食杂百货商户也多迁往长沙。至此，湘潭仅保有上游各县的贸易聚散，省内贸易枢纽地位削弱。1907 年，株萍铁路通车，湘潭水陆商道优势完全丧失，五口通商、汉口开埠和内河航运业兴起后，湘潭仅保有的东南及上游县邑贸易也改取长沙聚散，至此，长达 334 年的湖南经济中心桂冠让于长沙。

第二章　文思捋九府　才名压十州

湘潭文化是一部意蕴丰赡的厚书，湘潭子民以其不朽情怀和生花妙笔，书写了包括“湖湘文化”“湘军文化”“红色革命文化”“白石文化”“传统文化”“金湘潭商业文化”等极具价值的文化章节，光耀湖湘，名重天下。

唐宋以前，湘潭虽然是“上郡（指长沙）善邑”，但文化发展成就不如长沙、武陵（常德）、衡州（衡阳）、巴陵（岳阳）、永州等府城。“金湘潭”崛起后，往日的府城反成了她的卫星城，湘潭文化发展落后郡（府、州）城的局面，也得到完全改观，一时群星璀璨，英雄辈出，文采风流，映照东南。

王闿运在光绪刊《湘潭县志·序》中，用“科举甲于长沙”“经学著于列县”“六艺抗于九府”三句话概括这种人文盛况。所谓“科举”，包括会试、乡试中举的进士、举人和拔贡；“经学著于列县”，王闿运的解释是湘潭研究经学的人才和所达到的造诣为全省之冠，湖南提学使组织的经学讲座基本是延请湘潭的经师；“六艺”是指著述，“九府”是指湖南当时设置的九个府州行政区。王闿运撰光绪《湘潭县志》时（截止到光绪十四年），收录历代湘潭县著述 695 人 1295 种，为湖南各县之冠，也超过部分府州。

湘潭人文最大的特点就是名人迭出，学界普遍认为绍兴是“名士之乡”，湘潭是“名人之乡”，功业举世无匹。湘潭人才蔚起的现象开始于明代中后期，以周之龙为代表的“莘莘六周”，可以算作标志性的开端。湘潭人才的菁华是政治人才，明至清代前期，政治人才主要由科甲入官，如李腾芳、石万程、陈鹏年、谢振定、罗典，周系英、石承藻等。到了咸丰同治时期，大部分知识分子聚集在湘军曾国藩、左宗棠、彭玉麟、胡林翼幕下，走出由军功开镇四方的捷径。据纂成于同治八年的《湘乡县志》统计，湘乡一县文官知府以上 86 人。其中，总督、巡抚 6 人，分别为两江总督曾国藩，云贵总督刘岳昭，湖北、安徽巡抚李续宜，陕西巡抚刘蓉，广东巡抚蒋益醴，浙江巡抚杨昌濬；布政使 4 人，按察使 5 人，道员 31 人；武职副将以上 1153 人，其中提督 180 人，总兵 404 人，形成一个巨大的官僚集团，创造了湘潭人才以群体姿态登上近代中国历史舞台的文化奇迹。到了近现代，湘潭涌现出了以毛泽东、彭德怀为代表的人才高峰。除了政经人才，湘潭的文化人才也灿若群星，宗师迭起，百花齐放，湖南文坛艺苑的领军人物几乎都出自湘潭。更为难得的是，湘潭文化风气浓郁，市井乡村的贩夫山农、闺秀僧道往往能诗，“门第人物”甲于湖湘，彰显出湘潭深厚的文化底蕴。

一　潭学文化：启湖湘学统

（一）从“潭学”到“湖湘学派”

李泽厚认为，理性精神发展到一定程度，必然要摆脱宗教、礼仪旧制的束缚，建立哲学意义上的学术思想体系。秦统一以后，从西汉叔孙通制礼到董仲舒罢黜百家、独尊儒术，中原建立起了以孔孟思想为核心的学术体系和人才征辟制度。包括湖南在内的南方地区，在长达一千多年时间里只能被动适应，没有羼入自身文化基因的学术体系构建，这是南方人才不显、文化不张的重要原因。

北宋中期，湖南道县人周敦颐以孔孟儒家学说为核心，吸收佛教、道家思想元素，创造出一种“新儒学”，人们称为“道学”或者“理学”。周敦颐的学术建构非常精湛，黄宗羲在《濂溪学案》中说，“孔孟而后，汉儒只有传经之学，性道微言之绝久矣。元公（周敦颐）崛起，二程（程颐、程颢）嗣之，又复横渠（张载）诸大儒辈出，圣学大昌”，认为周敦颐是“道崇孔孟，学启程朱”。周敦颐以道家五行学说解说“性道微言”，没有充分体现出湖南文化精神，所以，宋代湖南人不太认同濂溪学，更不认为他是湖湘学统的缔造者。

“潭学”兴起，缘于一个福建人胡安国。胡安国，福建崇安人（今福建省武夷山市），字康侯，是北宋末年著名的理学家，因为出生在武夷山下，学者以“地望”又称他“武夷先生”。他是绍圣四年（1097 年）的进士，先在太学做博士，外放湖北荆门学博，升湖南提学使（未就）。其时正值金兵南下，“靖康之役”发生，为躲避战火，他隐居荆门，著《春秋传》。南宋初，荆湘一线成为抗金的最前线，荆门常有战火之虞。绍兴元年（1131 年），胡安国接受湘潭士子黎明、杨训迎请，携季子胡宏来湘潭，买山碧泉，刈草诛茅，筑碧泉书堂讲学，续著《春秋传》。

武夷山志 卷之首 繪像 七

胡文定公諱安國字康侯號武夷翁 茅堂先生諱寧字
和仲 五峯先生諱宏字仁仲謚曰明 籍溪先生諱
憲字原仲謚靖肅 致堂先生諱寅字明仲謚文忠

憶昔文定志在春秋格君化俗扶綱闡猷
次子和仲克承家學贊述麟經以啟後覺
季子仁仲負性遂ゝ不求祿仕乞祠家居
從子原仲辭祿養親晦菴東萊俱列門人
猶子明仲昂ゝ孤鶴忠鯁不移遷謫自若
是為五胡千秋昭灼

清·董天工《武夷山志》中关于胡安国的记载
（前排左为胡宁，右为胡宏；后排左为胡寅，中为胡安国，右为胡宪）

胡安国为什么选中湘潭碧泉？据他自己说是爱碧泉风景清幽，实则应该有多重考虑，包括湘潭经济发展因素和碧泉靠近南岳后山的安全性等。胡安国早年私淑周敦颐的学生程颐、程颢，算得上是周敦颐的再传弟子，因为生在朝代鼎革的“天崩地改”年代，痛感朝廷“积贫积弱”，“中原沦没，遗黎涂炭”，性理之学不切时务，于是他在孟子性善论的基础上，兼采二程的理本论和陆九渊的心本论，提出“性本论”；在认识论上提出知行合一、学以致用；在义利观上，吸取永嘉、永康事功派之长，究切时务。胡安国的学说，在两宋之交那个风雨飘摇的年代，可谓是切中士子的痛点，具有很强的感染力，也与湖湘忧国忧民、以天下为己任的文化特质最为契合，因此很快受到湘潭乃至湖湘弟子的追捧，“潭学”雏形初成。

胡安国于绍兴八年（1138年）去世，葬于湘潭隐山，他在碧泉书堂的教泽只有8年时间。季子胡宏，字仁仲，学者称五峰先生，早年师事杨时，侍父居隐山后，著有《知言》。胡安国去世后，他致力于传承父业，改碧泉书堂为碧泉书院，扩大规模，培养出一大批理学名家，其中名声最显赫的是张栻。湘潭大批士子从学胡宏，见诸记录的有黎明、彪虎臣、杨训、钟震、郑一之、彭宗孟、张天任等。胡宏“优游碧泉二十年”，绍兴三十一年（1161年）在碧泉病逝，与父合葬隐山。胡宏的学术精湛，他的最大贡献在于将有度而不放佚的“人欲”——正常的名利——归之于“天理”的范畴；讲求学以致用，恢复中原。全祖望在《宋元学案·序录》中认为：“绍兴诸儒所造，莫在五峰之上，其所作《知言》卒开湖湘学统。”也就是说，湖湘学统由胡安国开端，在胡宏这一代已然成熟。

正式形成能够与濂洛关闽分庭抗礼的湖湘学派，是由张栻完成的。张栻，字敬夫，号南轩，南宋汉州锦竹（今四川绵竹）人，南宋名相张浚之子，学者称“南轩先生”。张栻师从胡宏，为胡门高弟，在碧泉盘桓了很多年，光绪刊《湘潭县志·山水篇》记载他曾为湘潭县衙清风阁（民间称“卫夫子祠”）题扁。胡宏去世后，他将碧泉书院班底迁至岳麓，湘潭碧泉书院逐渐式微，湖湘学派重心由其发源地移往长沙，湖湘学派弟子转而师从张栻学习于岳麓书院。特别是朱熹、张栻会讲于岳麓书院以后，由于从学者众多（高峰时达千余人），著名的有湘潭胡大时、钟如愚，湘乡周奭、萧佐，醴陵吴猎，衡山赵方，零陵吴伦、蒋复，常宁王居仁，祁阳谢用宾，江西清江彭龟年，福建建阳游九言、游九功兄弟等，湖湘学派盛极一时。时人真德秀在其所撰的《劝学文》中指出：“窃惟方今学术源流之盛，未有出湖湘之右者。”清人黄宗羲在《宋元学案》中也认为：“湖湘一派，当时为最盛。”湖湘学派正式形成。

从“潭学”到湖湘学派，核心是调整“天理人欲”的关系，讲求学以致用。湘潭、湖南之所以选择胡安国父子而不是名气更大的本地人濂溪先生，最根本的原因是胡氏学说贴近楚文化基因，尤其贴近湖南人深入骨髓的家国情怀。湘潭是湖湘学派的起点，它的知行观、器用观、义利观已深入民性，注入湖湘文化的血胤：支持湖湘士子在清代咸同年间成就了书生济世的梦想，也深深影响近现代湖湘历史发展。从这个意义上说，“潭学”对于湖南学术思想的贡献，是不言而喻的。

（二）湘潭与湖湘学风嬗变

湘潭对于湖湘学术思想的贡献，不仅在于她是孕育分娩湖湘学的地方，更重要的是，湘潭秉承湖湘学创新的优良品格，在此后的发展进程中，不断带给它源头活水，导引湖湘学风嬗变。

学术思想是发展的。胡宏去世后，浙东傅良举、叶适来湖南任职，湖湘弟子很多转从傅、叶学习，湖湘学派吸收浙东事功派的学术观点，做出第一次重大拓展。毛泽东主席最喜欢读永嘉事功派陈亮（字同甫）的《陈同甫集》，晚年，主席视力不好，特别交代中央书记处将《陈同甫集》用大字特印，便于他随时阅读。这从某种意义上反映出湖湘学派与浙东事功派学说的相近和融合。

湖湘学的第二个发展高峰是王船山时代。明代，王阳明心学盛行，但阳明心学没能挽救明朝的灭亡。明亡后的30年，学术界对明代的文化思想进行了深入的反思。梁启超评价宋学、王学有一句名言“平生袖手谈心性，临危一死报君恩”，直指理学空谈性理，误国误己。与王夫之同时代的湘潭郭金台、黄周星、王岱，都以切肤之痛，向腐臭因循的阳明心学投下了数不胜数的明枪和暗匕（见《石村诗文集》《了庵诗文集》《九烟先生遗集》）。王夫之的反思则是从哲学层面展开，他提出六经皆根柢于史，豪言“六经责我开生面”，旨在推倒阳明学说的根基，“自立宗主”。杨毓麟在《新湖南》一文中说：“胜国以来，船山王氏以其坚贞刻苦之身，进退宋儒，自立宗主，当时阳明学说遍天下，而湘学独奋然以异焉。”

湖湘学的第三个高峰是曾国藩时代。曾国藩是一个理学的践行者，他笃信程朱，“少立说，多躬行”。他的创新之处在于以“礼”调和宋学汉学分野，不论宋学汉学，归根结底是要将“德”和“性”落实到生活中才能有用；“礼”，不是虚悬的繁文缛节，而是典章制度，是严格的制度规范。“修身”是要求自己守礼；治国平天下，是用制度约束全体守礼，逾礼则以法重治。为此，他有“圣人”之名，也落下“曾剃头”的恶谥，但效果显著，开启了清季的“咸同中兴”。他还提出了“时”的范畴，认为所有的学说都必须因时制宜，服务时代。这是他强于以前和同时代理学家的地方，他已超脱了传统经学、理学的藩篱，具有面向未来、面向世界的视野，为洋务运动与西学的引入提供了理论基础，所以曾国藩对湖湘文化的贡献十分巨大。

1. 曾国藩与洋务思潮

鸦片战争以后，内忧外患动摇着古老帝国的悠久传统，部分有识之士如龚自珍、魏源等，开始认识到宋学、汉学的空疏无用，主张经世致用，“师夷长技以制夷”。1854 年，曾国藩、胡林翼在采石矶上看到洋人的小火轮在扬子江逆流而上、横冲直撞，他们感受到来自工业文明的冲击，“洋人来中国也，广设埠头，贩运百货，亦欲逞彼复削之阴谋，隘我商民之生计。军兴以来，中国人民久已痛深水火，加之三五口通商，长江通商生计日盛，小民困苦无告，迫于倒悬。今要听洋人行盐，则商场贩运之生计穷矣；听洋人设栈，则行店囤积之生计穷矣；听洋人轮船入内河，则大小舟船水手舵工之生计穷矣”（《曾文正公全集》），胡林翼一时濆血狂喷。在镇压太平天国农民起义后，曾国藩、左宗棠、郭嵩焘等政要精英力行洋务与西学，十九世纪六十年代开始，一场全国范围的“自强求富”，引进西方先进技术、创办近代工业企业的洋务运动蔚然兴起。至九十年代，先后创办 200 余个军事工业和民用企业。在这场自强求富的大突围中，洋务的倡导者以湖南为中坚，湘潭出现了一批经世派学者和洋务运动的实践者，如湘乡的曾国藩、王鑫、李续宾、李续宜、谢宝璆、彭洋中，湘潭县的欧阳兆熊、马敬之、欧阳勋、罗汝怀、黎培敬等。

2. 晚清湘学是王闿运时代

王闿运站在王船山“六经责我开生面”的基础上，返本穷源，遍注群经。他认为六经是经学，更是史学，六经反映的是先王的治迹，并非是放之四海皆准的铁律；周公、孔子在先王治迹的基础上建立起的道德伦理体系，属于经学，确实堪为百代师，功在千秋。但孟子、荀子以后的经学呢？不论宋学还是汉学，都是“羊质虎皮”——挂羊头卖狗肉，是对先圣的集体绑架和篡改。孟子、荀子是“笨伯”，道统朱熹其实是“稻桶”，他们人为制造“假圣人”道具和傀儡，旨在服务统治者的意识形态，博取利禄。“利之杀人胜于兵多矣”，学人这种犬儒做法实与奸商无异，士大夫无耻导致了国家的贫弱，学术要回到周公、孔子真学问时代。这些学说，在当时那个时代无异惊雷霹雳，振聋发聩。王闿运注《离骚经》（即《楚辞》）之《高唐赋》，指出整篇意旨是：屈原建议迁都夔巫，守三峡之险以拒从川蜀顺长江而下的秦师。因为扼于政敌迫害，不能明言，所以才以赋体“奇文”的形式出现，“高唐云雨之说”不过是后儒的胡说（湖南里耶秦简的出土，秦兵从四川潜出夔巫，证实了王闿运之说）。屈原的文章，篇篇有实事，篇篇为致用，并非只是辞章，学人要仔细辨析，治学当以“佐治道、权先典、明古训、雄文章”为宗旨。王闿运打倒荀、孟以后的经学，提倡“复古”，实则是为了开新，是一场思想解放运动。他的学说为戊戌变法和新文化运动开启了先声。王闿运以霸才雄笔，天马行空，享誉一时，只是他的局限在于走不出传统经学的螺蛳壳。

3. 王闿运与近代学风嬗变

戊戌变法是我国近代史上的一件大事，六君子的血，开启了中国近代化之门。英国人在上海《字林西报》载文：“任何一个国家能产生像这样一些烈士，是没有理由对它绝望的……这六个青年的鲜血也将是新中国的种子，他们的名字应当被记住的，因为总有一天，他们的（确）会享受崇高的荣誉。”（《戊戌变法》第三册第529～530页）一百多年过去了，历史给予了六君子崇高的荣誉（其中刘光第、杨锐是王闿运主四川尊经书院时的学生），但作为播撒这些种子、导引近代学风嬗变的一代宗师王闿运，却被遗忘甚至被扭曲。

1916年，熊希麟挽王闿运：“楚学离中原以独行，读湘绮全书，直接汨罗大夫，船山遗老；教育先政治以革命，张公羊三世，实启西川弟子，南海名人。”道出了王闿运以《公羊》开蜀学，康有为尽弃所学，转师王闿运的弟子廖平，开启维新变法新声这一近代“历史公案”。这一“公案”基本事实是：王闿运以经学传蜀中弟子廖平（王闿运执掌四川尊经书院，廖平从学7年），廖平于光绪十三年（1887年）至十五年，短短三年时间分别写成了《知圣篇》《辟刘篇》两部书稿，学术观点从王闿运的古今兼采发展至尊今抑古，认为古文经学是刘歆等人篡乱的伪学，只有今文经学才是孔子真传。光绪十五年（1889年），廖平游粤，康有为一见倾心，尽弃其旧说。在《辟刘篇》的指引下，康有为督课陈千秋、梁启超众位弟子，日夜搜罗材料，运用目录、版本、校勘等知识，以及大胆的假设、穿凿附会，在廖平还盘桓于入川途中之时，一部循《辟刘篇》旨意写成的《新学伪经考》已倚马成书，洋洋四十万言。此书一出，“粗豪狂姿，天下震动”。又三年，康有为另一部循《知圣篇》而作的《孔子改制考》问世，神州席卷，戊戌维新思潮遂澎湃一时。钱基博在所著《现代中国文学史》中说：“五十年来学风之变，其机发自湘之王闿运，由湘而蜀（廖平），由蜀而粤（康有为、梁启超）而皖（胡适、陈独秀），以汇合于蜀（吴虞）。”指出王闿运是近代学术思想嬗变的“发机”。

理学到新文化运动时期已完全消亡，当然包括湖湘学派。但朽去的是湖湘学派的躯壳，文化精华经岁月淘洗，凝练沉淀下来，滋养湖湘文化继续根深叶茂。

二　湘军文化：彰湖湘显学

(一)书生抱负:中国历史舞台湘学济世的首度大规模亮相

“湖南自郡县以来，曾未尝先天下”（皮锡瑞《师伏堂未刊日记》），即既没有发生可以影响全国的大事，也没有出现过可以领导和号召全国的人才。然而就是凭借湖湘学“学以致用”的底蕴，在咸同年间一跃而起，在近代一百五十年，成就非凡，湘学也因之成为“显学”。在这一过程中，湘军发挥了核心作用。

湘潭是湘军之源、湘军军饷之源、湘军的摇篮。湘军初名“湘勇”，它的母体是太平天国起义爆发的第二年（1852 年）湘乡县令朱孙贻团练的乡兵，当时的兵源多来自湘乡一县。咸丰三年（1853 年），曾国藩正式接受“帮办湖南团练大臣”职务，开始编练、统率湘军，兵源地也有所扩充，但仍主要集中在湘乡、湘潭为中心的临近地区，他的想法是“同县之人，易于合心”（张集馨《道咸宦海录》）；营制主要采取长官“以亲缘关系、地域关系”招募勇员，以读书人为各级头领来编制。曾国藩清楚地知道，不曾被“酱缸”浸染的知识阶层历来是民族的脊梁。太平天国由广西入湖南，一路带来“名教之奇变”，极大地冲击了三湘四水浸淫于性理之学的士人的价值体系，曾国藩在《讨粤匪檄》中以“捍卫名教”相招邀，镇日侈谈性理而有心卫道的章句之儒，帕首提刀，纷纷投入以曾国藩为中心的湘军行列。湖南以往的知识分子只知道科举那座独木桥，湘军兴起后他们开始意识到，一排排官场中人像茅草一般被太平军的排刀刈倒，两广、湖南鱼烂瓦解，老大帝国积久而成的颟顸与衰颓挽救不了眼前的危机，在干戈遍地的乱世里，军旅、军幕更容易寄托士子的抱负，从而选择投笔从戎。这样一来，就形成了湘军书生领兵的独特现象。受湖湘学浸润的知识分子，昔日“百无一用”的书生，在“金湘潭”源源不断的财富支持下，竟然在往后的日子里纵横驰骋，收复新疆、出关抗日、保卫台湾，立下赫赫战功，实现中国历史舞台上湘潭乃至湖南书生报国、湘学济世的第一次大规模亮相，湖湘学也因此成为显学，大放异彩。

老湘营西征图（藏中国历史档案馆）

（二）湘军功业，造就近代湖南政经人才长盛不衰的局面

湘军时代延续了30余年，甲午战争才画上句号。湘军集团的兴起，给湖南经济社会发展、人才成长带来了深远影响。从曾国藩组建湘军开始，曾国藩幕府大量援引湘人的同时，也广泛吸纳全国最高端的人才，最盛时人数达到400多人。投军的湖南年青学子在战争的磨难和与这些人才的切磋琢磨中，迅速成长，很快独当一面，出现“湘军遍中国，督抚半湘人”的盛况。当时中国18个行省，从湘军中就先后涌现出总督、巡抚20名，布政使、按察使12名，其他提督、总兵、副将级将官千人以上。

战争平息以后，一方面，湖南绅权势力随湘军将领拥资归里，获得了进一步的发展，绅士权势显赫，操纵地方政权，且思想守旧，顽固地拒绝外来新鲜事物，这是湖南在近代化过程中步履艰难的一个重要原因。王闿运在光绪刊《湘潭县志》中对归里的湘军将领“率侈于食用，一饭至百金……诸将帅还者，挥霍宣赫，所过倾动，良田甲第期月而办”，以及种种以服饰骄人、以酒食游戏相征逐的奢靡颓风，多有贬斥之词，认为这种奢靡颓风，将导致湘潭经济社会“暮气深沉”，非湘潭之福。另一方面，少数开明者因转战南北，接触到了一些西方的知识，能从封闭死寂中开眼看世界，他们的子弟承先人余绪，多以优越的社会地位、经济实力和教养条件，或居军政要职，或兴办实业、教育，或学有所长，造成近现代湖南人才辈出、长盛不衰的局面。

湘军集团也对近世湖湘学术风气产生了重大影响。从湘乡走出的湘军缔造者、国家重臣曾国藩，实现了魏源“师夷长技以制夷”的理想，成为洋务运动毫无争议的开创者。他开眼看世界、吸收新思想新知识，为湖湘士子的价值选择提供了依傍，当举国的书生还在故纸堆皓首穷经，以科举为终极追逐目标的时候，湖南士子却显出对实业和新思潮的浓烈兴趣，如办新式学校、近代工矿业，赴日留学，加入新军。所以说，以曾国藩为代表的“湘军文化”打下了它身后百年内湖南人才群起、在中国历史舞台叱咤风云的根基。

三　革命文化：演绎伟人故里精彩诗行

从鸦片战争到新中国成立的一百多年间，中国人民历尽苦难。在壮志凌云、热血横飞的不尽求索中，湘籍伟人辈出，叱咤风云，成为影响中国的关键力量。“长岛人歌动地诗”（毛泽东《七律·答友人》）——湘潭是“动地诗”中最精彩、最高潮的诗行。

（一）气血淋漓：维新与近代革命先驱

二十世纪初，杨昌济说：“湘省士风，云兴雷震，咸同以还，人才辈出，为各省所难能，古来所未有。”新文化运动前后，湖湘文化对推进中国现代化进程起着不同于其他区域文化的贡献。从黄兴到毛泽东，湖南士人著书论文，又用兵打仗，书生意气与刚毅志气融集一身，济世勇气与横绝正气融为一体，成了湖湘人才的一大特色。

自湘军集团兴起以后湖南显露出对新思想的吸纳能力，以谭嗣同为代表的维新集团崛起。《湘学报》、时务学堂、《湘报》相继开办，南学会和其他进步学会纷纷成立，各地办学堂、办报纸，除旧布新，蔚成风气，湖南成为响应维新变法最活跃的省份，也成为新闻媒体、革命团体创建最早的省份。湖南维新运动的中枢是长沙，但湘潭也是气血淋漓的地区，朱德裳、易宗夔、张通典、蒋德钧等是湖南维新运动的风云人物。戊戌变法失败，谭嗣同等人的头颅热血让湘潭先进知识分子对改良维新绝望，起而赴日留学，继续探求反清强国的道路。1903 年，留日学生黄兴风尘仆仆地回到家乡湖南，约集宋教仁、刘揆一（湘潭）、陈天华、胡瑛、章士钊等人创建反清革命团体华兴会，湖南开始成为反清的前沿阵地，一批仁人志士，为革命奔走呼号，成为埋葬大清王朝的第一批掘墓人。1904 年，湘潭籍刘道一、李傥第一批加入中国同盟会，成为孙中山、黄兴的得力臂助。湖南地区会党洪江会领袖马福一，早在华兴会、同盟会成立之前，在谭嗣同、唐才常的感召下，就开始寻找革命方向，1904 年加入黄兴、刘揆一领导的反清阵营，策划甲辰起义。起义因叛徒告密而流产，马福一被捕，1905 年就义，成为湖南近代革命殉难的第一人。1906 年，刘道一受黄兴委派回国，在湖南发动声势浩大的萍浏醴起义，失败后被捕，1906 年 12 月 31 日在长沙浏阳门英勇就义，成为第一个为革命流血牺牲的同盟会会员。1905 年禹之谟领导湘乡学潮，遭当局忌恨，罗织被捕，死前高呼："禹之谟为救中国而死，救四万万人而死！"从容就义。在整个辛亥革命运动和反袁革命过程中，壮烈牺牲的湘潭籍烈士有马福一、文尚武、王度、冯廉直、刘道一、李鑫、杨王鹏、禹之谟、秋瑾。他们视死如归，大义凛然；他们气贯长虹，感天动地。

这期间，湘潭还出现了一位立宪派的风云人物——杨度。杨度，字皙子，湘潭县姜畲镇石塘人。他是王闿运"帝王之学"最得意的衣钵传人，1902 年自费留学日本，与孙中山、黄兴、蔡锷私交甚深，但政治观点各异。他在日本办《中国新报》，倡"金铁主义"，主张立宪救国。1905 年为清政府出洋考察宪政五大臣代写《宪政大纲》，才名颇受"五大臣"青睐。袁世凯窃取辛亥革命成果后，欲行帝制，杨度组"筹安会"，袁世凯称他为"旷世逸才”。杨度的主张和行动逆历史潮流，但他作《湖南少年歌》却是磅礴大气，提振了一大批湖南青年的士气。

（二）乡音亲切：天安门城楼翻开新的纪元

辛亥革命虽然推翻了封建帝制，但中国仍未走向民主富强，军阀混战，列强侵凌，内忧外患，风雨如磐。血的教训使国人认识到必须从文化、制度上改变中国。于是，中国人又开始了新的探索——新文化运动和中国共产党领导的社会主义革命。湘潭县人朱德裳著《中国魂》，开始用晓畅的文字揭露清政府的黑暗和列强的血腥侵略，黎锦熙、黎锦辉兄弟最早提倡白话文。1917 年，毛泽东创办《湘江评论》，和蔡和森（湘乡）等由宣传民主科学转向着重宣传马克思主义。1921 年，中国共产党诞生，何叔衡、邓中夏、毛泽东成为中共早期领导人，开启社会主义革命征程，历经二次革命、护国战争、护法运动，军阀混战、国民革命、土地革命、抗日烽火、解放战争。这一连串的斗争中，湘潭人气旺盛，涌现出诸如毛泽东、彭德怀、罗亦农、黄公略、陈赓、谭政等一批叱咤风云的政治家、军事家，也产生了一批诸如齐白石、张默君、张天翼、黎锦熙、萧子山、萧三等文化名人。这批人物经历了比他们的先辈更加长期、更加艰苦的磨砺，并创造了比他们先辈更加辉煌的业绩，为中华民族伟大振兴立下了不朽功勋；他们的思想、文化，也极大丰富了湖湘文化的内涵，导引湖湘文化现代化向着最新的、最高的层次发展。

四　传统文化：“于湖南最有名”

王闿运在《湘绮楼日记》中说，楚文苑盛于东汉以前、明代以后，具体说到南楚，明代中期以前一直籍籍无名，文化的影响力几乎没有走出过三湘四水。而明中期以后，湘潭宗师巨匠联翩继起，文采风流，为湖湘文苑增色不少。

根据史志记载，康熙年间，湘潭文苑已很热闹，号称“文渊”（康熙刊《湘潭县志・文风》），乾隆之后的情形更是：“潭夙号文墨多人作者之林，近则益骎骎然弦诵与科名竞爽矣。”（乾隆刊《湘潭县志・文风》）唐宋以前“罕人著作之林”的情况得到根本改观。

（一）骚坛艺苑，绝顶风流

有人嘲笑湖南文心哑暗：中国文学史的湖南篇，只曾留下那些贬官、罪臣和避难者的长吁短叹，从最早的屈原到西汉的贾谊，再到唐代的杜甫、刘禹锡、柳宗元，堪称湖南的一大特色。湖南文学落后的局面到明代中期才开始改变，其中，湘潭才子的不朽华章最为湖湘增色，也让国人赞美不暇。

湖南诗坛文苑，自明代中期李东阳茶陵诗派文坛树帜以后，接着江盈科、陶汝鼐和湘潭四杰周圣楷、郭金台、黄周星、王岱为公安、竟陵派干将，张大楚风，名满天下；湘潭张九钺名振九州，成为乾隆年间诗家大宗；曾国藩为中坚，扬桐城湘乡文派大名于天下，号“桐城殿军”；清季王闿运为核心，“湘中五子”、“王门”高弟树“湖湘诗派”巨纛，纵横中国诗坛文坛数十年，王闿运更是戛戛独造，号“诗文天下第一”（谭正璧《中国文学家大词典》），“百年无与其抗手”（汪辟疆《光宣诗坛点将录》）。中国文学史没有湘潭篇章的局面，被彻底打破。

史学领域，湘潭周圣楷的《楚宝》，清季王闿运的《湘军志》《湘潭县志》等，雄居湖南史学绝顶。尤其是王闿运，评家认为可与范晔（东汉史学家，著有《后汉书》）并驾齐驱；所撰光绪《湘潭县志》为县志中的名志，李肖聃认为，魏源、李元度、郭嵩焘所作无其器局和伟抱，唐宋以后没有这等史笔。

明清画坛，前有王岱。王岱，字山长，号了庵，出生于湘潭县城宁乡巷（今泗洲庵巷），是明清易代之际名满海内的“才鬼”。早岁即有才名，8岁随父宦居永州，稍长即游陪都南京，与王世祯、施愚山、龚鼎孳等游。明清鼎革，潜居山泽，在湘潭县下四都瀼水旁构“溪上草堂”，建“五芝亭”，读书绘画。他的诗文已经脱离公安、竟陵的窠臼，达到了举世景仰的高度。著有《了庵诗文集》《且园近诗》《且园近集》《浮槎诗文集》等。《四库提要》称其才气纵横。王世祯、施愚山、郑重、张贞、方象英、梅庚、陈梁、陈衍虞等人都称赞王岱为诗书画“三绝”。陈衍虞称其散体之文“大抵苍郁朴老，翦尽媚肉曼声，疏落有西汉风味，一似龙门之桐，高百尺无枝”。韵言则“时作金玉声而有霜气，时作泉石声而有别韵，亭亭孤上，绝人攀跻”。他的书法“兼柳骨颜筋，落墨称圣，尤其是细楷隶书，更是空绝海内”。他的画艺更是“僧繇、顾恺之一类人物，妙画通灵”，一桢一楮“争重于巨公，侩炙于名流”。晚清民国，则有尹金旸墨梅扬名天下，齐白石臻于绝顶。

“金湘潭”工商业造就的消费文化，特别是戏曲，也是中国文学史无法绕开的章节。一代奇才黄周星先是借《西游记》酒杯，作《西游证道书》以浇心中块垒，又作《制曲枝语》，为戏曲理论奠基，其传奇《人天乐》《惜花报》流传甚广。特别是《西游证道书》，据吕留良《东村诗存》记载，周九烟（黄周星）笺评《西游记》的动机，完全是为稻粱谋。周九烟和吕留良（晚村）往来最密，晚村的《东庄诗存》里有许多赠他的诗，其中有一首云：“闻道新修谐俗书，文章卖买价何如?”自注：“时在杭，为坊人著稗官书。”不经意下，著就一部别具会心的奇书！张九钺也是因仕途不顺，在秦淮河滞留，因囊中羞涩，不得不为戏班作杂剧《四弦词》《竹枝缘》，传奇《双虹碧》《红蕖记》，而《六如亭》则是晚年借苏轼、王朝云爱情故事纪念他的小妾，广为流传。棠湾张氏张九钺的曾孙辈张声玠，字玉夫，著《玉田春水轩杂出》9种，更为清中期曲坛奉为圭臬。

（二）门第人物，甲于湖湘

文化世家最能显示一个地域的文化底蕴，没有深厚的文化积累，是无法成为世家的。“门第人物，甲于湖湘”这句话，出自汪煇（新安盐商，笔名湘上痴，后定居湘潭）《湘上痴脱难杂录》，记载的是明末清初湘潭的情况。要是汪煇生长在康雍乾嘉鼎盛时期，更不知要做何观感。

湘潭文化世家最有名的有周圣楷、黄周星（育于上元黄氏，故改黄姓）为代表的“方上周氏”，张九钺“棠湾张氏”，张嘉言“张家坪张氏”，石承藻“乌石石氏”，王闿运“移风王氏”，郭汪灿“银塘郭氏”，黎氏八骏“长塘黎氏”，罗汝怀“鼓磉洲罗氏”，袁芳瑛“石潭袁氏”等，至于父子、兄弟联袂有名于时的，数不胜数。

“方上周氏”世居湘潭县方上桥，从明万历年间周之龙为首的“莘莘六子”发端，一直至清末，绵延十数代，进士数十人，有诗文集刊刻的30余人，其中周圣楷、黄周星、周系英、周大烈等为杰出文化大家。周圣楷，字伯孔，幼极聪明，12岁就写得一手好诗文，号为“中湘才子”，20岁游南京，为竟陵（今湖北天门）钟惺赏识，成为竟陵派的骁将，“帆园门户，实私竟陵”。钟惺称其“胸怀楚珩，腹有荆璞”，公安袁中郎称周伯孔的诗文“抒自性情，清新有致”。著有《湖岳堂集》，毁于兵，周诒朴辑得《湖岳堂集》二卷存世。今天读书人知道周圣楷，就只是他四十五卷的《楚宝》了，即便是著湘潭地方史的专家，也不过以“著名的史家”品题他，其实他更是一位曾在晚明文学天空拖着长长彗尾，留下一抹璀璨亮光的文学巨匠。黄周星，本姓周，讳星，字景虞，号九烟，后因不容于家族，改姓黄，名周星。南明亡后，易名黄人，字略似，号半非道人，又号而庵、圃庵、汰沃主人、笑苍道人等。九烟先生真是有趣，既然以“人”为名，何以只是“略似”？又何以是“半非”——半人非人？是说其境遇“是人非人”，还是说九烟半人非人，那些归顺大清的则完全是“非人”？他是一位与名士张岱、余怀、归庄齐名的诗人，书画也极擅长，八岁时所临《曹娥碑》《黄庭碑》曾折服董其昌，江浙盛称为《周郎贴》。著有《夏为堂集》，毁于兵，现存《周九烟先生遗集》六卷，是他的后辈周系英官江浙时，其子周诒朴辑成。

乌石峰下的石氏，自石万程始，延绵数世，杰出人物有石仑森、石承藻等。

清初有以张九钺为代表的“棠湾张氏”。棠湾张氏本居湖北襄阳画里村。始迁祖张熹宦从何腾蛟入湘抗清，官至衡永都督同知。顺治六年（1649 年），何腾蛟战败，被杀于湘潭流水桥，熹宦遣散部下，化装为老僧，偕弟收瘗何腾蛟尸骸，隐居湘潭小麦巷为其守墓。17 年后，张熹宦在上五都仙女山南坡棠湾购置田产，正式落籍湘潭。棠湾张氏未落籍前，湘潭以明永乐二十年（1422 年）由江西安福县迁居湘潭落笔渡的张氏最有名。落笔渡清代属“六都”，所以又称“六都张”。棠湾张氏地处“上五都”，落籍较晚，相对落笔渡“旧张”，所以又称“五都张”“新张”。“棠湾张氏”从张文炳开始，以诗书、科举步入仕途，七代以内有 11 人中进士，30 多人刊刻诗文集。张九钺这一辈，有九钧、九键、九镒、九镡、九鉴、九锜、九滋等人，均是地方史志争相登载、引以为豪的人物。张九钧，雍正进士，诗人，历官刑部郎中、道员；张九键，乾隆举人，官河北隆平知县，工诗能文，沈德潜赠诗“浣花以后久无作，漱石于今大有人”，对之评价极高；张九镒，乾隆进士，授翰林院编修，历官道员，刚介正直；张九镡，乾隆进士，翰林院编修，善诗能文，研究经学，撰有《易通》《古文尚书考》《竹书纪年考证》等多种学术著作；张九滋，女诗人，有“笔墨纵能齐柳絮，功名原不到钗裙”等佳句，著有《守拙斋遗稿》，《沅湘耆旧集》称她为“女史”。张九钺的子侄辈中，又有世澋、世法、世浣、世濂等人能诗擅文，当时湖南有“雏凤声清”的称誉；孙辈中家栻、家槼、家樾、家桢、家桐、家枢、家楚、家棉等，亦是个个能诗，人人能文，群星璀璨；曾孙辈更出现了张声玠、周诒蘩夫妇这样执湖南文坛牛耳的戏剧家和诗人。邓显鹤在编选《沅湘耆旧集》时称棠湾张氏“名父之子，名子之父；同怀兄弟，昆龙季虎，雄视一时”，“科第人物，甲于湖湘”。

这样的文化大家还有黎吉云发端的“湘潭黎氏”，代表人物有黎培敬、黎丹及现代的黎锦熙兄弟“黎氏八骏”，王闿运为代表的“移风王氏”等。

（三）闺秀才人，比肩江浙

湖南有五大女诗人群体，湘潭占有三席。一是嘉庆、道光年间以郭步韫为开端、绵延四代的湘潭郭氏闺秀，七个成员个个能诗，誉满京国，“都人士”称其为“女子竹林七贤”。郭步韫咏《萍》诗写道：“谁道根苗寄未深，春来仍自泛波心。凭他无限风涛恶，只可高低不可沉。”“只可高低不可沉”，这是怎样的风骨，怎样的玉洁冰清！郭步韫诗多凄婉之音，同县诗人马悔初称“如城笳戍角，寒泉幽咽，哀蝉秋鸣，孤鹤夜警”。郭氏闺秀中郭漱玉造诣最高，“尤得古乐府之遗”。其《到家》诗写归省父母之欢愉场景，生动活泼，情真意切，极见才情。像她们这样一门闺秀都尚风雅并尽皆成集的家族，即使在全国范围内，也并不多见。

与郭氏闺秀同时，“方上周氏”出现了一个闺秀诗人群，这个群体发端人是左宗棠的岳母王慈云，成员按《慈云阁诗钞》收录计算达 11 人之众，成就最高的是张声玠的夫人周诒蘩。王闿运光绪刊《湘潭县志》记录她们家庭联吟赛诗趣事，胜者奖槟榔，左宗棠这个“上门女婿”不能诗，总是得不到槟榔——这就是当时流传甚广嘲弄左宗棠的“槟榔之讥”。

另外一个则是湘乡曾国藩家族的女诗人群，因今划归双峰，不赘述。

湘潭女诗人成就较高的还有戴珊、杨庄等。

（四）贩夫僧侣，诗名惊人

康雍乾嘉一直到晚清，湘潭的文化底蕴令世人艳羡，往往黄口孺子、贩夫山农都能吟诗作赋，比如被王闿运收归门下的木匠齐白石、铁匠张登寿、和尚释敬安、农夫沈子粹。至于“征士”“山人”一类出版诗集，则是触目皆是。张登寿，字正旸，湘潭县石潭人，家贫，以打铁为业。打铁铺的茅屋边，有桃树一株，一日百花盛开，张登寿忽然有感悟，得句：“天上清高月，知无好色心。夭桃今献媚，流盼睛何深！”姜畬陈鼎闻而大惊：“你的诗似孟郊，若能投名师苦学，必然大成。”并赠给他孟郊的诗集。于是他每天移写诵读，晨夕不辍。不到一年，张登寿持诗一卷拜见陈鼎，陈又大惊：“你的诗已非常好了，我没有能力再做你的老师，湘潭王湘绮先生是当代的大儒，你可以试着去拜他为师！”当时王闿运正在昭潭书院执教。一个大雪天，张登寿步行三十里，至书院，求见王先生。当时书院的门房索要名刺，张登寿就把自己的诗递上，说：“名刺在此。”门房仍不肯传达，张登寿大声说：“王先生请我来，你敢拒绝？”王闿运闻声，倒屣迎入。后来，张登寿成了王门的四大诗弟子之一。

湘潭僧人能诗的也很多，在湖南最有名。清初有释琛介、释文诺、释本照。嘉庆中有诗僧涤尘、石舟、漱石。涤尘法号释觉慧，别号湘岚，本是湘潭吕氏子，八岁出家凤竹庵为小沙弥，当时湘潭诗人张礼（字谦庵）收徒讲诗于凤竹庵，他一边旁听一边偷偷习作，14 岁时就有近千篇作品，全楚称之为“神童”。当时湘潭县令谢攀麟极惜其才，称其诗各体皆工，书画亦萧然有远致。可惜天才早夭，16 岁去世。《湖湘耆旧集》收其诗 167 首。石舟，法号释续遁，湘潭人，24 岁卒。漱石，法号释寄昙，字瘦石。张礼收集他们身后的作品，刊刻《三僧遗稿》流传于世。清末民初，诗僧释敬安更是名满天下。释敬安，字寄禅，俗名黄读山，湘潭县石潭镇雁坪村人，早年燃二指供佛，故称“八指头陀”。他也是一个悲苦早慧的人，7 岁丧母，12 岁丧父，替人牧牛糊口，一日来到村塾避雨，听塾师胡湘（号筠帆）为学童讲唐诗“少孤为客早”，不禁潸然泪落，悲从中来。胡湘既悯其身世，又惊他与生俱来对诗的感悟，收留他旁听。不久胡湘去世，他皈依佛门。后从王闿运学诗，诗学大进，王闿运称其诗学成就“比于齐已”，“骎骎乎欲过惠休，一代诗僧，无出其右者”。

（五）曲水流觞，文会雅集

除黄口孺子、贩夫山农都能吟诗作赋外，明末清初湘潭的文会甲于湖湘，也足以见出这里文采风流的普遍性。

明末清初，湘潭有岸花诗社，社址在岸花亭。岸花亭在文星门外，本是按唐代诗人韦迢"楚峰千岫碧，湘潭一叶黄"诗意叫"黄花亭"，明代，有"好事者"据杜甫"岸花飞送客，樯燕语留人"诗意改称"岸花亭"。当时湘潭四杰中的周圣楷、郭金台、王岱偕一大帮本土诗人在这里结"岸花诗社"，吟咏流连，流下了大量诗作。

到清嘉庆中，湘潭文会更旺。最有名的是郭汪灿家的"郭氏文会"。郭汪灿及子郭如翰"一门双进士"，郭家闺秀个个有诗名，长婿又是身居总督的湘阴李星沅，郭家文会的号召力、影响力都非常大。据光绪《湘潭县志》记载，"（郭氏）相互唱和，数日便成一集"，京城人士夸奖"一门文采，当世羡之"。郭氏闺秀也经常邀集长沙、湘潭其他家族的女才子在雨湖游宴赛诗，酬唱诗见于她们各自的诗集。

雨湖诗社由郭汪灿、张九钺等数十位本土诗人组成，因社址在烟柳堤的凤竹庵，也称凤竹诗社。当时湘潭县令无锡才子张云璈（字仲雅）、徽州盐商黄承增、无锡洞庭西山籍画家兼诗人朱涧东，是诗社的常客。因为郭如翰当时正在翰林院，诗作经他传达，诗社名声腾于京城。

湖山诗社是活跃在清嘉庆年间一个很特别的诗社，由歙县盐商黄承增倡建。黄承增，字心庵，安徽歙县人，清嘉庆年间监生，工诗词，文思斐然。因科举失利，在汉口、湘潭经营盐业，遂成巨富，一时官场、文士都乐与之交结。他常住湘潭，与张九钺、张礼、秦关等湘潭籍诗人酬唱外，还在凤竹庵侧的新安会馆组"湖山诗社"，招邀湘潭诗人参与，刊刻湖山诗社同人唱酬诗为《湖山吟诗》。从张云璈、黄心庵可以看出官府、商业对于湘潭文事的推动作用，当时很多诗人如秦关、张礼以及释本照等诗僧的诗集都是由黄心庵出资刊刻，得以显名当代，流传后世。光绪十四年（1888 年）王闿运撰《湘潭县志》时，还津津乐道金湘潭的金粉繁华和风流雅集："上为烟柳堤，外多园寺。嘉庆时官士文宴，每集凤竹庵，即徽商汪、陈所建。门临湖陂，四山环翠，王山长（王岱，字山长）所云'市不近喧，野无伤寂者'矣。"

第三章　倜傥多风致　智勇敢担当

湘潭史志常用“倜傥多风”四字概括湘潭文化性格。所谓“倜傥”，指有才学而又不拘礼法，往往有独辟蹊径、卓越不凡的创新之举；“多风”，指风度潇洒，风标独具。绝大多数时段，湘潭文化体现出的是与湖湘文化的重合性、相似性。但仔细品味，是湘潭独特的自然禀赋、发展机缘，甚至是历史磨难、人口迁徙等因素，造就了湘潭文化“倜傥多风”的独特个性和风韵；也正因为这种深厚的底蕴和独特的风韵，使湘潭成为举世景仰的伟人故里、人文渊薮，近现代历史无法绕过的魅力之城。

楚越蛮性血统生成了湘潭勇悍刚正、一往无前的锐气；楚文化强烈的忧患意识和湖南长期弱势，生成了湘潭文化对国家前途、民族命运和人民疾苦的强烈关注；文人士大夫长期处于被中原文化边缘化境地，传统禁锢远较中原为轻，湘潭人往往能够在国家民族危急存亡之际，生成戛然独造、鼓荡一时的学说；湘潭自唐宋开始，始终处于湖南主动开放的第一线，加之外来移民成为湘潭居民的主体，其广阔的视野促使湘潭人成为一个时代有识之士的旗帜，一个时代前进的风信，一个时代民族新生的力量。

一　一往无前，勇悍刚正的锐气

湘潭文化有一种勇悍刚正的锐气。这种锐气在民风、士节上表现为勇悍豪迈，体现在湘潭的传世文学作品中，则表现为激越傲岸。王闿运在所撰的《湘军志》中刻画了湘人的勇悍与豪迈——从《九歌》《离骚》逶迤而来，绵延不绝；到了咸同时期，湘军起于陇亩，在与太平军长达十余年的征战中，屡败屡战，最终砥平天下。湘人的勇悍与豪迈在历史的金戈铁马、剑气箫声中，往往能惊天地、泣鬼神。

“勇悍”是一种民风，“刚正”是一种士节，民风士节共同组成了湘潭充满锐气、不可一世的文化性格。这种文化性格的形成，与湘潭的自然禀赋、文化传统、偶发性事件息息相关。远古时期，湘潭为三苗、扬越、百濮聚居区，“劲悍决烈”的性格和重巫信鬼、浪漫诡谲的文化血胤——蛮性血统，很早就被注入湘潭的血胤中。楚国时期，三闾大夫屈原被楚怀王流放湘沅，其忧国忧民、怀沙自沉的高尚情怀，对湘潭影响尤为巨大。从先人留下的器物和此后片言只语的文献记载可以看出，湘潭初步形成了既具中原文化的厚重朴实，复兼百越文化的神秘妙曼，具有强烈爱国主义情结的多元文化。最早记录湘潭民性勇锐强悍的是《史记》，司马迁明确说衡山、长沙等包括湘潭在内的南楚地区“俗剽轻，易发怒”。“剽轻”就是剽悍轻捷、强劲勇猛的意思。《隋书・地理志》在概括南楚民风时继承了司马迁的观点，谓“人多劲悍决烈，率敬鬼神，尤重祠祀”。具体到湘潭地区，嘉庆刊《湘潭县志・风俗》说湘潭民性：“荆楚俗多劲悍，盖民性敦庞，不为物化故也。然耐劳苦、急行义，虽缙绅之族，有不得而轻之者。”同治刊《湘乡县志》也说乡俗“勇悍好斗”。

“刚正”，则是民国时期地理学家白眉初在《中华民国省区全志》中总结出来的，他通过对各省民风民性的比较，得出“满洲粗豁，直隶沉郁，山西平和，秦陇迟钝，江浙柔靡，江西平庸，武汉狡猾，广东激烈，云南质朴。至于湖南则多刚正”的结论。白眉初先生说的“刚正”包含两层意思：其一，是源自屈原的刚强质直、爱国忧患；其二，则是湖南先贤有捐弃佛道和驳杂旁门学说，提倡孔孟“正学”的传统（比如，在“潭学”诞生地湘潭县隐山一带，因为胡安国父子辟佛，此后这一带百姓都不信佛，丧葬仪式不用僧道，蔚为传统）。白眉初的说法与湘潭史志的描述非常吻合。康熙刊《湘潭县志・风俗》概括湘潭民风“倜傥多风”“矜慎有礼”，嘉庆刊张云璈《湘潭县志・风俗》说湘潭民性“耐劳苦、急行义”。直白地说，湘潭民性既劲悍、不拘一格，又矜慎守礼有操守。

对于湖南包括湘潭在内民性士习的勇锐刚正，近人著作中多有描述。清中期曾任湖南布政使的四川人李榕，他是曾国藩的得意弟子——“曾门四李”之一，他对湖南人性格非常熟悉，他用三个字“气太强”描述湖南人的习性，可谓精到传神。清末曾任湖南巡抚的江西人陈宝箴，他领导了湖南的维新运动，他眼中的湖南人是“好胜尚气”，又称“民气之勇，士节之盛，实甲于天下”。1933 年，国立清华大学考察团来湘，所见与前任略同。他们提出的考察报告中说：“一入长沙，即深觉湖南之团结力特别坚强……然同时亦气量偏狭……吵嘴打架，殆属常事，民风剽悍殆即以此。”外地人这样看待湖南人，湖南人自己的看法也大体相同。章士钊总结湖南人的性格：“湖南人有特性，特性者何？曰好持其理之所自信，而行其心之所能安，势之顺逆、人之毁誉，不遑顾也。”这也是杨毓麟在《新湖南》中说的湖南人“特别独立之根性”。大有一往无前，不到黄河心不死、到了黄河不死心的气概。

湘潭民性士习的勇锐刚正，在历史背景下发生的代表性事件中，表现得尤为淋漓尽致，如明末清初何腾蛟湘潭抗清、老湘军收复新疆、甲午战争营口牛庄抗日、近现代的反清起义、抗日战争、缔造新中国等，几乎任何一个历史关口，都有湘潭人热血方刚，特别敢牺牲、特别能战斗、特别能胜利的大气展现。

湘潭文化的锐气在湘潭历代大家留下的诗文词章中则体现出一种傲岸之气。湖南历史上僻陋在夷，长期遭受中原诸夏的歧视和侵伐，到了楚国时代，世人还以南蛮呼之。这种僻陋在夷的屈辱感，导致楚人奋发图强的民族精神，坚守自己不拘礼法、卓然不屈的文化道路。整体而言，湘潭士子尽管天天在孔孟儒学、四书五经中摸爬滚打，但他们的骨子里喜欢的却是楚国的文化传统，跟《诗经》“哀而不思”的四言相比，他们喜欢楚辞长短句那样的音韵铿锵、颜色艳丽、浪漫诡谲的文风，他们把《楚辞》当作文化浓缩的圣典。往好的方面说，他们为学为文——精神创造和学术追求，往往有一种“无所依傍、浩然独往”的锐气，独立千仞，穿透时空，清冷沉雄。批评他们的则说，他们喜欢放言叫嚣、缺少余韵。他们的文化取向和审美趋向，与中原的笨拙、江南的柔弱有一种天生的隔阂。“曾经屈沉贾哭地，尽是怀沙作赋人”（王岱语），这是湘潭文化人的抱负。张九钺 8 岁时就有《题红叶》诗：“红叶如鹅掌，青毯似蝟毛。吾家曾有梦，佳话续《离骚》。”令人大开眼界——八岁孩子要佳话续《离骚》。黄周星、王岱、曾国藩、王闿运、毛泽东、杨度等，无不从《楚辞》中汲取营养，以锐气驱文气，狂扫秕糠，折服一世。

世人评湘潭前贤的作品，直率的评语多半有“楚音激越”“湘人好骂”之语。如周圣楷，他眼界高阔，对那些施丹傅粉、蔓词谀颂之作，不管是谁，均不留情面，“好骂”之名满南京。竟陵派大师钟惺在《钟伯敬全集》卷二《周伯孔诗序》中，将他“负气好骂”这一性格说得很白，希望他能加以磨蚀，可是他终生未改。清初文学大师施闰章评王岱，山村野老，可以酬对终日而不倦，对不喜者不管官位多高、文坛地位多高，都不假辞色，有“好骂”之名。骂的水平最高的当数王闿运。他骂皇帝、骂权贵，“搭楼梯骂”，他要借骂这种另类方式，表达对一切虚伪、假道学的反感与不屑，张扬文化人的锷锷之气。对于王闿运，只有一个死对头李慈铭敢说“此人盛窃时誉，唇吻激扬，好持长短”。世人对湘潭文化人比较隐约的评语，则普遍是“有金铁之声”。确实，湘潭的诗文词根本没有婉约一说，只有金铁之声，即便湘潭的闺秀，本应是女人如水，但她们的作品亦少有脂粉气。文如其人，湘潭的文也见证湘潭人性的勇悍刚正、硬骨嶙峋。

湘潭民性的倔强、峻激风格，因为金湘潭的商业氛围影响，到清末民初有很大的改观。湖南有一句俗语“长沙里手湘潭漂，湘乡嗯呃做牛叫”，所谓“湘潭漂”，是说湘潭人多经营生意，讲究和气生财，久来久去，喜欢把话说得圆滑，“矜慎有礼”。同治《湘乡县志·民风》将湘潭县与湘乡县民风比较，有“近山多朴悍，近水多商风”一句，委婉表达出湘乡民风勇悍，湘潭则比较宽和的特点。这是因为湘潭来自四方的商业移民改变了原住民结构，从而带来文化习性的改变。

二　智术并用，能成实事的智气

湘潭人“智”，能成实事，政坛风云人物甲于天下。“经世致用”确是他们的特点，但舍湘潭人的“智性”和“气派”，不足以刻画他们的神髓。湘潭人经世讲究的是“智术并用”。

“经世致用”是儒家的老生常谈，几乎所有学派都倡言经世致用。湘潭文化提倡经世致用与其他地方的区别在于，湘潭人更讲究经世之“智”和“开天下太平”之“气派”。

近代学术大家支伟成先生在著《清代朴学家列传》时，遇到了一个学术困惑：湖南清代开始出现的经学大师，如贺长龄、贺熙龄、唐鉴、曾国藩、王闿运等，无法按照传统的师承、家学标准来区分源流。于是，他去请教章太炎先生。章太炎先生思考了很久，告诉支伟成另立“湖南经世经学派”，因为他们的特性就是“经世”。这个小故事，揭示出“经世致用”是湖南学术思想最显著的特征，是可以直接冠名“湖南经世”的。

湘潭知识分子经世致用和务实精神，有着极其深厚的传统。从屈原的《九歌》《天问》《离骚》，到贾谊的《治安策》《过秦论》；从杜甫的《搔首》，再到范仲淹的《岳阳楼记》，这些先贤的宏阔胸怀与卓越思想在湘潭儿女心中扎根并得以传承，历代湘潭知识分子常称自己生长之地是“屈沉贾哭之乡”，把屈原、贾谊的经世精神、儒家“修齐治平”的理想作为人生的最高目标，既注重理论的探索，立志修身，又倡导实学，追求理想人格在现实中的实现。

舍楚文化的“智性”和“气派”空谈湖湘学派的经世，是只见树木不见森林。儒家学派经世传统从百家争鸣的时代就已形成，几乎所有的地域文化都强调经世，为什么湖湘学派能在近代异军突起结出经世的硕果？我们知道，百家争鸣时代的楚国，只是朦朦胧胧形成了自己的伦理和价值取向，没有形成哲学意义上的理法体系，楚人在随后一千多年的发展中，一直保持着自己的文化传统，学界总结为“楚学离中原以独行”，其实是说楚文化的血性、野性犹在，仍能不拘礼法，天马行空。而中原，因为儒家学说的长期禁锢，很少有“异端”思想的产生，他们言经世，只是在朝廷划定的圈子里说说罢了。“潭学”或“湖湘学派”兴起，实质上是中原儒学体系与楚文化的折中融合，新的融合体中“新儒学”是壳，而楚文化的野性不羁才是它的灵魂，这也是湘学区别于其他地域学派的真正特色。

“潭学”在近现代开眼看世界、打破陈规的“不可磨灭的气派”，源于它没有被“驯服”的蛮性血统。“潭学”的开创者胡安国、胡宏、张栻讲理学，讲主敬、居静个人修养，他们更重视践履躬行，重经世，并且在政治、经济等方面多有成就和建树，是因为风雨飘摇的年代；而一旦河清海晏，他们又会回到“性理微言”之中，去寻找所谓“绝学”；换言之，“潭学”只能在湖南、只能在南宋那个历史时点产生。张栻学术思想最大的特点就是反对空谈性理，力行实践，讲究“只教人践履”，主张“行得便见得”，所以他成了反对空谈的“东南三贤”之一。张栻还提出“知之非难，行之惟难”的观点，这与他的老师胡宏平常最厌恶学人“多寻空言，不究实用”的出发点是一致的，不注重实践就不能算是“真知”。张栻以学术成就湖湘学；反过来说，湖湘弟子的务实、血性成就了张栻学术的经世特点、“东南三贤”之冠。曾国藩更是一个理学的践行者，他笃信程朱，强调治学修身要将“德”和“性”落实到生活中才能有用。王闿运《湘绮楼日记》评曾国藩是一个稍微“会读书”的人，意指曾国藩能够不囿于古人，能从书本中钻出来，把古人的智慧运用到实践中去。王闿运心目中的“读书人”标准极高，需要有一种智性，这种“智性”是“经世之智”的前提。所以，湖湘学派真正起作用的内核是楚文化的“打破牢笼，浩然独往”。

湘潭人经世很讲究“智术并用”。曾国藩是“智术并用”的大师，只是他只做不说，一部《湘军志》把曾国藩的权术、驭人术描绘得入木三分。王闿运既说又做，他的“经世之智”思想集成于“帝王之学”。他本人平生很以“帝王之学”自诩，杨度挽师联“旷古圣人才，能以逍遥通世法；平生帝王学，而今颠沛愧师承”，也极称道王闿运的帝王学。什么是“帝王之学”呢？帝王之学其实就是儒家“内圣外王”之学，只是王闿运更重视研经济世、“智术并用”罢了。他曾与弟子说：“尧、舜、孔子可以为师，杨、墨百家可以为友”，道、墨诸家俱得先贤经学的一个方面，各有其长，济世当博采各家之长，而不能画地为牢，蔽塞聪明。王闿运崇孔辟儒，认为孔子是“不可及的先圣”，但孔子的后世包括孟子、荀子都是“笨伯”，不足以继承圣学。孔子不谈性理，而孟、荀引儒入性理空阁，宋儒更糅入佛家之禅意，居静主敬，不注意对经世实学的研究，养成的“人才”只能是伪道士；“平生袖手谈心性，临危一死报君恩”，怎敢望他们齐家治国？所以王闿运经常诋“宋学害心术”，讥朱熹的“道统”为“稻桶”。“经世之智”或者“帝王学”概括地说就是，为学应该以经学为根，史学为干，先秦诸子为枝，汉魏诗文为叶，通天人之变，达孙、吴之机，集古今实学于一身。王闿运总结出了“经世致用之学”与“经世致用之智”两个维度，事实上已将湖南“经世致用”升华到了“经世致用之法”。

王闿运自己是他的“帝王学”的第一个致用者、实践者，他作为“一人之下、万人之上”实权人物肃顺的“智囊”（西席），实际承担湘军集团与肃顺集团沟通的重任。他成功地将“死鱼”左宗棠救活，成就“中国一日不可无湖南，湖南一日不可无左宗棠”的佳话；成功地把曾国藩运作到两江总督的位置上，他帝王学的戛然而止是慈禧的祺祥政变。他的衣钵弟子杨度，也曾成功地“斡旋南北”，成为风口浪尖上的风云人物，只是因逆潮流而动，在历史上留得的骂名超过才名。

湖湘文化的学术传统深深影响了一代代湘潭士子。湘潭近现代先贤，尤其是知识阶层，在国家民族存亡之际，总是在思索救亡图存这个主题，经世致用实践取得的成果远比他们的前辈更大。鸦片战争结束后，中国开亘古未有之变局，第一个睁开眼睛看世界的人就是宝庆府的魏源，他第一个提出来要向西方人学习，“师夷长技以制夷”。湘乡人曾国藩目睹了西方的船坚炮利，深觉魏源观点有理，所以他作为重臣倡导推动了洋务运动。他还是第一个提出要向国外派选留学生的人，在向朝廷进言中，他说：“拟选送聪颖幼童，送赴泰西各国书院，学习军政、船政、步算、制造诸书，约计十余年，业成而归，使西人擅长之技，中国皆能谙习，然后可以渐图自强。”这些都是湖南人有远虑的表现。清代的考据之学盛行，但湖南被其风影响最稀，湖南人信奉的笃行主义占据了主要。两江总督陶澍提倡“有实学斯有实行，斯有实用”，关注国计民生，着力培养个人的办事能力。到道咸之际，终于形成闻名士林的以魏源为代表的经世派和以曾国藩为代表的洋务派。

风气的形成，一般都是“上有好之，下有效之”，湖南朝中的高官喜欢务实，直接带动底层的知识分子务实。朱贻孙、罗泽南一边穷究理学，一边将所学运用到乡团组织训练上，组织自己的门弟子、乡民，按照戚继光“戚家军”阵法，谋保境安民。这种方法得到曾国藩的认可，并在“捍卫名教”的旗帜下扩大成军。湘潭整日吟诗作赋、埋首书斋的书生，投笔从戎，子去父归，兄死弟继，尽管死伤枕藉，家家招魂，尤能屡败屡战，经百折而不挠。这反映出经世致用、修齐治平在湘潭知识分子心中的认可度。湘军的成功是湖南经世致用学风的硕果——“能成实事”，反过来也极大助长了湖南经世思想的发展，湘潭从这个时代开始，在朝野获得了很多粉丝。延续到近现代，湘潭湘军将领的子弟和有志之士，显出对实务和新思潮浓烈的兴趣，如办新式学校、近代工矿业，赴日留学，加入新军，并把学习到的新知运用到近代化过程和革命实际中。

三　坚韧不拔，敢于牺牲的大气

湘潭文化最令人震撼的特质，是坚韧不拔、敢于牺牲的磅礴大气。这种大气和血性来源于屈原九死未悔的爱国主义精神、时代忧患意识和崇高的道德追求。湘潭人的个性“多慷慨”“尚节概”“耻不义”“宁为玉碎，不求瓦全”。

坚韧不拔、敢于牺牲的大气，是湘潭人文精神的重要特征之一。湘潭人的爱国精神主要来源于楚文化的熏陶和历史重要关头民族危亡的考验。楚人具有强烈的爱国情感，与古代中原地区国家意识淡漠有鲜明的不同。孔子周游列国，曾经“干七十余君无所遇”，对自己的故国无论鲁、宋都很少眷恋。而楚人的国家观念都很强烈，楚国可以说是中华民族爱国主义的发源地。所以对屈原那样炙热、执着的爱国感情，连司马迁都觉得难以理解，说灵均（屈原，字灵均）“以彼其材，游诸侯，何国不容？而自令若是！”深受楚文化影响和屈原遗风熏陶的湘潭文化，无疑会影响湘潭人的乡土之恋、故国之思，无疑会为屈原的伟大诗篇和动人情事所感动。“楚虽三户，亡秦必楚”，每当历史的重要关口，湘潭人总是能挺身而起，不惜牺牲自我，舍生取义。五千年来，湘潭经历了太多的厄难，金兵南下、元骑铁蹄、明初血洗、清兵屠城、武装反清、民国北伐、抗日烽火，湘潭未曾低下过高昂的头颅。

湘潭人“宁为玉碎，不求瓦全”，在他们的意识中，玉碎是毁灭，是一种上无愧于列祖列宗、下无愧于子孙百代的壮举，更是血性的延续和新生。五千年历史中，湘潭人为抵御外族入侵、捍卫权利自由，上演了无数曲不惜牺牲的慷慨悲歌。历史教科书有“扬州十日”“嘉定三屠”的篇章，事实上明末清初湘潭屠城与“扬州十日”“嘉定三屠”一样惨烈。据时人王岱记载：1644 年明朝灭亡，何腾蛟率南明军联合李自成余部十三镇抗清，以湘潭为大本营。湘潭乡里、省内勤王人士齐聚湘潭，他们自带武器，自筹粮饷，自己解决住处，湘潭街巷一时搭满类似今天胶囊公寓的“手掌茅舍”。1649 年，清兵尽出精锐攻湘潭，勤王百姓明知不敌，仍誓死追随。城市保卫战异常惨烈，鏖战从清晨至黄昏，最终城破。第二天，清军以“（湘潭）多贰于王师”，进行“一七”的血腥屠城。尸满街巷，血染湘江，被杀者达 40 余万人

（王岱《了庵诗文集》）。与抗清的正面战场将官、军士望风而逃截然不同，这群“乌合之众”竟然无一投降，很多人从容就义，城中所剩不足百人。这是何等悲壮的画面！清初诗人吴嘉纪有《六哀诗》，记录扬州、嘉定等六个城市惨被屠城情事，其中就有《哀湘潭》一首。吴嘉纪《六哀诗》是为逝去的鲜活生命志哀，更是对六城不屈民性的礼赞。湘潭人敢于牺牲、讲求民族气节的精神品质，表现在抵御帝国主义侵略的斗争实践中。为反对沙俄侵略，保卫新疆的国土，左宗棠率领由湘潭子弟为核心班底的“老湘营”在西域浴血奋战。甲午战争，湘军开赴辽东，虽败犹荣。在抗日战争中，湘潭更是付出了高昂的代价、巨大的牺牲，为迎来中国近代史上抗击外来侵略的伟大胜利贡献出了自己的力量。湘潭人的大无畏精神，还体现在为实现祖国更好的前途命运上。在实现中国人民站起来的伟大斗争中，湘潭始终是人气最旺的地区之一，气血淋漓，前赴后继，涌现出了无数的革命先烈。

杨度的伯父和父亲都是湘军中级军官，父亲病逝后他由伯父抚养，很小就在“总兵衙门”生活，深受湖湘胸怀天下、敢于牺牲的文化影响。后来他作《湖南少年歌》：“中国如今是希腊，湖南当作斯巴达；中国将为德意志，湖南当作普鲁士。诸君诸君慎如此，莫言事急泪流涕。若道中华国果亡，除非湖南人尽死！尽抛头颅不足惜，丝毫权利人休取。”全篇洋溢着湖南人敢于牺牲的豪迈。湖南人在救亡图存中的热情和前仆后继则是“城中一下招兵令，乡间共道从军乐。万幕连屯数日齐，一村传唤千夫诺。农夫释耒只操戈，独子辞亲去流血。父死无尸儿更往，弟魂未返兄愈烈。但闻嫁夫向母啼，不见当兵与妻诀”，实在令人对湖南人的气派刮目相看。而王闿运一部《湘军志》，更是写尽湖南人从《九歌》《离骚》逶迤而来的勇悍与豪迈。湘潭文化洋溢不可一世的“气派”，是先人不屈的精魂所聚。

陈独秀在论及湖南人的奋斗精神时曾充满感情地说：“二百几十年前的王船山先生，是何等艰苦奋斗的学者。几十年前的曾国藩、罗泽南等一批人，是何等扎硬寨、打死仗的书生。黄克强历经艰难，带一旅湖南兵，在汉阳抵挡清军大队人马。蔡松坡（蔡锷）带着病亲领子弹不足的二千云南兵和十万袁军打死仗，他们是何等的坚韧不拔的军人。”而毛泽东“为有牺牲多壮志，敢教日月换新天”，则是对民主主义革命以来湘潭人心怀天下、敢于牺牲的精神最浓缩、最诗性的褒扬。

二十世纪初停泊在湘江湘潭段的木船

“凭他无限风涛恶，只可高低不可沉”，是湘潭女子郭步韫借荷花自喻其洁的诗句，也代表了湘潭人对自我操守的追求。这种高洁的人文品格，除屈原的高洁情操、爱国主义影响外，还得益于湘潭文化自古以来的“正学”传统。可以说，湘潭人非常推崇个人道德追求，湘潭维持着中国人中最保守的古老的习惯和信念，不仅重视个人“修身”，重视家庭内的培养，而且对犯了过错的人所处的处罚，比未开化的人更严酷。新中国成立前，在湘潭城里有一道景观，即湘潭俗语说的“鱼苗生意旺，贞节牌坊多”的牌坊。其实不只是贞节牌坊，据光绪刊《湘潭县志》统计，湘潭功业、孝友、贞节、女德牌坊有近200座。这些僵仆冰冷的建筑，虽然曾经禁锢了很多追求爱情和自由的灵魂，但也多少能说明湘潭对传统道德观念的恪守。

四　融汇吸纳，变革创新的勇气

“落后就要挨打”，避免挨打就要奋发图强、变革创新。这是毛泽东的逻辑，也是他身后湘潭人的逻辑。

“守旧与开新”的两个极致同时存在于湘潭人的身上，可以说是湘潭文化性格的戏剧性特质，一如陈独秀所言，湖南人性质沉毅，守旧时固然守得很凶，趋新时也趋得很急。这种看似矛盾的现象，其实是湖湘精神体系中“蛮族基因”与传统儒学的“稳定基因”共同作用的结果。湖南人自古就有主动变革创新的勇气，自甘落后不是湖南人的性格，湘潭尤甚。

在落后或者面临深重危机的时候，“开新”往往在湘潭文化中占据主导。

湘潭有湖南最得天独厚的自然禀赋，湘江 U 形河湾环抱，河堤极像伸出的两条手臂，拥抱新知、吸纳涓流，然后奔涌入海；湘潭文化也如同她的地理禀赋的象征意义一样，走出了开放吸纳，日夜江声下洞庭的轨迹。中唐的时候，诗圣杜甫避地湖南，他目睹湘江清澈幽深，情不自禁地发出了“湖南清绝地，万古一长嗟”的感叹。明代袁中郎《周伯孔文集·序》说：“湘水沉碧，赤岸若霞，石子若樗蒲，此《骚》才所从出也，其中孕灵育秀，宜有慧人生焉。”这是对湖南人才生长的预言。而实际情况全然不是这种状况。王闿运在《湘军志》中说：“（唐宋以前）财富不敌苏浙一大郡，湖南无所轻重于天下。”皮锡瑞《师伏堂未刊日记》也说，“湖南自郡县以来，曾未尝先天下”，即既没有发生可以影响全国的大事，也没有出现过可以领导和号召全国的人才。从秦至唐宋，湘潭是府、州或郡的一个属县，经济文化发展落后于府州，她的蛮性基因一直蛰伏着，如同野性的睡狮。

到了唐宋，发展的机会悄然来临。湘潭人捕捉到具有全国意义的商品经济时代以及湘潭水陆商路西移带来的契机，他们毅然上路，充当陆路上的挑夫和江上的艄公，尽管辛苦、卑微甚至有命丧他乡、葬身鱼腹的风险，但他们没有停止脚步，把中原先进的观念和商品一同带进了湘潭。因为他们，湘潭率先从湖南一千余年的封闭中苏醒。湘潭石嘴垴有一块陶公钓石，据说是东晋重臣陶侃遭排挤外任湘州都督时驻军的地方，郁闷的他常科头跣足，踞坐江湾巨石上垂钓。而唐宋时期，湘潭的慈母和思妇，在这里登上钓石旁的“望岳”“黄叶”两个江亭，她们不是凭吊陶公，而是白蘋望断，在这里迎候归帆。因为她们的儿子或者丈夫从这里开启希望的远航，即将归返。梦起唐宋，在唐宋的每个日夜，湘潭都在融汇，都在吸纳和追赶。唐代，褚遂良、杜甫、刘禹锡、许浑等很多超级大腕，来到湘潭并流连忘返。到了宋代，越来越多的商人、文人怀揣希望聚集到了湘潭，《容斋随笔》的作者、南宋大学者洪迈，在他的《楚峰驿记》中为湘潭的发展感到震惊和亢奋：湘潭户溢十万，左近之地无法与之比拟。湘潭人文大兴，步唐代长沙刘兑之后破湘潭天荒——从这里走出了湘潭唯一一个状元王容。

唐宋湘潭人的主动开放，给湘潭经济社会注入了勃勃生机。南宋初，胡安国父子从荆门避兵，愿意到曾经僻陋而今富庶、充满生气的湘潭落籍。为什么胡安国父子愿意在湘潭落籍而不是盘桓？为什么此前他在福建、荆门无所作为？又为什么湘潭人不选择周敦颐来建立湖南文化的道统，而是选择胡氏呢？至少有三个原因：一是只有在危急存亡的关头，胡氏才会创新理论以图救国；二是只有在危急存亡的关头，蛰伏着一股勇锐之气的湘潭人才会接受与自己文化基因相契合的新学说；三是湘潭经济发展带给胡氏希望。毫无疑问，经济发展是文化发展的根基，没有经济发展就没有文化繁荣。不只是湘潭，整个湖南文脉发展轨迹都与经济发展轨迹高度重叠。湘潭，成为湖南文脉兴盛的最初牵引者，认真追溯还是因为“潭”的禀赋和那个“木帆船时代”——造化使然。

“潭学”以后，湖湘学派之所以在近代能够成为显学，最重要的原因是湖湘学派不停歇的创新。以“潭学”为开端的湖湘学派，本身就是蛮性基因与中原理性文化融汇创新的结果，也是湖湘学派创新特性的初显。在这个整合的过程中，蛮性基因的勇锐之气得到了传承，学术思想的理性之光也被引入湘潭人的视野。湘潭是湖湘学的滥觞之地，在随后一千多年湖湘学的传承和发展中，湘潭弟子从来没有停止过初衷——吸纳融汇、适变创新，特别是国难深重、危急存亡的关口，总有打破保守的“开新”创举而光耀一世。

宋代湖湘学派的第四代人物——胡大时（湘潭人，字季随，胡宏之子），他兼采永嘉、永康事功派之长，力避理学的向壁凿空。在此后的革故鼎新之际、危急存亡之秋，湘潭总有硕学大儒放“斗大之胆”，张“千百年之眼”，蹊径自辟，风气自创，“趋时而更新”，“因时而变法”（王船山语），如曾国藩、王闿运等，膺系正学、创新学说，展现湖湘文化永无止境的创新活力。

吸纳融汇、变革创新的勇气，可以追溯到楚文化的熏陶。楚文化创造的灿烂文明既有中原的因素，也有越人文明成果；湖湘学派进一步强化了这种变革创新的传统，在近150年的历史进程中，在中国历史舞台进行了精彩演绎，湘军功业、洋务思潮、维新变法、新式学校、近代工商业，其中的一帧帧、一幕幕，无不与湘潭人吸纳创新有关，创新带给湘潭文化活水。“旷世逸才”、“杨度可人”到“共产党人之才”转变的杨度，“衰年变法”的艺术大师齐白石，最直接地反映湘潭熔铸出新的文化态度。毛泽东也深受湖湘文化的影响，在对待中西方文化的态度上，青年时代的毛泽东就展现了很开明、客观的态度，认为“世界文明分东西两流，东方文明在世界范围内，要占半壁地位”；务实一途，更是秉承其师杨昌济先生的教泽，认定“知也、信也、行也，为吾人进行活动之三步曲”，学生时即携友调查长沙、安化、益阳等县民情，深入群众，后来还提出了“没有调查就没有发言权”的口号，讲求实事求是，以他为首的领导集体突破教条，走出了马克思主义中国化的创新路径，《反对本本主义》《实践论》等著作，充分展示了湖南人的开放创新精神。辉煌之后，湘潭也极易滋长骄矜守旧情绪，有时甚至铁桶一般。十九世纪六十年代，曾国藩首创的湘军和此后的湘系集团在动荡的神州大地突兀崛起，荆楚有才，湖南为甚，“语战绩则曰湘军，语忠义则曰湘士”，一时天下莫不称之。此后的几十年里，湘潭耆旧躺在荣誉的光环里，不思变迁，滋长起顽固守旧的习气，金湘潭累积的巨大商业资本，不是得风气之先用来创办近代工商业，而是求田问舍，导致错失近代民族工业发展良机。连思想比较趋旧的王闿运也常在日记中流露出对湘潭“暮气太浓”的幽怨。

文化思想的活力，来源于文化传统，来源于时代，更来源于经济的活力。湘潭长期以“正学”自居，文化保守的力量在大部分时段占据上风，湘潭经济发展的活力保持了文化与时代视野的勾连，保持了创新的薪火，一旦危机

二十世纪初，湘潭窑湾一带街景

来临，便成薪火燎原之势。学说是有生命的，它因时因境而生，时过境迁就会消亡，不灭的是其倡导的文化精神。它化作基因，注入文化的血胤中。我们应该认识到，荣誉是一种包袱，只有一张白纸可以画最新最美的图画。湘潭文化的特性不是单向度的，它包含了矛盾性和双重性，如开放意识方面，既有唐宋主动开放、兼容并蓄的雄心大度，也有明清盲目排外、妄自尊大的闭锁意识；士气民风既有创新适变的一面，也有消极保守、暮气深重的一面；社会风气既有清新健康的一面，也有愚昧迷信的一面；等等。正如鲁迅先生所说，没有文化的优与鄙，只有不断吸纳融汇，不断适变创新，地域文化才会永葆活力。

第四章　江潭孕贤哲　青史著风流

“湘中灵秀千秋永，天下英雄一郡多。”

毛泽东青年时代曾经痛言：“四千年历史中，湖南人未尝伸过腰，吐过气。”近代以前，湖南人物特别是湘潭人物罕见史传。应当说到了近现代，特别是到了新民主主义革命时期，湖南人特别是湘潭人的腰也伸了，气也吐了。1920 年，陈独秀赞扬湖南人的精神时说：“湖南人的精神是什么？‘若道中华国果亡，除非湖南人尽死’。……湖南人这种奋斗精神，却不是杨度说大话，确实可以拿历史证明的。”

湘潭，是一个山清水秀的好地方。这样的地理环境，加上流寓于湘潭的文人士子的芳菲播撒，湘潭本土人士的博采广纳，这里自然成了孕育文化的摇篮。尽管这里在远古属于“南蛮”之地，却经由新、旧石器时代而至晋唐，已是一个不同于“蛮荒”的文化之邦。

至两宋时，中国文化出现了理学思潮兴起、文化重心南移、儒学地域化三个重大变化，于是，具有学术传统、思想特色的地域学派——由隐居于湘潭碧泉的建宁崇安（今福建省武夷山市）人胡安国与季子胡宏开创的“湖湘学派”，在这里应运而生，并逐步促进了湖湘文化的形成和发展。自湖湘学派创立以来，流风所被，化及千年，其对元明清以来的湖南社会影响深远。以“忧国忧民”的爱国主义、“敢为天下先”的无畏精神和“富贵不能淫，贫贱不能移，威武不能屈”的凛然正气为主要特色的“修身”思想，及以“实事求是”的实学主张、“力行践履”的实干作风和关注现实的参政意识为主要特色的“经世”思想，加上湖南人的“蛮性”“特立独行”“打落牙和血吞”“冒天下之大不韪”的特性，储存在湖湘文化的基因库内，哺育了历代湖湘人才的成长。传统的“内圣外王”的儒学与湖南人的“心性”

“血性”相结合，使湖湘学在近世以来的中国历史上发挥了举足轻重的作用。

“中兴将相，什九湖湘。”这是中国早期改良主义思想家冯桂芬在《校邠庐抗议》一文中提出来的名言。由于“修身、齐家、治国、平天下”思想的提倡和湖南人特性的张扬，促就了湘潭一大批学者、政治军事人才脱颖而出。

一　名倾天下的古圣先贤

（一）蒋琬继承诸葛相业

蒋琬（168～246年），字公琰，籍贯零陵湘乡（今湘潭湘乡）。赤壁战后，以州书佐身份随蜀汉章武帝刘备入蜀，历任广都（县）长、什邡县令、尚书郎。建兴元年（223年），刘禅即位，蒋琬担任东曹掾一职，后又升为参军。建兴八年（230年），任丞相府长史，加抚军将军，成为蜀汉后方负责治理政事的实际最高负责人。诸葛亮率军北伐，蒋琬常筹集粮草兵员，以相供应。诸葛亮曾多次对人说：“公琰讬志忠雅，当与吾共赞王业者也。”并密奏刘禅说：“臣若不幸，后事宜以付琬。”建兴十二年（234年），诸葛亮卒于军中，蒋琬升任尚书令，加官代理都护，领益州刺史，迁大将军等，接替诸葛亮主持蜀汉朝政。延熙元年（238年），后主下诏，命令蒋琬统率诸军屯驻汉中、开府，准备北伐。延熙二年（239年），蒋琬晋升为大司马。延熙六年（243年）十月，蒋琬进驻涪县，后因疾增剧，不能理事。延熙九年（246年）蒋琬卒于涪县，谥号为“恭”，葬于涪城西山（今四川绵阳西山）。有《蒋恭侯集》一卷，收入《麓山精舍丛书》；《丧服要记》一卷，收入《隋书·经籍志》。蒋琬称誉于世的当为《承命上疏》一文，该文情文并茂，感人肺腑，沁人心脾。

伏虎井，位于湘乡县城北正街蒋公祠前，其井旁壁间嵌“伏虎古井”石碑，为清道光年间典史袁宪健所书。相传古井为蒋琬少年时所凿。蒋公祠内有联云：“蜀中曾继如龙相，湘上今传伏虎名。”

伏虎井

（二）陶侃屯兵石嘴垴、褚遂良愤题“大唐兴寺”、杜甫“终是老湘潭”

陶侃（259～334年），字士行（或作士衡），汉族，本为鄱阳（今江西鄱阳）人，后徙庐江寻阳（今江西九江以西）。东晋时期名将，大司马。西晋惠帝年间（290～306年），整个社会陷入长期战乱、灾害和饥荒之中。永嘉五年（311年），成都人、醴陵县令杜弢在湘中领导流民（因中原灾祸逃难而来）起义，公开举起反晋暴政旗帜。次年，西晋王朝派都督王敦率领陶侃、周访等共计水陆军十万共同袭击杜弢。陶侃以湘潭壶山为大本营，率水陆大军沿湘江两岸向长沙杜弢进发。杜弢率领义军顽强抵抗，“前后数十战”，并击毙了陶侃之侄陶舆。西晋建兴三年（315年）八月，陶侃、周访率晋军主力分别从南、东两路进逼，杜弢战败，投水自尽。陶侃占领湘州后，仍驻节于湘潭，操练水军于杨梅洲。东晋咸和二年（327年），东晋发生苏峻之乱，陶侃以众望所归而被推举为讨逆盟主。叛乱平定后，陶侃升为侍中太尉，加都督，并被封为长沙郡公，所驻节之湘中一带封给他作为“食邑”。东晋成帝咸和七年（332年）八月九日病逝，葬于长沙城“南十里”的树木岭。湘潭人民敬仰陶侃的品德，便在其曾经驻节之地壶山建立衣冠冢一座，立“晋都督陶桓公墓”花岗岩碑一座，墓联曰“百甓勤劳芳土地，八州都督剩松楸”，系清代江苏巡抚黎培敬所撰。

褚遂良（596～659 年），字登善，祖籍河南阳翟（今河南禹州），晋末南迁为杭州钱塘（今浙江杭州西）人。唐高宗永徽六年（655 年），担任尚书右仆射的他以谏阻废王皇后，极力反对立武则天为皇后，得罪李治，被贬为潭州都督。显庆二年（657 年），褚又转为桂州都督，从中都督府转到下都督府。后又贬爱州（今越南清化）刺史。显庆四年（659 年）死于任所。褚遂良被贬潭州期间，曾数至湘潭，游城西陶公山，见花松翠柏中的石头寺，便以遒劲之笔大书“大唐兴寺”几个丰绝端庄大字，字体恢宏，溢满着盛唐气派，祈望唐朝中兴。大唐兴寺在今湘潭市区十八总，寺废而褚遂良所题寺匾犹存。褚遂良还到过湘乡，在湘乡城内有洗笔池。南宋魏了翁作《褚公祠堂记》说“有僧寺曰‘感应寺’，侧有池，公尝涤笔，若有浮云滃然”。后以寺为褚公祠。涟水姜畲下一里有落笔渡，再下一里，有寻笔港，亦传为褚遂良乘船自湘乡归长沙途中，遗笔于涟水及后获笔的所在。

褚遂良额题“大唐兴寺”

杜甫（712～770 年），字子美，河南巩县人，祖籍襄阳。大历四年（769 年）三月，杜甫船抵潭州（今湖南长沙），欲往衡州（今湖南衡阳）投奔少年旧交时任衡州刺史韦之晋。进入湘潭，只见那一山飞峙，一江碧水，岸上盛开着红艳艳的杜鹃花，映衬着山水相依，朝晖夕阴，气象万千，遂写下了《发潭州》《宿花石戍》《次晚洲》《早行》《解忧》《早发》等诗多首。四月，杜甫抵达衡州时，才知韦之晋已于三月间改任潭州刺史，此时的杜甫生活无依，曾向崔涣、卢十四两侍御求援。杜甫在湘潭附近的湘江之上漂泊无定，好友去世的去世，远走的远走，到处投靠无门。无奈之下，写下了《楼上》一诗，其中有“乱离难自救，终是老湘潭”句。

大历五年（770 年）四月八日夜里，湖南兵马使臧玠杀死潭州刺史兼湖南观察使崔瓘，据城作乱。杜甫再次踏上逃难的生活，驾着小船仓皇离开潭州，上溯湘水。秋，臧玠之乱已平，杜甫欲由湘水转长江，再由汉水往北归，便离开衡阳，沿湘水北上至潭州，欲下洞庭，行前作《暮秋将归秦留别湖南幕府亲友》，这是他的最后一首诗，大概是在离湘潭、赴长沙的途中，在船上伏枕写成的。大历五年（770 年）冬，在一个寒风凛冽的日子，杜甫病逝于湘江上的一叶漂泊无定的孤舟之中。他怀着对国家的深重忧虑和未能见到太平景象的遗恨，走完了他忧国忧民、坎坷多难的一生。

（三）北宋湘潭县令孔武仲、刘锜被贬知潭州

孔武仲（1042 ~ 1098 年），字常父，临江军新喻（今江西峡江县）人，孔子 47 代裔孙。武仲在湘潭任县令两年多。在任期间推行盐法，“建议者乐于速成，以就迁擢，言其利而不言其害”。在“远民之情，未尽达于上，而兴事者又蔽而不敢言”的情况下，武仲对百姓给予深切的同情和高度的关心，并且不计个人安危祸福，为百姓利益接连上书。武仲辗转各地为官，对行旅途中所见景物多有题咏，如在赴湘潭县途中作诗 35 首，在任湘潭县令时作诗 21 首，其中有《湘潭二首》《西园独步二首》。

刘锜（1098 ~ 1162 年），字信叔，德顺军（今甘肃靖宁）人，祖居秦州成纪（今甘肃天水）。与张俊、韩世忠、岳飞等人齐名，并称南宋四大将。去世后，谥为武穆。绍兴十七年（1147 年），知潭州（今湖南长沙），加太尉。一天，他来到昭山寺下院赐（资）福寺，有一老和尚不断询问姓名，刘锜吟诗一首题于寺壁作答。宋人话本《碾玉观音》（即《警世通言》第八卷《崔待诏生死冤家》）里有一段小插曲，讲到咸安郡王派一个郭排军到潭州送礼金给刘两府，刘两府就是刘锜。刘锜曾作词《鹧鸪天》写下了自己的苦闷，有句曰：“三千里地无知己，十万军中挂印来。”

在潭州时，刘锜偶得闲情，赴昭山上游的湘潭城西参观大唐兴寺，遂作《午寝》。刘锜在湖南湘潭还组织起一支队伍，经过严格训练，成为一支劲旅。后来，金兵进犯，刘锜应诏带领湖南兵勇到扬州迎敌，大败金兵。

（四）胡安国创建湖湘学派（含胡宪、胡寅、胡宁、胡宏、胡颖等）

胡安国（1074～1138年），字康侯，号青山，学者称武夷先生，谥文定，宋建宁崇安（今福建武夷山市）人。宋建炎三年（1129年），胡安国由其两个湘潭籍的学生杨训、黎明引导，渡过洞庭湖南下，溯湘江抵湘潭，再溯涓水至碧泉定居，落籍湘潭。绍兴元年（1131年），宋高宗任命胡安国为中书舍人兼侍讲。胡安国写就《时政论》21篇奏稿，先向皇帝献上。次年七月，在胡寅、胡宁陪同下直接来到临安入对。高宗转任命胡安国为侍读，专讲《春秋》。同年十一月，胡安国再回碧泉，在此营建住宅，筑碧泉书堂，传布理学，湖湘学派由此发源；在此潜心研究、撰写理学巨著《春秋传》30卷。绍兴七年（1137年），《春秋传》书成，年底上呈朝廷。八年（1138年）正月，高宗皇帝阅后称“深得圣人之旨”，授宝文阁直学士，赐银绢三百匹两，辞不允。四月十三日逝世，诏赠四官，赠银绢二百匹两，后诏谥文定，加赠银绢三百匹两，赐田十顷，并令湖南路转运司负责葬事，九月一日葬于湘潭县隐山。

胡宪（1086～1162年），字原仲，自号籍溪先生，胡安国从父兄子，南宋崇安人。从学于胡安国，深悟“二程”之说。绍兴六年（1136年），赐进士出身，授左迪功郎、建州学教授，以母老而辞。宋绍兴二十九年（1159年），召为秘书省正字，以老，主管台州崇道观。宋绍兴三十二年（1162年）卒，年七十七岁。《宋史》卷四五九有传。胡宪隐居不仕，力田卖药以养其亲。教授诸生，训以为己之学。并纂《论语论》数十家，抄取其要，附以己说。教诸生于劝课之余，以片纸书录古人懿行，或有补益于人的诗文铭赞，贴于室中，供往来诵之，令其精熟。而且身体力行，自己修身、事亲、接人言行一致，深受世人敬重。以读书不务多为训，主张“学者治经术，商论义理，可以问人。至于出处，不可与人商量”。主要弟子有朱熹、刘懋、邵景之、方来等。朱熹曾受学于胡宪、刘勉之、刘子翚三人，而自谓以胡宪为师最久。胡宪是理学由“二程”发展至朱熹中间的承上启下学者之一。

胡寅（1099～1163年），字明仲，胡安国长子（继子），原为胡安天（即胡淳）子，学者称之为致堂公。建宁崇安人。历官靖康校书郎，建炎起居郎，绍兴中书舍人，严州、永州知府，礼部侍郎兼侍讲，徽猷阁直学士。他极力反对宋高宗迁都、建都，并上书直陈己见，臣“虽欲羁栖山海，恐非为自全之计”，乞皇上“以此号召四海，耸动人心，决意讲武，戎衣临阵”，“天下忠义武勇，必然云合响应”。绍兴二年（1132年），被贬谪到湖南永州任知州。绍兴五年（1135年），高宗授予他为起居郎，提升为中书舍人。他抱着“虽九死而犹未悔”的忠诚上书皇上，主张抗击侵略，反对与金人议和，但高宗未采纳。后被任命为湖南邵州（今邵阳）知州，他推辞不仕，又改任永州知州。绍兴八年（1138年）胡安国去世，胡寅回到湘潭碧泉为父亲奔丧，守孝三年。后来秦桧任命他为徽猷阁直学士，他告辞归田。绍兴二十五年（1155年），胡寅便收拾行囊回到湘潭老家。半年后，就因为瘴疠毒发染病而逝，享年64岁。有《斐然集》30卷留世。

胡宁（1101～1150年），字和仲，学者称之为茆堂公。绍兴元年至八年（1131～1138年），胡安国在碧泉开坛讲学，著《春秋传》，倡湖湘学。胡宁一直协助父亲，从事文稿的抄录、整理和文字的检校、勘误工作。胡宁自己也著了《春秋通旨》200余条，为学者理解《春秋传》提供指南。大约绍兴十四年（1144年），胡宁赴京为官。绍兴十八年（1148年）三月二十五日，被任命为敕会所删定官。次年四月二十一日，被任命为尚书祠部员外郎，五月再任太丞。一天，高宗对他说：“乃父既解释《春秋》，尚当有他论著？其具以进。”胡宁乃整理胡安国遗著，成书15卷，即后来所说的崇安胡安国康侯撰的《武夷集》15卷。绍兴十九年（1149年）十二月，胡宁因不满擅权误国的权臣而被逐出京城，外任夔州路（今重庆一带）安抚司参议官，于是他坦然离京而去。次年，又放任澧州（今常德）知州，他没有赴任，却请求奉祠。

胡宏（1105～1161年），字仁仲，号五峰，人称五峰先生，胡安国之季子，崇安人。生于湖北荆门，正值其父亲任荆湖南路学事职上。20岁时至京师，入太学，曾师从于程门（程颐、程颢）高徒、理学家杨时。25岁时，与父亲胡安国避中原之乱来到湘潭碧泉。开馆授徒，阐明湖湘之学。他潜心于《春秋传》的研究著述和“湖湘学派”的创立。宋绍兴八年（1138年），父胡安国去世，宋高宗体恤旧臣遗孤，下诏胡宏荫补右承务郎官职，他辞谢不仕。宋绍兴二十五年（1155年），秦桧去世，张浚等人纷纷向朝廷举荐胡宏，胡宏再次以身体有疾为由而力辞不赴。绍兴三十一年（1161年）病逝于碧泉，与父亲胡安国合葬于隐山。胡宏一生未仕。他淡泊功名利禄，在碧泉书院等地讲学二十余年，对湖湘学派理论体系的完成起到最为关键的作用。有《知言》6卷、《皇王大纪》80卷。

胡颖（1208~1272年），字叔献，号石壁，始祖胡安国。生于湘潭县梅林桥镇麦子石九龙山土城湾。南宋绍定三年（1230年），堂舅赵范讨李全，邀胡入幕。宋理宗绍定五年壬辰（1232年），胡颖中进士，官知平江府（今苏州）兼浙西提刑，移湖南兼提举常平，所至毁淫祠千区以正风俗。继以枢密都承旨为广东经略安抚使。宋度宗咸淳四年（1268年）戊辰致仕归潭。八年（1272年），任静江知府，转广西经略安抚兼节度转运使，再任京湖总领财赋。八年壬申（1272年）八月十一日辰时卒，葬于湘潭县水竹湾之南石壁口山，封荣禄大夫，崇祀文庙、乡贤祠。《名公书判清明集》收录其书判稿件74篇。

（五）张栻“彰显湖湘学派于世”

张栻（1133~1180年），字敬夫，又字钦夫、乐斋，号南轩，南宋汉州绵竹（今属四川）人。少时从胡五峰（胡宏）问程氏之学，以古圣贤自期，作《希颜录》以见其志。为湖湘学派主要传人。曾主持岳麓书院，创建善化（今长沙）城南书院，并先后在宁乡道山、衡山南轩等书院聚徒讲学，声名极一时之盛。其弟子胡大时、彭龟年、吴猎、游九功、游九言，皆为湖湘学派之巨子。政治上誓不与秦桧为伍，力主抗金，学术上虽承“二程”，但有别于程朱而又异于陆学。教育方面，张栻提出办学的主张，说“岂特使子群居佚谈，但为决科利禄计乎？岂特使子习为言语文辞之工而已乎？盖欲成就人才以传道而济斯民也”。他反对学习上的好高骛远，主张“学思并进”，在其主教岳麓书院期间，以此躬行实践，影响甚著。

（六）湘中第一状元王容、乡举先生周奭

王容（1161~1206年），原名午，字南强，湘乡金石大湖人。少年慕名入县城涟溪书院读书，十五岁入岳麓书院，从师张栻。宋淳熙十三年（1186年），会试登进士。次年参加丁未科殿试中状元，成为湘中地区历史上第一个状元。后任议政大夫礼部侍郎。金兵南侵时，因上书言事，力主抗金复仇，

遭主和派忌而劾之，被贬为绍兴签判。宋宁宗嘉泰元年（1201 年）复召回朝廷，任起居郎职，掌记朝典。宋开禧二年（1206 年）因内忧外患致心力交瘁忧死家乡。王容去世 21 年后，被宋理宗皇帝追赠为银青光禄大夫待制。有《王光禄集》传世。

周奭，生卒年不详，字允升，号敛斋，湘乡人。张栻讲学潭州，奭受业，称高弟。乾道间，乡荐再举，不第。张栻问："天与太极何如?"先生曰："天可言配，太极不可言合。天，形体也；太极，性也。惟圣人能尽性，人极所以立。"张栻以为然。题其亭曰"敛斋"。宁宗嘉定间，真德秀帅潭，以奭主濂溪书院教事。有《经世指要》。

（七）燮理溥化："静看渔舟上锦湾"

燮理溥化（1327 年前后在世，生卒年不详），亦作燮理普化，字元圃、玄圃，色目人。先世以勋旧居湘潭，于杨梅洲上筑室，其少时亦读书于此，后居燮园（今雪园新村）。元至治二年（1322 年）成进士，任安徽舒城县达鲁花赤（即掌印官），后调任江西乐安县，重视教育与文化事业，大修孔庙礼殿。后入为治书御史，及除御史，寄诗稠叠。其乃遍御史三台，以奉直大夫致仕归。回潭后，于县北郭营造别墅，并建亭于杨梅洲上。元多苛政，乡里倚其庇护，有惠于民，县人感之。存有《杨梅洲别墅》《过锦湾望岳亭》等诗。

（八）明礼部尚书李腾芳

李腾芳（1573～1633 年），字子实，号湘洲，湘潭县姜畲镇塔岭高塘人。明万历十五年（1587 年）中举，三十六年（1608 年），因上疏为同官好友顾天峻辩冤，被贬为太常博士，再贬为江西都司理问。四十七年（1619 年），起为行人司正，升少詹事，迁礼部右侍郎。以礼臣知兵，为时人所称。明天启二年（1622 年），转吏部左侍郎兼讲官。四年（1624 年），母丧，晋礼部尚书归。明崇祯元年（1628 年），重新以尚书启用，协理詹府事。六年（1633 年）卒于官。赠太子太保，谥文庄。生前曾支持湘潭知县包鸿逵修城、建高峰塔、筑万楼、主修县志等。主要著作有《岣嵝文集》等，遗著《李湘洲集》10 卷。

（九）郭金台（明代遗民）、王岱（广东澄海知县）、唐世征（玉山知县）

郭金台，生卒年不详，字幼隗，湘潭人，本姓陈氏，名湜。年十五，遭家难，赖中表郭氏卵翼得脱，遂为继。弱冠有声黉序间，万历间，两中副车。崇祯朝，屡以名荐，不起；例授官，亦不拜。既南渡，隆武乡试登贤书，督师何腾蛟论荐，授职方郎中。再起监军佥事，有司敦迫，皆以母老病辞不就。避迹山中，然于时事多所论列。一二枕戈泣血之士，崎岖岭海，经营措置，不遗余力。当是时，溃卒猖獗，积尸盈野，百里无人烟。金台请于督师，命偏裨主团练，力率乡勇，锻矛戟，峙刍糗，乡人全活者以数万计。清初，当局特疏荐于朝，力请得免。晚授徒衡山，深衣幅巾，足不履户外，绝口不谈世事。惟论列当时殉难诸人，辄欷歔流涕。康熙十五年（1676年），以疾卒于家，年六十有七。自题其墓曰“遗民郭某之墓”。著有《石村诗文集》《五经骈语》《博物汇编》。

王岱（1617～1686年），祖籍花石，出生于湘潭老城内的宁乡巷（今称泗洲庵巷），是明清之际名满海内、诗书画三绝的“才鬼”。早岁即有才名，八岁随父宦居湖北芝城，稍长即游陪都南京，与王世祯、施愚山、龚鼎滋等游，风流邪狎与诗文绘艺一样名满海内。明清鼎革，王岱风流蕴藉的生活戛然而止，国破家亡，湘潭屠城，王岱兄嫂叔侄一门七死，老城宁乡巷的家被毁，这种疼对他何止是铭心刻骨！他潜居山泽，在湘潭县下四都瀼水旁构“溪上草堂”，建“五芝亭”，读书绘画，并对明末的士风、文风进行了深入的反思，反映在他的诗文上，已经脱离公安、竟陵的窠臼，别有趣味和会心。等到吴三桂之乱被平定，王岱被选任湖南安乡教谕，不久迁湖北随州教谕。康熙十八年（1679年），因湘潭县令姚之骐和湖南分巡道苏亮工之荐，王岱作为湖广楚南唯一的选手参与了清廷举行的博学鸿儒拔试，虽然结果未被录取，他的声名更是如日中天、海内共知了。

唐世征，字魏子，湘潭县碧泉人。明末随父崑岳避乱碧泉山中，力学不辍。明崇祯十五年（1642年）壬午科乡试，曾受知吴孳受，终身以师事之。清顺治十八年（1661年）进士，授推官。清康熙八年（1669年）改玉山知县。治玉山有惠政，时以比之元次山。知玉山时，修葺怀玉书院，院祀朱熹，并增祀汪应辰、吕祖谦、陆九渊，以四人皆曾讲学玉山之故。主持重修《玉山县志》，邀同里人郭金台主笔，于康熙十年（1671年）刊成。吴三桂叛，弃官。卒于扬州。著有《唐魏子集》4卷，《沅湘耆旧集》录有其诗作。

（十）“恪勤尽职清白吏”的陈鹏年

陈鹏年（1663～1723年），字北溟，又字沧州，湖南湘潭射埠镇池子村人，清知府，河道总督摄总漕事，武英殿编修。清康熙三十年（1691年）进士，先后授浙江西安县知县、江南河工、山阳县知县、海州知州。康熙四十二年（1703年），帝南巡。时山东大饥，陈鹏年奉旨带粮4万石前往赈济。康熙四十四年（1705年），帝再次南巡。为阿山所恶，被劾罢官，征入武英殿修书。四十七年（1708年），出知苏州府。后复入武英殿修书。六十年（1721年），奉命与尚书张鹏翮治河。当时黄河决口武陟，陈鹏年疏请开引河于广武山下，并疏下流引河，以杀水势。康熙从其奏，以其代理河道总督兼摄总漕事。时运河枯浅，疏浚淮河上游，使漕运畅通。又奏开王家沟、官庄峪引河。以积劳成疾，清雍正元年（1723年），实授河道总督，而病情日重，病逝于工所，时年61岁。谥恪勤，祀贤良祠于开封禹王台水工祠内。后归葬于陈家祖山——湘潭县分水乡东雾山麓。

（十一）清廷大臣周系英

周系英（1765～1825年），字孟才，清朝户部左侍郎。湘潭县排头乡辰山桂在堂人。1793年进士，选庶吉士，授编修。1809年当试翰詹直内廷，仁宗帝以《喜雨赋》为题试之，钦取第一，赐衣一件。官侍读学士、山西学政、太常少卿，寻改值上书房，授三阿哥（绵恺）读。后转光禄大理卿、兵部右侍郎、吏部右侍郎，转左侍郎。1818年，主纂嘉庆刊《湘潭县志》。1819年因湘潭商民与江西客哄斗，得家信后过问此事，为朝议所弹劾，被免官归乡。宣宗继位，知其冤屈，以四品京堂起复，补翰林侍读学士。后迁阁学，升工部左侍郎；督学江西，秉公用人，复督学江南，江苏文教益盛。转户部左侍郎，年60而卒。《清史稿》有传。

（十二）清代湘潭"三御史"（谢振定、石承藻、赵启霖）

"烧车御史"谢振定（1753～1809年），字一斋，号芗泉，湘乡（今属涟源）荷塘镇常林村人。嘉庆元年（1796年），怒烧和珅之车，史称"烧车御史"。有被和珅宠幸的奴才常坐和珅车子外出，人们都纷纷躲避，不敢指责。一次，谢振定在巡城时遇到，大怒，命手下将其拉下车，受鞭刑。和珅奴喊："你敢打我，我坐我主人和大人的车！"谢振定加重鞭罚，并怒烧和珅之车，说："看这车如何再坐了？"人们聚集欢呼："这真是好御史！"和珅因此而忌恨芗泉，假借别事，芗泉被削职还乡。嘉庆四年（1799年），和珅被夺职下狱，赐死，谢振定被重新起用。嘉庆十四年（1809年）五月的一天，谢振定手书"正大光明，通天达地"，掷笔而逝。

"真御史"石承藻，字黻庭，生卒年不详，生活在乾隆、嘉庆年间。嘉庆二十年（1815年），承藻疏请澄清品流，劾树勋及金某。树勋被革职，枷号两月，发黑龙江充苦役。帝嘉奖承藻，说他是"真御史"。嘉庆二十四年（1819年），县商民与江西客商哄斗。巡抚吴邦庆偏袒江西同乡，揭发周系英之子汝侦与石承藻书信，再劾承藻，承藻被撤职，调署光禄寺正。服满，不敢家居，遂留京师。道光皇帝即位，欲起用承藻，有人说他刚猛不可用。卒年60余，著有《桐叶山房诗集》14卷。

"打虎御史"赵启霖（1859～1935年），字芷荪，号瀞园，湘潭县十四都梅村里（今石鼓镇森梅村）人。清光绪年间入翰林院，曾任江苏道台、监察御史、四川提学使、湖南高等学堂监督等职。为官清廉，刚正不阿。1907年因疏劾黑龙江巡抚段芝贵及庆亲王奕劻父子而触忤权贵，遭到革职，却为时论所称誉，声名大噪。1910年目睹清廷腐败，国事日非，以母老为由自请开缺回乡。自此归隐田园，以诗文自娱，不复从政。工诗文，擅书法，且为制联高手。湘潭县许多名胜古迹都留有其楹联作品。

（十三）"经学宗师"王闿运

王闿运（1833～1916年），字壬甫，原名开运，字纫秋，朋辈习称壬秋，自署所居名湘绮楼，世称王湘绮，湘潭县云湖桥山塘湾人（出生于善化学宫巷，即今长沙市东文庙坪）。曾肄业于长沙城南书院。清咸丰元年（1851年）

与李寿蓉、龙汝霖、邓绎、邓辅纶组“兰林词社”，称“湘中五子”。以后又承撰《桂阳州志》《湘军志》《湘潭县志》，学界评价很高。先后出任成都尊经书院山长、衡州东洲船山书院主讲、翰林院检讨、加翰林院侍讲衔。民国3年（1914年），出任袁世凯政府国史馆馆长，年末辞职返湘。

（十四）“世界文化名人”齐白石

齐白石（1864～1957年），宗族派名纯芝，小名阿芝，学名璜，字渭清，号兰亭、濒生，别号白石山人，遂以齐白石名行世。清同治二年癸亥十一月二十二日（1864年元旦）出生于湘潭县白石铺杏子坞。15岁起学木工，26岁学画像，27岁习诗文书画，37岁拜硕儒王闿运为师。自40岁起，开始离乡出游，五出五归。55岁北上定居北京。74岁游蜀。其画印书诗人称“四绝”。曾任国立北平艺术专科学校名誉教授、北平美术作家协会名誉会长、中央美术学院名誉教授、中央文史馆研究馆员、中国人民对外文化协会理事、中国画院名誉院长、北京中国画研究会主席、全国美术家协会主席。1949年7月、1953年9月两次出席中华全国文学艺术工作者代表大会，连续当选为全国文联委员。1954年8月当选第一届全国人民代表大会代表。与毛泽东主席交谊甚深并受到过接见。1953年1月文化部授予其荣誉奖状及“人民艺术家”称号。1956年4月世界和平理事会授予其国际和平奖金。1963年被世界和平理事会推举为世界文化名人。1957年9月16日病逝于北京，终年94岁。为二十世纪中国画艺术大师，二十世纪十大书法家之一，世界文化名人。留下画作三万多幅、诗词三千多首、自述及其他文稿并手迹多卷。作品与著述有《齐白石全集》等。

（十五）爱国诗僧释敬安、“佛慈宏法大师”释虚云

爱国诗僧释敬安（1851～1912年），俗名黄读山，释名敬安，字寄禅，27岁时在宁波阿育王寺佛舍利塔前燃二指并剜臂肉燃灯供佛，自此号“八指头陀”。同治七年（1868年），投湘阴法华寺出家。同治十年（1871年），游岳阳楼，分韵赋诗，忽得“洞庭波送一僧来”之句，由此学诗。光绪十二年（1886年），王闿运邀集19位名士在长沙开福寺创设碧湖诗社，寄禅在列。先后担任过湖南衡阳大罗汉寺、南岳上封寺与大善寺、宁乡沩山密印寺、湘

阴神鼎山资圣寺、长沙上林寺、浙江天童寺住持。民国元年（1912 年）4 月 11 日，中国佛教总会成立于上海留云寺，释敬安任第一任会长。11 月 10 日（农历十月初二）圆寂于北京法源寺。有诗集《白梅集》《八指头陀诗集》等。

“佛慈宏法大师”释虚云（1871～1959 年），法名古岩、演彻，俗姓萧，今湘乡市梅桥镇横铺乡人。光绪十七年（1891 年），投福州涌泉寺，结茅终南山改名虚云，敷扬教义。复遍访东南、中原、西南诸省、南洋群岛及印度、锡兰、缅甸、泰国、日本等国名刹高僧，研讨佛学，积数十年成禅宗大法师。累传弟子数十万。光绪三十二年（1906 年），诏封“佛慈宏法大师”。先后修葺云南鸡足山道场、昆明华亭寺、兴云寺、太华寺、新招提寺、海会塔、广东乳源云门大觉寺等。1943 年应国民政府邀请，赴重庆主持息灾法会，超度抗日死难军民，蒋介石、林森等恭迎问法并设斋款待。1950 年 10 月声援“抗美援朝”，在上海发起祝愿世界和平法会，1951 年 4 月，中央人民政府赠誉“中国佛教最杰出的高僧”。1953 年，当选中国佛教协会名誉会长。

（十六）“旷代逸才”杨度

杨度（1875～1932 年），原名承瓒，字皙子，后改名度，别号虎公、虎禅，又号虎禅师、虎头陀、释虎。清末反对礼教派的主要人物之一。湖南省湘潭县姜畲石塘村人。光绪三十二年（1906 年），主张君主立宪。次年，清政府将政治考察馆改为宪政编查馆，杨度任该馆提调，参与沈家本主持的修律工作。从清末到民初，杨度始则反对共和革命，继则参加袁世凯的复辟活动。五四运动以后，工农革命运动使他看见了中国的未来。他长期与李大钊等共产党人接触，世界观也有了根本性的转变。1929 年秋，在严重的白色恐怖中，他申请加入中国共产党，经批准，成为秘密党员，为党做了很多有益的工作。1932 年逝世。

（十七）著名作家张天翼、新音乐运动的先驱吕骥

张天翼（1906～1985 年），中国现代著名作家。学名张元定，张默君堂弟。祖籍湘乡县东山乡。1927 年加入中国共产党。1931 年，参加中国左翼作家联盟，积极从事革命文艺创作和其他革命活动。抗战爆发后，一直在长沙

等地从事抗日救亡工作和文艺活动。1951 年以后，任中央文学研究所副主任，中国作家协会理事，《人民文学》编委、主编，中国作家协会中共党委组成员、书记处书记，参加全国文艺工作者代表大会，当选为主席团成员，任第一到第三届全国人大代表，第五届全国政协委员。代表作有《大林与小林》《华威先生》等。

吕骥（1909～2002 年），湖南湘潭人，新音乐运动的先驱者之一，音乐理论家，中国音乐家协会第一、二、三届主席和第四届名誉主席。他创作的《抗日军政大学校歌》《开荒》《参加八路军》等歌曲曾在根据地军民中广为传唱。获得首届中国音乐金钟奖颁发的“终身荣誉勋章”。曾任鲁艺音乐系主任兼教务主任、副院长，东北音乐工作团团长。与聂耳为同时代音乐家，且友情深厚。新中国成立后，任中央音乐学院副院长，系全国人大常委会委员。1981 年加入中国世界语之友会，为宣传世界语的歌词作曲。

二　功勋卓著的湘军将领

（一）“湘军之父”罗泽南、“湘军元老”王鑫

罗泽南（1807～1856 年），字仲岳，号罗山，一字培源，号悔泉，又字子畏。湖南省湘乡县人（今属双峰）。晚清湘军将领、理学家、文学家。生于清仁宗嘉庆十二年（1807 年），咸丰元年（1851 年）由附生举孝廉方正。少年时代就怀有大志，喜欢研读理学著作。太平军进犯湖南后，罗泽南从咸丰二年（1852 年）开始以在籍生员的身份率生徒倡办团练，次年协助曾国藩编练湘军，自此率湘军转战江西、湖北、湖南三省。因战功卓著，历迁任知县、同知、道员（加按察使衔）。咸丰六年（1856 年）在进攻武昌之战中，中弹伤重而死。咸丰帝下诏以巡抚例优恤，谥号忠节，加巴图鲁荣号，建专祠奉祀。

王鑫（1825～1857 年），湘乡山枣镇人，为湘军早期重要将领。道光二十八年（1848 年），成为罗泽南门生。咸丰二年（1852 年）与县令朱孙诒、刘蓉开办湘勇。咸丰七年（1857 年）三月带兵赴江西打仗，被太平军称“出队莫逢王老虎!”。1857 年王鑫过度劳累，感染热疾，病死在江西营中，年仅 33 岁，谥壮武。著有《练勇刍言》。

（二）清代“四大中兴名臣”之曾（国藩）左（宗棠）

曾国藩（1811～1872年），初名子城，字伯涵，号涤生，谥文正，出生于湖南湘乡县杨树坪（今双峰县荷叶镇）。晚清重臣，湘军的创立者和统帅。曾国藩幼从父学。道光十三年（1833年）入县学为秀才。翌年就读于长沙岳麓书院，同年中举人。道光十八年（1838年）中进士，入翰林院，为军机大臣穆彰阿门生。累迁内阁学士，礼部侍郎，署兵、工、刑、吏部侍郎。与大学士倭仁、徽宁道何桂珍等为密友，以“实学”相砥砺。太平天国运动时，曾国藩组建湘军，经过多年鏖战后攻灭太平天国。曾国藩一生奉行为政以耐烦为第一要义，主张凡事要勤俭廉劳，不可为官自傲。他修身律己，以德求官，礼治为先，以忠谋政，在官场上获得了巨大的成功。曾国藩的崛起，对清王朝的政治、军事、文化、经济等方面都产生了深远的影响。在曾国藩的倡议下，建造了中国第一艘轮船，建立了第一所兵工学堂，印刷翻译了第一批西方书籍，安排了第一批赴美留学生，可以说曾国藩是中国近代化建设的开拓者。曾国藩是清朝军事家、理学家、政治家、书法家、文学家，晚清散文“湘乡派”创立人。晚清“中兴四大名臣”之一，官至两江总督、直隶总督、武英殿大学士，封一等毅勇侯，谥曰文正。

左宗棠（1812～1885年），字季高，一字朴存，号湘上农人。晚清重臣，军事家、政治家，著名湘军将领，洋务派首领。道光十二年（1832年）入赘湘潭辰山桂在堂周氏，与王慈云（周系舆妻）之女周诒端成婚。常以“卧龙”自比，撰“身无半亩，心怀天下”联自砺。后破格敕赐进士，官至东阁大学士、军机大臣，封二等恪靖侯。同治五年七月初十（1866年8月19日），左宗棠在福建设立清政府规模最大的新式造船厂。光绪十一年（1885年），左宗棠在福州病逝。追赠太傅，谥号文襄，并入祀昭忠祠、贤良祠。著有《楚军营制》，其奏稿、文牍等辑为《左文襄公全集》。一生亲历了湘军平定太平天国运动、洋务运动，率军平定陕甘回变和收复新疆等重要中国历史事件。与曾国藩、李鸿章、张之洞并称“晚清中兴四大名臣”。

（三）湘军骁将蒋益澧、郭松林、萧孚泗

蒋益澧（1825～1874年），湘乡壶天村人，参加湘军追随王鑫攻打岳阳，

得九品小官。后归罗泽南部下，勇敢善战，被罗泽南收为弟子，与王鑫成为同门师兄弟。后参与广西剿匪，颇有成就，屡获升迁，广西剿匪的成功为湘军挣得了好名声，也使之深受左宗棠器重，屡建奇功。同治五年（1866年），被授广东巡抚，开始主政一方，但因遭排挤被降级，告老还乡，同治十三年（1874年）病逝。

郭松林（1833~1882年），字子美，湘潭县易俗河杨柏山人。松林勇悍有力，投入湘军，转战赣皖，积功官至游击。李鸿章在上海成立淮军，从湘军选将，独松林奋勇应命，遂为列将。积功升记名提督，赐头品顶戴，授福山镇总兵。同治四年（1865年）奉调入闽，会攻太平军余部。次年，曾国荃授福建巡抚，松林统新军四千，与捻军作战。李鸿章以钦差大臣统军，松林伤愈复出，受命统万人为武毅军。战胜论功，赐黄马褂，一等轻车都尉世职，授湖北提督。光绪八年（1882年）出任直隶提督，卒于古北口营次。归葬湘潭。

萧孚泗（？~1884年），字信卿，湖南湘乡人，清朝将领。咸丰三年（1853年），入湘军，从罗泽南转战江西、湖北，洊擢守备。后从曾国荃援江西，克安福、峡江，擢游击，赐花翎，擢参将，又擢副将。咸丰十年（1860年）春，孚泗功多，赐号勷勇巴图鲁。八月，以地雷坏城，复安庆，以总兵记名。加提督衔，授河南归德镇总兵。

（四）襄协收复新疆的刘锦棠

刘锦棠（1844~1894年），湘乡山枣镇城江村人，湘军名将，左宗棠最得力的战将，被誉为“飞将军”。成年投入叔父刘松山所在的湘军，随同叔父镇压太平军和捻军，作为左宗棠主力而平定西北区域的同治回乱和新疆乱局里的阿古柏继承人伯克胡里势力，积勋至州同、巡守道，还获得了“法福灵阿巴图鲁”称号。刘锦棠促成了新疆建省的实现。光绪十六年（1890年）二月六日，晋刘锦棠为太子太保。光绪二十年（1894年）七月令湖广总督张之洞前往湘乡传旨，令其召集旧部速赴辽东。为了抗击日寇，刘锦棠抱病启程，刚到湘乡县城，忽患中风，左体偏瘫，八月去世。

（五）袁树勋治理上海

袁树勋（1847~1915年），字海官，后改海观，晚号抑戒老人，湘潭县易俗河山塘人。当过厘金局的收税小吏，后投湘军。同治四年（1865 年），从征捻军，管后路粮食，保用知县。历署江苏高淳、铜山、南汇、上海诸县知县，后以知府衔候官江西，暂充景德镇厘金局局长，主管专卖事务。光绪二十七年（1901 年），为苏松太道道员，驻上海。后任江苏按察使。光绪三十二年（1906 年），调顺天府尹。不出一年，升民政部左侍郎。光绪三十四年（1908 年），为山东巡抚，宣统元年（1909 年）调任两广总督，次年九月罢职。民国 4 年（1915 年）卒于沪。

（六）黎培敬守廉知耻、黎景嵩反割台斗争

黎培敬（1826～1882 年），字简堂、开周，湘潭县茶园铺（今谭家山镇）皋山黎家湾人。咸丰四年（1854 年），曾国藩接旨在湘办理团练，黎培敬参与了湘军早期的筹备，曾写道“三月粤逆陷湘潭，在籍办理团练数月”。咸丰十年（1860 年）进士，选庶吉士，历任布政使、贵州巡抚、四川按察使、漕运总督。光绪七年（1881 年）调任江苏巡抚，以病未履任，告假回乡，次年病逝于长沙。平生为官勤政廉洁，有政声。工诗文、书法。卒谥文肃。著有《求补拙斋诗文略》《求补拙斋诗文外集》等。

黎景嵩（1848～1910 年），原名锦芳，字伯鄂，号宪甫，晚清湘潭人。光绪二十一年（1895 年）六月八日台湾府（台中）知府孙传衮卸印时，候补同知黎景嵩署台湾府，兼统各军。八月九日，杨载云与日军恶战死之，彰化城破。黎景嵩出西门，旋内渡。回大陆后，清廷究其抗旨而免职，回到湘潭。后出为张之洞幕僚。宣统二年（1910 年）卒于汉阳。以思痛子为名撰写《台湾思痛录》。

三　叱咤风云的革命先驱

（一）马福益、刘道一、刘揆一领导清末会党起义

马福益（1866～1905 年），原名福一，又名乾，后改名福益，湘潭县继述桥乡碧水湾人。清光绪十七年（1891 年），他创立会党山堂回龙山，立山堂香水名号，开山收徒，参加者万余人。光绪三十年（1904 年），黄兴、刘

揆一、马福益秘密会见于湘潭县茶园铺矿山一岩洞中，共议反清大计。商定当年十月初十即慈禧70岁生日那天，在长沙炸毙参拜遥祝太后寿辰的省城文武官员，趁机起事，夺取省城。以黄兴为主帅，刘揆一、马福益分任正副指挥。九月初，党人谋事不慎，数人被捕，加上有人告密，清吏按名搜捕。马避逃广西，起义流产。这年为甲辰年，史称“甲辰起义”。次年在萍乡车站被清兵发觉、被捕，光绪三十一年三月十六日（1905年4月20日）在长沙英勇就义，终年40岁。

刘道一（1884～1906年），谱名吉唐，字炳生，又号培雄，生于湘潭县花萼乡（今白石镇）八斗冲。清光绪三十年（1904年）二月，考取留日官费生，入东京清华学校学习，与秋瑾、黄人漳等参加“十人团”。后他与秋瑾等参加冯自由等在横滨组织的洪门天地会，任“草鞋”（将军）。光绪三十一年（1905年）八月，在东京加入中国同盟会，任书记、干事等职。光绪三十二年（1906年）秋，刘道一与覃振、蔡绍南等被派回湘“运动军队”，“重整会党”，酝酿武装起义。之后，留长沙运动军队，掌握全局，并负责与东京同盟会本部联系。起义初期，声势浩大，屡败清军。清廷调湘赣数省军队镇压，相持月余，起义失败。他在由衡山返长沙途中被清军逮捕，以他刻有“锄非”二字的印章作为罪证，判处死刑。农历十一月十六日（1906年12月31日）被惨杀于长沙浏阳门外，年仅22岁。民国元年（1912年），中华民国临时大总统孙文发布《命黄兴优抚刘道一令》。后湘潭县议事会决议以城区宣化街（今城正街）的原守备衙门为刘烈士祠。

刘揆一（1878～1950年），字霖生，湖南衡山县人，生于湘潭县白石铺杨柳冲。幼年入私塾，光绪二十九年（1903年）春，自费留学日本与黄兴结识，民国5年（1916年）6月，袁世凯死后，黎元洪继任总统，刘揆一一度担任国会议员，直到国会解散。五四运动，赋闲家中，民国22年（1933年），刘揆一被蒋介石聘为行政院顾问。因刘揆一所呈的联共的言论遭到蒋的嫌恶，遂于翌年被罢免。中华人民共和国成立后，刘揆一留在大陆，任湖南省军政委员会顾问。1950年11月1日，在湘潭病逝。

（二）革命先驱禹之谟、辛亥元勋何海清

革命先驱禹之谟（1866～1907年），生于湘乡县青树坪镇贻则堂（今双

峰县繁星村）。曾东渡日本留学，在湘潭创办湘利黔织布厂。光绪三十年（1904年）初，黄兴创立华兴会，禹之谟首批加入。四月，湖南掀起粤汉铁路废约自办运动。禹之谟领导组织省工商各界，集资百余万，收回了路权。后在湘组建同盟会湖南分会，并被推为首任会长。其间，他还竭力创办惟一学堂和湘乡驻省中学（今湘乡一中）。光绪三十二年（1906年）五月，著名的反清革命宣传家陈天华和爱国志士姚宏业灵柩返湘时，他首倡“公葬岳麓山，以彰义烈”，并发动万余名学生举行大型公葬活动。八月十日，被湖南巡抚庞鸿书以“哄堂塞署、图谋不轨”罪名逮捕入狱。光绪三十三年（1907年）二月六日，禹之谟在靖州东门外慷慨就义，年仅41岁。民国元年（1912年）公葬于岳麓山。孙中山追赠禹之谟为陆军左将军。

辛亥元勋何海清（1875～1950年），字镜寰，又名震环，号乔八。光绪三十一年（1905年）秋入同盟会。宣统二年（1910年）入云南讲武堂学习，与朱德同学。三年（1911年），率部参加蔡锷在云南发动的反清起义。后任云南步兵第八团团长，武装迎护蔡锷返昆明。民国5年（1916年）二月，增援在四川纳溪被围困的部队，获双河场大捷。后升陆军中将，出任陆军第六师第十一旅旅长。护法战争后，历任护法靖国军第一军右翼总司令、第八军第一师师长、滇黔川鄂豫靖国军前敌总指挥、云南第一卫戍区总司令、滇南镇守使兼建国军第六军军长，升陆军上将。民国14年（1925年）冬，解甲返乡。1950年土改中，挨斗致死。1983年，中共湘潭县委确认其为“辛亥革命人员”。

（三）鉴湖女侠秋瑾

秋瑾（1875～1907年），原籍浙江绍兴，生于福建厦门。清光绪二十一年（1895年），秋瑾之父秋寿南调湘潭主管厘金局，次年与王黻承子王廷钧结婚。光绪二十六年（1900年）春，随夫王廷钧上京赴任。光绪三十年（1904年）四月，往日本留学。与刘道一、黄人漳等参加“十人团”，又与刘道一、龚宝诠、仇亮等组织“三合会”，她被封为“白扇”（军师）。光绪三十年十二月（1905年1月）回国，在上海拜谒蔡元培。次年五月，加入光复会。七月，经冯自由介绍在黄兴住所与孙中山见面，参加中国同盟会，被推为浙江省主盟人。光绪三十二年（1906年）十月，在上海参加光复会秘密会议，后在绍兴大通学堂主持教务，联络浙江会党、新军。三十三年（1907年）正月，返回湘潭筹措革命经费。四月组建光复军，自任协领。由于内奸告密，浙江巡抚派新军于六月初四下午包围了大通学堂。她带领学员与敌人作殊死搏斗，终因寡不敌众，被捕。六月初六（7月15日）凌晨4时，在绍兴县城的古轩亭口英勇就义，时年32岁。

（四）一代伟人毛泽东

毛泽东（1893～1976年），字咏芝，后作润之，亦作润芝。湘潭县上七都七甲上屋场（今韶山市韶山村）人。伟大的马列主义者，中国共产党、中国人民解放军和中华人民共和国的主要缔造者和领导者。1918年4月，与学友蔡和森等创立新民学会。1920年7月，发起成立湘潭教育促进会。在长沙筹建共产主义小组。1921年1月，回韶山过春节，引导毛泽民等家人走上革命道路。7月，在上海出席中国共产党第一次全国代表大会。8月，创办湖南自修大学，随即进行筹建湖南党组织的工作，先后任中共湖南支部书记、中共湘区委员会书记。中共一大后，领导江西萍乡安源路矿工人、粤汉铁路武（汉）长（沙）段工人、长沙泥木工人等进行罢工斗争并取得胜利。1925年2月，回韶山养病，同时开展农民运动。1927年初，至湘潭、湘乡、衡山、醴陵、长沙五县考察农民运动，发表《湖南农民运动考察报告》。10月，率秋收起义部队到井冈山，创建第一个农村革命根据地。1934年1月，在中共六届五中全会上被选为中共中央政治局委员。2月，当选为中华苏维埃共和国中央执行委员会主席。10月，参加举世闻名的长征。1935年1月，出席遵义会议，被选为政治局常委，在事实上确立了毛泽东在红军和中共中央的领导地位。于同年10月胜利到达陕北。抗日战争时期，领导全党坚持抗日民族统一战线的独立自主原则，全面抗战和持久抗战，开展敌后游击战争，取得抗日战争重大胜利。1945年，中共第七次全国代表大会在延安召开，确定毛泽东思想为全党的指导思想。在中共七届一中全会上，当选为中央委员会主席、中央政治局主席、中央书记处主席。此后一直担任中共中央委员会主席至逝世。1949年3月，在河北省建屏县西柏坡（今属平山县）主持召开中共七届二中全会，告诫全党继续保持谦虚谨慎、不骄不躁的作风，继续保持艰苦奋斗的作风。1949年9月，当选为中华人民共和国中央人民政府主席，10

月，当选为政协委员会主席。随后，成功地领导、指挥了“抗美援朝”，进行了土地改革，使国民经济迅速恢复并得到发展。1954年9月，当选为中华人民共和国主席。1959年6月回故乡视察。从1960年冬到1965年，领导和贯彻对国民经济实行“调整、巩固、充实、提高”的方针。在此基础上，提出实现工业、农业、国防和科学技术“四个现代化”的战略目标。1966年起发动和领导了“文化大革命”。在晚年提出划分三个世界的战略以及中国永不称霸的重要思想，推动中美关系和中日关系邦交正常化，奠定了有利于中国现代化建设的外交新格局。1976年9月9日零时10分，因病逝世于北京，遗体安放在毛主席纪念堂（1980年开放），供人瞻仰。毛泽东一生主要著述和书法收录于《毛泽东选集》《毛泽东诗词选》《毛泽东书信手迹选》等。

（五）共和国元帅彭德怀

彭德怀（1898～1974年），湖南湘潭人，军事家。原名彭清宗，字怀归，号得华。1928年加入中国共产党。第二次国内革命战争时期担任中国工农红军师长、军长、三军团总指挥，中共中央军事委员会副主席；长征后期担任过以毛泽东同志为政治委员的陕甘支队司令员；到达陕北以后，担任过红军前敌总指挥。抗日战争时期，担任八路军副总司令，中共中央北方局代理书记。解放战争时期，担任中国人民解放军副总司令、第一野战军司令员兼政治委员。中华人民共和国成立以后，担任中共中央西北局第一书记、西北军政委员会主席、中共中央军事委员会副主席、中央人民政府革命军事委员会副主席、中国人民志愿军司令员兼政治委员、国防委员会副主席、国务院副总理兼国防部长；1965年，担任建设大三线的副总指挥。他曾任党的第六届、第七届、第八届中央委员会委员、政治局委员。他还当选为第一届和第二届全国人民代表大会代表。彭德怀是德高望重的老一辈无产阶级革命家、军事家和政治家，是中国共产党、中华人民共和国与中国人民解放军的卓越领导人之一；他把毕生的精力献给了中国人民的解放事业和社会主义国防及建设事业，建立了不朽的历史功勋。

（六）中共早期杰出领导人罗亦农

罗亦农（1902～1928年），生于湖南省湘潭县易俗河雷公塘，原名罗善扬，字慎斋，后改为亦农，中国无产阶级革命家。曾领导过上海工人第三次武装起义，是中国共产党早期重要领导人之一。1916 年，罗亦农考入美国人在湘潭创办的教会学堂，后在陈独秀的启迪下，加入社会主义青年团。在莫斯科东方大学学习时，加入中国共产党。回国后参与领导五卅运动、省港大罢工和上海工人三次武装起义。先后任中共中央长江局书记、临时中央政治局常委、中央组织局主任。1928 年 4 月 15 日，因霍家新、贺治华出卖，罗亦农在上海公共租界内戈登路望德里被租界巡捕逮捕，21 日英勇就义于上海龙华，年仅 26 岁。2009 年，罗亦农被中央宣传部、中央组织部等 11 个部门评为“100 位为新中国成立作出突出贡献的英雄模范人物”。

（七）赣水那边红一角，偏师借重黄公略

黄公略（1898～1931 年），湖南省湘乡人，是红军将领、军事家、中国共产党早期领导人之一。黄公略曾在黄埔军校学习，毕业后参加北伐战争。同年入黄埔军校高级班学习。1927 年加入中国共产党。同年参加广州起义。1928 年参加领导平江起义。曾任中国工农红军第五军副军长、第三军军长。在中央革命根据地三次反“围剿”战役中屡建战功。1931 年 9 月在战斗中负伤牺牲。2009 年，黄公略被中央宣传部、中央组织部等 11 个部门评为“100 位为新中国成立作出突出贡献的英雄模范人物”。

（八）陈赓、谭政、卢冬生

陈赓（1903～1961 年），湖南湘乡人。1922 年加入中国共产党。1924 年入黄埔军校第一期学习。毕业后，留校任副队长、连长。参加了平定商团叛乱和讨伐陈炯明的东征。后在抗日战争时期历任八路军 129 师 386 旅旅长。历经北伐、南昌起义、长征、抗日战争、解放战争、朝鲜战争，为中国人民的解放事业立下汗马功劳。是新中国国防科技、教育事业的奠基者之一。1952 年，毛泽东主席点将陈赓筹建哈军工（中国人民解放军军事工程学院）。中央特科重要领导人之一。1955 年被授予大将军衔。曾获一级八一勋章、一级独立自由勋章、一级解放勋章。1961 年 3 月 16 日在上海去世，终年 58 岁。

谭政（1906～1988 年），湖南湘乡人。1927 年在国民革命军第二军总指挥部特务营任文书、书记。1927 年 9 月，参加秋收起义。1927 年 10 月，加

入中国共产党。曾在红四军军委、红十二军政治部、八路军总政治部、东北军区兼东北野战军政治部、华中局任职。新中国成立后，任中南局第一副书记、解放军总政治部主任、国防部副部长、中央监察委员会副书记、解放军监察委员会书记、中央军委常委等职。1955 年 9 月，被授予中国人民解放军大将军衔，并获一级八一勋章、一级独立自由勋章、一级解放勋章。1988 年被授予中国人民解放军一级红星功勋荣誉章。1988 年 11 月 6 日于北京逝世，终年 82 岁。

卢冬生（1908 ~ 1945 年），湘潭县人。1927 年 7 月，随陈赓去南昌，1927 年 8 月参加南昌起义。同年 12 月 7 日，经陈赓介绍加入中国共产党。1928 年 3 月参加桑植起义。1930 年起任红 2 军团营长，红 3 军第 7 师 20 团团长，湘鄂西独立师政治委员、师长。1933 年，任红 3 军教导团团长，不久任第 7 师师长。1934 年 10 月任红 2 军团第 4 师师长，参加开辟黔东、湘鄂川黔苏区和长征。长征途中，率部屡担重任，屡建奇功。抗日战争初期被任命为八路军第 120 师 358 旅旅长（未到职），旋调延安抗日军政大学学习。1939 年被派到苏联入伏龙芝军事学院学习。1942 年到驻苏联远东地区东北抗日联军教导旅工作。1945 年 9 月回国，先后任哈尔滨卫戍司令员、松江军区司令员等职。

第五章　文艺臻高巅　时代留强音

文学艺术是文化百花园中最娇艳、最馨香的花朵，而湘潭的艺术之花在湖湘乃至中国和世界的百花园中，都是那样的立异标新、鲜艳夺目。而其余香悠长，华彩久照，三湘百花罕有其选。湘潭的文学艺术若以花为喻，便是花中之牡丹；若以鸟为喻，就是鸟中之凤凰。

文化之花的盛开，离不开优良的种子和肥沃的土壤，文艺之酒的芳香，还需要时间的积淀和环境的发酵。五千年的神话传说，三千年的楚国历史，一千年的湖湘文脉，三百年的金湘潭辉煌，一百多年近代斗争的风云激荡，才绽开出白石老人的红花墨叶，才激发出润之先生的大家文章。

一　南北文化的水乳交融

湘潭的文学艺术源于北方的悲愤撞上了南蛮。湘潭本百越之地，文化落后，环境严酷，被北方人视为畏途，称之为南蛮之地。北方人只有被迫或无奈才会踏上这片土地，他们大多满怀悲愤而来，无可奈何而来，无意间却为这块南蛮之地播撒下了文艺的种子。

（一）舜帝在流放路上奏响韶乐

舜帝是有虞朝的一代圣君，现今的历史学家多把他当作神话中的传说人物，是否存在，常持怀疑的态度，但疑古派的结论，大多已被考古的发现击得粉碎。“神仙本是凡人做”，这句民间谚语是可侧证舜帝存在的。

舜帝有虞氏是南方人，但以湘潭的方位而言，他是北方人，与楚国鬻熊是同一个祖先，都是大神祝融的后代。年青的舜虽然早年经历坎坷，但他的五弦琴弹得出神入化，在三月三的盛会上，舜的琴声和歌声俘获了无数未婚女青年的芳心，尧帝的两个女儿娥皇和女英就是其中之二。

舜不仅是高妙的琴师，他还是一位卓越的作曲家，人类最早的一部交响乐《大韶》就是舜的杰作。据《竹书纪年·帝舜有虞氏》记载："帝即位居冀，作《大韶》之乐。"《大韶》又名《九招》《九韶》《箫韶》，这是一部人世间最美妙的音乐，是至善至美的天籁之音，一旦演奏起来，山中百兽也会闻乐起舞，鸟中的凤凰也会前来朝拜。春秋时另一位音乐达人孔丘先生在齐国偶尔听闻韶乐，竟然三个月不知肉的味道。韶乐穿越时空，数千年萦绕中华大地。

湘潭与韶乐结缘，是因为舜帝的南巡。舜帝南巡是一桩千古疑案，史书上说他将帝位禅让给禹后开始南巡，实际上是舜被禹流放或赶到南方，所以舜帝南巡是满怀悲愤的，他的二妃千里寻夫更是满怀悲愤的。但舜帝是一个政治家，他向南方寻找生存空间，手上兵力不够，就以他擅长的音乐为武器，征服苗民。据同治刊《湘乡县志》载：舜帝南巡来到汉苗交界之地一座高山，忽然鼓角齐鸣，手执弓矛的苗民土著将舜帝团团围困达三天三夜，形势万分危殆。舜帝来自南方，深知苗民习性，于是下令手下演奏韶乐，一时引得百鸟齐鸣，凤凰来仪，群兽起舞。围困舜帝的苗民在妙不可言的音乐声中，竟然也放下手中的武器，应和着节拍跳起舞来，一场干戈化为玉帛。见证这一历史时刻的高山，就以韶山之名永传后世。

《韶乐》是大型交响舞曲，以箫、笙等管乐为主，辅之以五弦琴等弦乐，并配以多种金石打击乐器。要六十四人才能演奏，其中乐队三十二人，舞队三十二人，各种乐器四十余种。洪大美妙的韶乐，不仅帮助舜帝化解了南巡的一场干戈，也给湘潭播下了纯正大气的艺术种子。此后舜帝南巡，一路演奏，于是在湖南永州九嶷山有了箫韶峰，在广东北部有了韶关，这都是韶乐在南方留下的美的历程。

（二）老莱子无奈逃隐江南

老莱子是道家中的人物，有著作十五篇传世，是与孔子、老聃同流的大思想家，但他却以孝道名传后世。在《二十四孝图》中名列第七日：戏彩娱亲。其图释又说：周朝的老莱子，十分孝顺，奉养父母双亲，语言甘甜，有求必应。自己已是七十岁的古稀老人，在九十岁的父母面前从来不称老。他经常穿上五色斑斓的衣裳，手持拨浪鼓，在父母面前像婴儿一样游戏，以博父母欢笑。有一次他给父母奉送茶水，不小心摔了一跤，他顺势倒在地上，学婴儿哭泣的样子，引得父母哈哈大笑。

对于老莱子的孝道，鲁迅在《朝花夕拾》后记一文中曾批判说："我以为有趣和肉麻也是一样，孩子对父母撒娇可以看得有趣，若是成人，便未免有些不顺眼。老莱子的作态的图，正无怪谁也画不好。……你看这样一位七十岁的老太爷，整年假惺惺地玩着一个'摇咕咚'。"还有人认为老莱子是"一个矫揉造作，忸怩作态，令人生厌、作呕的小丑形象"（《湘潭文化史话》，湖南人民出版社）。

在这些表扬、批判、嘲弄的文字中，我们可以猜想老莱子就是有文字记载的最早的丑角演员。

丑角是戏剧中最会搞笑的演员，他以语言的幽默、行为的搞怪而引人大笑。《孔子家语》载"齐奏宫中之乐，俳优侏儒戏于前"。《韩非子·难三》亦云："俳优侏儒，固人主之所与燕也。"俳优以语言取笑，侏儒以行为取笑。老莱子学婴儿之状，正是侏儒搞笑的形象。司马迁在《史记·滑稽列传》中说到最早的丑角演员优孟，就是楚国的乐人。而道家正是产生于楚国，并与丑角有天生的关系，《史记·孟子荀卿列传》说："如庄周等又滑稽乱俗。"老莱子正是庄周一派的道家人物，楚国人，能言善辩又行为搞怪。这类滑稽之人在楚国是普遍存在的。其下者在民间则是红白喜事上的吹鼓手，其上者则入宫廷侯府以取悦达官贵人，其最上者甚至可得君王的欣赏而受恩宠。老莱子显然是一个搞笑高手，深得楚王欣赏，甚至要请他出山任楚国宰相。但老莱子常在高层游走，深知官场江湖险恶，不愿为官，又怕楚王不放过他，于是带着妻儿父母逃走江南，不知所终（《二十四孝图·戏彩娱亲》）。

老莱子本是山东蒙山人（一说安徽崇山），他逃走江南几千年无人知其下落，直到清朝方有结果。中国自古以孝治天下，老莱子以贤孝之名传扬天下，历代统治者都明诏天下，要找到他的故宅或墓庐，均无结果。清朝康熙年间，长沙府湘潭县良都垵有人发现一块石碑，经识篆者辨明方知是老莱子墓碑。其后湘潭县令白景重修老莱子墓，并建萧子祠。门联上书："灵钟楚国，迹继蒙山。"

清同治年间立“莱子捐碑”于湘潭县一都良都塅（今属株洲）

老莱子从北方逃到楚国的江南，以“老吾老以及人之老，独乐乐不如与人乐乐”的情怀，不仅孝顺了双亲，还为湘潭的娱乐播下了欢快的种子。

（三）文学宗师在悲愤的流放中播下了文艺种子

与老莱子隐居江南不同，屈原到湖南却是轰动一个时代的大事件。虽然他是流放来湘，虽然他是湖北人，但湖南这块蛮荒之地却深深打上了屈原的印迹，尤其在文学艺术上，屈原可以说就是湖南文学的祖师。

屈原是否到了湘潭，史书上并无记载，但从湘潭民俗和屈原的诗词作品中是可以找到一些证据的。

1. 湘潭曾有屈原庙。

2. 湘潭龙舟自古盛行。

3. 与屈原同时代的大将昭阳曾被流放湘潭昭山一带，而陷害屈原的大臣靳尚更是分封在湘潭边上的大夫堂，昭山、靳江就是明证。

4. 屈原在《离骚》中说，我沿着湘水南行，要到九嶷山向古舜帝诉说衷肠，沿途欣赏到了韶乐和韶舞，让我在颠沛之中觅得一点欢乐时光。屈原在《九歌》中还以《湘君》和《湘夫人》为题，歌颂了湘水之神的忠贞爱情，而湘水之神就曾驻足湘潭昭山。“灵妃多圣迹，不忍上昭山”（清·胡正笏《望昭山有感》）的诗句是可证明的。

屈原伟大的爱国主义情怀，瑰丽多姿的优美诗篇，为湘潭播撒下了文学的种子。屈原也是湘潭文学的宗师，亦是湘潭文学的滥觞。

（四）悲愤的书法家用艺术表达自己的政治情怀

屈原之后，西汉大思想家贾谊到了长沙国，湘潭是长沙国属地，亦多少沾得一些太傅的文气。其后便是一些金戈铁骑的将军，如马革裹尸的马伏波、珍惜光阴的陶侃，直到大书法家褚遂良从天而降。

与屈原一样，褚遂良也是被流放而来。此时已是大唐盛世，大唐的艺术高峰，因褚遂良的到来，竖立了一块丰碑，留下一段书坛佳话，滋养了湘潭人千百年。

褚遂良是唐朝四大书法家之一，他的书法“字里生金，行间玉润，法则温雅，美丽多方”，更兼“空灵飘逸，流丽飞动，瘦劲秀润”，深得唐太宗的欣赏。唐太宗在弘文馆开书法班，褚遂良是负责人，欧阳询、虞世南是教师。唐太宗觅得王羲之的《兰亭序》，交褚遂良临摹布散天下。唐太宗临终钦令褚遂良为托孤大臣。

唐高宗李治不顾伦理，将父亲的女人武则天纳入后宫，先封昭仪，继而欲立为皇后。褚遂良早已洞悉武则天的政治野心，坚决反对，惹得高宗大怒，武则天怀恨，遂被赶出京城，贬为潭州都督。

褚遂良在潭州期间，留下许多足迹，而与书法艺术相关的是“大唐兴寺”的题字和“洗笔池”遗迹。

当时湘潭陶公山是一处名胜之地，褚遂良常来游览。山上有一石头寺，庙宇宏伟，苍松翠柏，郁郁葱葱。褚遂良眼见得这大好河山将沦为武氏天下，不禁悲愤交加，于是索来纸笔，奋笔写下“大唐兴寺”四字，改石头寺为唐兴寺，寄寓自己匡扶李氏、兴盛大唐的政治情怀。褚公的题字，原嵌于唐兴寺门上，现珍藏于湘潭市博物馆。这块汉白玉题额是镇馆之宝，亦是湘潭书法的正宗源流。而在湘乡褚公祠的洗笔池，亦见证了褚公临池赋诗、勤奋练字的书法人生。正如明代诗人曹廷用《洗笔池》诗曰：“洗笔迹存人去远，墨云浮水尚依然。临池欲写当年事，碧草凄凄锁暮烟。”

褚遂良“大唐兴寺”的题额，不仅寄托了他复兴大唐王朝的家国情怀，而且给湘潭播撒下了高尚的书法品位和书法艺术的种子。

（五）被命运捉弄的诗圣在悲愤中留下诗的经典

在中国文学史中，唐诗是辉煌的高峰，而唐诗中的李白、杜甫则被誉为诗仙和诗圣。诗仙李白顺长江东下，乘黄鹤而去，只留下了“湘潭几日到”的诗句。本以为大唐盛世的诗韵风华要与湘潭擦肩而过，但安史之乱的战争硝烟却迫使诗圣杜甫在湘潭流连，并留下许多经典诗篇，影响一代又一代湘潭文学青年。杜甫，字子美，河南巩县（今河南巩义市）人，自幼受到良好教育，曾任检校工部员外郎，史称杜工部。安史之乱爆发后，他从长安到四川，并筑草堂定居。暮年后又出川入湖南投奔好友韦之晋，以便老来有个依靠。然而命运却无情地捉弄了一代诗圣。他去衡阳投奔韦之晋时，韦却调离了衡阳，他回头去追，眼看就要追上，韦之晋却又病逝了。他在湘江之上无依无靠，贫病交加。本想在长沙落脚，长沙又发生了湖南兵马使臧玠的叛乱，他只好向湘潭逃难，并约韶州刺史、好友韦迢在湘潭见面，但韦迢公务在身，只给杜甫留下了一首《早发湘潭寄杜员外院长》的诗。读着诗中“楚岫千峰碧，湘潭一叶黄”的名句，品味着老友“故人湖外客，白首尚为郎”的同情，杜甫站在湘潭江边的楼上，不禁悲从中来，用偏枯的左手愁苦地写下《楼上》一诗：

天地空搔首，频抽白玉簪。
皇舆三极北，身事五湖南。
恋阙劳肝肺，论材愧杞楠。
乱离难自救，终是老湘潭。

一句“乱离难自救，终是老湘潭”成了杜甫的绝唱和谶语，一叶黄的湘潭，万里春的湘潭，在诗人口中吐出来却是如此的悲凉。不久的冬末，杜甫想从湘潭漂回自己的故乡，但命运却将诗圣最后的时光留在了湖南，留给了与湘潭烟水相连的湘江。

诗圣走了，但诗魂却永久地留了下来。八九百年后的明朝万历年间，湘潭知县包鸿逵兴建万楼时，在“楼居潭州第一雄”的万楼边，特地修葺了黄花亭，并改名为“岸花亭”，以杜甫第一次来湘潭时愉快的人生体验，冲淡杜甫最后对湘潭的悲哀。“夜醉长沙酒，晓行湘水春。岸花飞送客，樯燕语留人。”杜甫《发潭州》的诗句，那是诗人对湘潭最初的美好的印象。

明朝崇祯初年，湘潭诗人王岱更倡立岸花诗社，他们秉承诗圣的精神，吟诗作赋，留下许多优美诗篇。杜甫“诗魂天地间”，而于湘潭尤盛。

二　翠秀淡远的诗画山水

文化艺术的枝繁叶茂，必定有滋养文化艺术的深厚土壤。没有如诗如画的山水，诗人与画家的艺术源泉便会枯竭，优美的诗句和高雅的图画便不可能产生。艺术来源于生活，而高于生活，原生态的艺术，来自最底层的哭泣与欢笑，飘荡于林间的山歌，鼓荡于江涛中的渔歌，都是文化艺术最好的原材料。南宋大诗人陆游在《偶读旧稿有感》诗中说：

文字尘埃我自知，向来诸老误相期。
挥毫当得江山助，不到潇湘岂有诗。

陆游的诗句，生动地说明了山水与诗歌艺术的关系。而南楚浓烈浪漫忧虑的民风，无时不感动着艺术家的身心，并将此风吹拂于诗人的笔尖。

湘潭地处湘江中游，自古是中湘之地，正是潇湘山水的经典区域，亦是南楚文化的滥觞。明朝江西吉水人尹惟慊在《中湘胜概图赋》一文中说得好："故尝观夫湖南胜概，无过于三湘，而三湘盛概，无过于中湘。此中湘胜概所以为独冠，而人物繁盛，尤非旁邑所能及也。"山川胜景，正是文学艺术、英雄豪杰产生的根基，有此山川，方有此人文。

屈原的楚辞是中国文学的伟大经典，而这部经典的产生，正得益于包括湘潭在内的湖湘山水与南楚人文。湖湘山水的云蒸烟幻，湖湘景致的深远奇异，湖湘民俗的巫风浪漫，为屈原的文学创作提供了绝佳的创作环境和素材，《九歌》便是仿三湘先民民歌而作，《湘君》《湘夫人》取材于楚地湘水女神的民间传说，而湘水女神就居住在昭山之下的昭潭之中。湘潭的山水，湘潭的宗教风俗、神话传说，就犹如催化诗情的酵母，使人浮想联翩，产生创作的冲动和创造的灵感。

两宋以后，潇湘八景文化风行天下，甚至影响东瀛，更是直接与湖湘山水景致相关。烟寺晚钟之声远，渔村夕照之挥辉，江天暮雪之飞波，山市晴岚之霭翠，远浦归帆之空濛，潇湘夜雨之凄清，平沙落雁之凝暮，昭潭夜月之澄穆，文人画士见此佳景，无不形诸歌咏，见诸记述，图于画本，遂使八景文化深入人心，遂使天下文人言必称潇湘，一部《红楼梦》就如一部潇湘文化的集锦，潇湘馆与林妹妹就是潇湘文化的代言人。

潇湘八景，最初实为湘潭八景，明朝李腾芳、尹惟慊均有注述，故不复述。清朝彭而述的《湘行论》、上官铉的《湘游记》亦足以证明。彭而述说："潇者，清深也。如是，则前云潇、湘二水或妄也。"上官铉则以清湘代湘潭，说"此日清湘之滨，又不识是何景说"，湘潭山川之胜，实足以代表湖南。

将山水之胜转化为艺术之盛，齐白石是典型代表，有东方毕加索之称的白石老人“为万虫写照，为百鸟传神”，是中国花鸟画艺术的巅峰，其衰年变法的红花墨叶，源于早年五出五归“搜尽奇峰打草稿”的积累，更源于他儿时放牛砍柴，成年后做木匠踏遍的山水足迹。他观察在花间啼鸣的鸡鸟，在水中潜游的虾蟹。

白石老人十分推崇清代大画家石涛的画及其美学观，石涛在《苦瓜和尚画语录・山川》中说：“山川，使予代山川而言也，山川脱胎于予也，予脱胎于山川也，搜尽奇峰打草稿也，山川与予神遇而迹化也。”白石老人艺术上的大成就，正源于他把家乡的山川变成了胸中的丘壑。白石艺术之美，源于其家乡的山川之美、人文之美。白石北漂后，长时期住在京城，但白石老人的画几乎看不到城市景物，仍然是满纸的家乡山川，儿时记忆。其《题柴爬》诗画，最能典型集中地反映白石艺术美与家乡山川人文美的关系：

似爪不似龙与鹰，搜枯爬烂七钱轻。
入山不取丝毫碧，过草如梳鬓发青。
遍地松针衡岳路，半坡枫叶麓山亭。
儿童相聚常嬉戏，并欲争骑竹马行。

麓山的红叶，衡岳的松针，儿童的游戏，这些是白石家乡的美，化作了白石艺术的美。可以说有了翠秀深远的湘潭诗画山水，才有了美的湘潭艺术文化。

三　雄厚深沉的群艺根基

湘潭的文学艺术，不仅有悠久的历史，而且有广泛的群众基础，耸立云天的几座书画高峰，只不过是湘潭广泛群众文艺的冰山一角。揭开时光帷幕，潜入历史的深处，会发现湘潭的群众文艺是如此的根基深厚，人群广泛。湘潭历史上的五大艺术人才群体、两大女诗人群体足以证明。

西方曾有格言说，一代人可以培养出富豪，三代人才能培养出贵族。而文艺就如贵族，需要几代人的积累。像齐白石这种木匠出身的艺术家，那真是千载难逢的。文艺挡不了风，遮不了雨，填不饱肚皮，只有吃饱了、有闲了，才需要文艺来叙情表意，抑或打发无聊。湘潭自古是天下第一壮县，有“金湘潭”“小南京”的称号，富裕得很，这为湘潭城乡雄厚的群众文艺奠定了基础。于是在湘潭这块文化基因强大、山清水秀的肥沃土地上，产生了无数以血缘关系相聚的文艺群体。

（一）石潭周氏文艺群体

石潭周氏文艺群体源于周东沙。周东沙字训，是一位明朝贡生，他以儒风诗教传家，性格耿直，不愿为官，有贵客登门拜访，也避而不见。他生了六个儿子，却个个有高贵的品质、杰出的才华，再加上他们刻苦努力，均成为社会的精英和人生的赢家。

长子周之屏，嘉靖进士，以文雅著称。

老二周之翰，嘉靖举人，为百姓敬仰。

老三周之光、老四周之基、老五周之命，或任同知，或任知府，或任县学教授，皆有文采。

老六周之龙，字佐卿，明万历二十九年（1601 年）进士，曾任刑部主事、工部虞衡司空郎中，有《西曹直草》《熊南文集》流传于世。他写给康熙皇帝的《漕河议》，被收入《皇朝经世文编》。

石潭周氏后人依旧群星闪耀，尤以周系英最为有名。周系英，字孟才，是老五周之命的六世孙。乾隆五十八年（1793 年）中进士，被选为庶吉士，后升迁侍读学士。他聪颖灵敏，深受嘉庆帝青睐，曾说：“朕意中唯一的人是周系英。”嘉庆帝命群臣作《喜雨赋》比赛，周系英寓谏于颂，获第一名，并获御衣一件。他多次与皇上诗词唱和，每受称颂。周系英有《雪鸿轩诗文集》《北游小草》等，有不少诗文流传于世，其中最优秀的是吟咏故乡山水、悼念故里先贤之作。《陶公山》《胡文定公墓》《凿石工部草堂》等诗在湘潭传颂甚广。

（二）陶园张氏文艺世家

相比于石潭周氏，陶园张氏在文艺上更有过之而无不及。大清时期，湘潭县城熙春门“陶园”的张氏家族，是一个六世家风、家学相传的文艺世家。据光绪刊《湘潭县志·人物》载：张氏“子孙振之，官宦频频，文章黼黻，人人有集”，甚至“陶园之诗，名满京国”。

张氏兴盛始于张文炳，曾任文登知县，他诗礼传家，有八个儿子，个个有文采，尤其是张植、张恒、张坊及其子孙，将文艺家风发扬光大，影响甚巨。

张恒是乾隆年间举人，其子张九钺，是清代著名诗人和杂剧家，后有专论。

张坊，曾任曲沃县令，县民为他立“三不朽”牌坊，颂扬他修建水利的功绩，以及其高尚的品德和卓越的文章。其曾孙张声玠是清代有名的戏曲作家，后有专论。

张植，聪明好学，不求闻达，在乡间很有文声。他教子极严，十一个儿子个个成才，尤以张九钧、张九鉴、张九镒、张九键最知名。

（三）长塘“黎氏八骏”

风光无限的晓霞山下，住着中国现代文化史上有名的黎氏家族。黎家是一个书香世家，黎葆堂是清朝举人，曾任曾国藩的军机要员，其妻黄庚性格坚毅聪慧，靠自学看书，也能填词作诗。

其子黎松安，是晚清秀才，有着强烈的民族情感和爱国精神，中国甲午海战失败后，主张学习西方先进技术，自办长塘杉溪学校，用新学教育子女，他的八个儿子，在他的教育下，个个成才，被社会称为“黎氏八骏”。

老大黎锦熙是著名文字改革家。

老二黎锦晖因在文化上的巨大贡献，另有专题。

老三黎锦耀是矿业学家。

老四黎锦纾是教育家。

老五黎锦炯是桥梁专家。

老六黎锦明是现代文学家。

老七黎锦光是音乐家，曾为周旋写流行歌曲，灌唱片发行。

老八黎锦扬是美国现代著名华裔作家。

一家一窝，一姓几代男性文艺世家，在湘潭是十分普遍的，更难得湘潭还有女性作家群，在女子无才就是德的旧时代，那真是难得而别样的文艺风景。

（四）郭氏女诗人群

清代中期，湘潭县城出了一个名冠湖湘的“郭氏女诗人”群体，其骨干为郭润玉和郭步韫。

郭步韫，字独吟，约生活在乾隆、嘉庆间，自幼好学，熟读经史，有“女博士”的称号。因丈夫早逝，家境贫寒又不愿改嫁，只好带小儿子回娘家长住。她以毕生精力教育侄女、侄孙女读诗、写诗、研究诗。其诗风凄楚哀婉，如“城笳戍角，寒泉幽咽；哀蝉秋鸣，孤鹤夜警”。有《独吟诗集》。

郭友兰、郭佩兰是“女博士”的侄女，同样丈夫早逝，命运凄凉，只好旦夕寄情于诗作之中，颇有佳作。

郭漱玉，字元芳，生活在嘉庆、咸丰年间，其诗有古乐府遗风，著有《绣珠轩集》。

郭润玉，字笙愉，是两江总督李星沅的夫人。李星沅早年穷困，后来发达，夫妻二人如影随形，同甘共苦，吟诗作对，有唱必和。她诗风清新、自然、婉约。著有《簪花阁诗集》。

郭漱玉、郭润玉姊妹将郭氏女诗人群推向巅峰，其兄郭如翰中进士后，其父郭汪灿组织雨湖诗社，俗称“郭女文会”，经常举行诗会，相互唱和，如大观园中一般，数日便成一集。“一门文采，当世羡之”，此事甚至传入京城，文人学士多赋诗夸赞。李星沅编《沅湘耆旧集》，收入郭氏女诗人诗共218首之多。

（五）方上周氏女诗人群

郭氏女诗人群尚在巅峰，周氏女诗人群又横空出世了。周氏女诗人群的旗手是左宗棠的夫人周诒端。

左宗棠早年贫困，三次科场失意，只好在湘潭辰山做上门女婿，虽然脸上无光，好在有一群女诗人相伴，时相唱和，解心头之闷。

女诗人的头领是王慈云，左宗棠的岳母。她寡居守节，通书史，工于诗，其家人咸能为诗。她常与左宗棠谈《骚》《雅》，时有新意。

其女周诒端，字筠心，有学识，擅诗歌，时常与夫君左宗棠睹史敲诗。二十九岁时的左宗棠一无所成，还在当上门女婿，心中惭愧，曾自题诗云

"九载寄眷在湘潭，庑下栖迟赘客惭"，周诒端便和诗说"蠖屈几曾舒素志，凤鸣应欲起朝阳"，以鼓励左宗棠。左宗棠生性十分傲慢，连曾国藩也不放在眼中，却对自己夫人的诗才十分敬重，说她的诗词有一股不让须眉的英雄之气。左发达后，曾对人说他的功业实由夫人辅助而成。周诒端著有《饰性斋诗集》。

周诒端的三个女儿左孝瑜、左孝琪、左孝琁均有诗集。

周诒端的妹妹周诒繁，嫁给同县戏曲大家张声玠，婚后不到十年，丈夫去世儿子死亡，她悲痛欲绝，寂寞中寄情于诗歌。著有《静一斋诗草》。

周洁，周诒端的堂姊妹，从小秉承家学，十分爱好诗文，其诗风清新深远，寄寓幽深，远播江浙吴越一带。著有《吉劭阁诗》。

周雅宜，周诒端的另一堂姊妹，年轻时，诗风婉约秀丽，丈夫去世后，诗风变得悲伤、酸楚；晚年严于教子，诗风遂显苍劲古朴。

后人将周氏女诗人群的诗辑为《方上周氏女诗人诗抄》，一并传世。

四　各领风骚的时代强音

文章是一个时代的心声，为时而鸣，文以载道是文章的起点和归宿。在湘潭数千年的文化历史上，文章像一道道闪电，照亮时代的前路，引领风骚，让人奋进前行。

（一）湘潭的豪放奏响大宋词坛

南宋由于靖康之变的巨大冲击，文人们满怀悲愤而又报国无门，于是写出许多豪放而又悲愤的词诗，王以宁是其中的代表。

王以宁（一作以凝）（约1090年~约1146年），字周士，湘潭人，其一生颇富英雄传奇色彩。徽宗皇帝时，其父因言落职，王以宁以太学士的身份为父申冤，名动京城。在常德为鼎澧安抚幕吏时，又单骑匹马入贼巢，降服叛乱。金兵入寇中原，王以宁上书言战，献治国之策，辅佐抗金大臣李刚，擒敌百余人。绍兴元年后，遭弹劾落职。

王以宁的词以豪放风格著称，与军旅词人辛弃疾相似。如被贬之时游昭山，写下《念奴娇·晚烟凝碧》：

晚烟凝碧，渐渔村山市，人归寂寂。有客飞舟还顾访，应讶纶巾攲侧。得意忘年，推诚投分，高论追元白。英标逸气，笑予穷抱真策。

兴尽又复言归，秋风分袂，浩荡思无极。咫尺昭山明翠壁，那知中隐咸籍。说梦难听，闭门寻梦，肯念栖萍迹。浪吟狂醉，几时还共重得。

高论追元白的“英标逸气”在“浪吟狂醉”中让人奋起。又如《满庭芳·邓公席上》发出“千古黄州，雪堂奇胜，名与赤壁奇高”的浩叹，其“醉高歌起舞，唤起人龙”的英风浩气直逼苏东坡。

其他如《水调歌头·裴公亭怀古》《念奴娇·淮上雪》等声情摇曳，雄伟奔放，回肠荡气，有不可一世之气概。

王以宁是南宋豪放派的重要词人，他不为写词而写词，其英雄主义的本色，寄托了一代士人的悲愤、追求和理想，奏响了南宋词坛的最强音。其词集《王周士词》一卷在南宋即已流行。

（二）《梅花百咏》涂抹大元灿烂

蒙古人入主中原建立元朝，实行民族的压迫和文化的压抑。南人是四民中的最底层，身为南人的冯子振在前所未有的压抑之中，以狂放不羁的姿态，发出了极具穿透力和震撼力的声音，以至于明朝初年文学家宋濂赞叹说：“海粟冯公以博学英词名于时……真一世之雄哉。”

冯子振（1256～1348年），字海粟，湖南湘乡人。他早年与著名书画家赵孟頫供职于翰林学士院。后因奸臣桑俞案牵连，差点性命不保，好在元世祖忽必烈一句“词臣何罪?”保了他，但也落得削职为民，变成了失意的文人。但冯子振没有就此消沉，他及时地调整人生，潜心佛学，广交朋友，投身创作，其诗、文、赋、曲及书法诸方面都取得了骄人的成就，其在元曲方面的成就另有专论，这里只讲冯子振的《梅花百咏》。

一次，冯子振赴赵孟頫家宴，饮酒时见主人所画梅花，顿时灵感勃发，一晚上写出百首梅花诗，他将《梅花百咏》送给高僧中峰和尚赏鉴，和尚亦诗兴大发，也唱和100首。赵孟頫得知，将两人唱和诗题为《百梅双咏》，并刻印传世，以致元、明、清三代唱和《梅花百咏》的有数十人。冯子振

“一夕梅花得百篇”在中国文坛史上被传为佳话，《梅花百咏》后收入《四库全书》，成为中国文化的典藏，亦是湘潭文学的荣光。

（三）竟陵流风有深幽

明末，以袁宏道、江盈科为首的公安派，反对拟古主义，提倡“独抒性灵，不拘格套”的新风，虽取得很大成就，但其末流又成新的俗套，于是竟陵派乘势崛起。竟陵派的代表人是湖北天门人钟惺，他在理论上接受公安派“独抒性灵”的口号，在创作上则提出要有“深幽孤峭”的风格，以纠正公安派末流俚俗、浅露、轻率的作风。竟陵诗风在明末和清初十分流行。由于湖南与湖北同属湖广省，湖南也十分流行，周圣楷就是湖南三个代表人物之一。

周圣楷，字伯孔，湘潭人，与竟陵派代表人物钟惺友善，其著作甚富，撰辑《楚宝》四十五卷，是著名的地方史学著作。而其文学作品虽因兵灾散失，但仍有部分留存，并得到很高评价。《沅湘耆旧集》说他的诗“清刻沉鸷，而律尤工”。钱谦益《列朝诗集小传》称其“才自清回，时有佳句”，如《晓发龙江头》写道：

出关俱是客，远道意难存。
细雨一江梦，寒花千里魂。
倦游当此日，贫往向何村？
历到风波处，方知舟子尊。

又如《题梅》写道：

今朝怀抱对梅开，十日奇寒念晚栽。
老干要枯方卓荦，高花未发敢疑猜。
神情回在无痕处，香韵非从不俗来。
雨雪风中调护力，天于草木亦怜才。

“细雨一江梦，寒花千里魂”“神情回在无痕处，香韵非从不俗来”，都是“才自清回”的佳句。

（四）大清朝的太白遗风

张九钺，字度西，号紫岘，湘潭人，是湘潭张氏人才群的杰出代表。他出身世家，其祖父张文炳，其父张垣，其兄弟九钧、九健、九镒、九镡皆有文名，而九钺影响最大。

他自幼聪颖，才思敏捷，十三岁作《登采石谪仙楼放歌》，已露出非凡才华，被誉为“太白再世”。他学唐诗，风格接近李白。前人对他的诗评价很高。长洲吴云说他“各体俱精能，当为乾隆时一大宗”。他不仅能诗、文，赋也很有名，以《燕山八景赋》影响最大。

诗人早年在广东一带当知县，为官有政声，后因捕盗不力落职，从此遍游天下，北游嵩洛，西之滇黔，东到吴越，足迹遍布大半个中国。凡所经历的山水、名胜、关隘、驿路，都有诗加以记述。他的诗数量多，题材广泛，特色突出，清超豪逸，瑰丽奇特。如《昭陵滩竹枝词》之一曰：

昭山孤秀彻昭潭，南上昭陵水石参。
石似樗蒲水金碧，澄明五色冠湖南。

可惜昭陵滩上的石头被炸，澄明五色冠湖南的景色已看不到了。

（五）中国古文运动最后的高峰

曾国藩是大清中兴名臣之首，在近代中国史上，无论政治、经济、军事、外交、学术等各方面，都有极大影响。因行政区划的调整，曾国藩已是娄底双峰人。但其在文化上的建树，因名湘乡文派，湘潭不能不为之特书一段。

曾国藩（1811～1872年），字伯涵，号涤生，湘乡县荷叶塘（今属双峰）人，道德功业之外，在文艺领域，曾国藩的成就与影响，在中国文学史上有其特别一席。

曾国藩的诗文首推古文，是由桐城派入手的。他自己说：“国藩之初解文章，由姚先生启之。”姚先生即姚鼐，桐城派的代表。曾国藩继承了姚鼐义理、考据、文章三者不可缺一的理论，又加上了“经济”一条，纠正了桐城派空谈义理、脱离实际的倾向，使文章能适应时代要求，切于世用。在风格上，他继承了姚鼐阳刚阴柔之说，但好作“雄奇瑰玮之文”，改变了桐城清淡简朴的文风。由于曾国藩政治上的高位和招揽英才的胸怀，不少文人集于其门下，并以曾国藩为师，学作文章，遂在文坛别开生面，使桐城古文得以中兴，形成桐城的支派——湘乡文派。吴汝纶、黎庶昌、张裕钊、薛福成这四大曾门弟子，郭嵩焘、李元度、莫友芝等曾的朋友或部下是湘乡文派的干将。

曾国藩的诗歌，在清诗的发展中也有重要地位。曾国藩的诗学习韩愈和黄庭坚，也取法杜甫、苏轼。其诗的特点是清光劲气、兀突奇崛。他的诗还有以文为诗的倾向，如《小池》诗写道：

屋后一枯池，夜雨生波澜。
勿言一勺水，会有蛟龙蟠。
物理无定资，须臾变众窍。
男儿未盖棺，进取谁能料。

对小池未加描述，只是发了一串议论。但曾国藩在清代诗坛，影响极大，实诗坛之领袖。

除诗文外，曾国藩在文艺理论上见解独到，自成体系。他主张“文以载道”，主张要将文学与小学紧密联系起来。他说：

余观汉人词章，未有不精于小学训诂者。如相如、子云、孟坚，于小学皆专著一书，《文选》于此三人之文，著录最多。余于古文，志在效法此三人并司马迁、韩愈五家。以此五家之文，精于小学训诂，不妄下一字也。

曾国藩对文章的“阳刚之美”与“阴柔之美”进行了深刻论述。他说：“文章之道，以气象光明俊伟为最难而可贵。”曾国藩有“贵阳而贱阴”的倾向。

（六）梦回六朝，五言黄昏的一抹亮色

王闿运（1832 ~ 1916 年），字壬秋，号湘绮，湘潭人，清朝举人，晚清

著名经学家、史学家、教育家，亦是卓有成就的文学家，是汉魏六朝诗派的领袖。

王闿运早年求学于长沙城南书院，与同学中的李篁仙等五人志趣相投，而又才气风发，遂结为“兰林词社”，自称“湘中五子”，文采风流，倾动一时。五人高自标置，力追汉魏五言诗，而尤以王闿运鼓吹最为有力，且身体力行，因而顿开风气，造成极大影响。

王闿运认为学诗必先模仿。他说：“不学古何以入古？古之名篇，乃自相袭，由近而远，正有阶梯。”只有“处处临摹，如仿书然，一字一句，必求其似”，“久之可一两联，久之可一两行，则自成家数矣”。他还认为：“作诗必先习五言，五言必读汉诗，而汉诗甚少，题目种类亦少，无可揣摩处，故必学魏晋也。”他甚至还说：“唐无五言，学五言者，汉、魏、晋、宋尽之。”

王闿运等因极力推崇汉魏六朝五言古诗，又取法五言古诗，所以又被称为汉魏六朝诗派，因这一派主要是湖南人，又被称为湖湘派。

王闿运的诗在思想内容上大多切近现实社会，具有很高的艺术水平。如《圆明园词》《战南城》《从军行》等，一经传出，一时有洛阳纸贵之誉。

王闿运的文章亦师法魏晋，清朗爽快，文采风流，直逼六朝。如《思归引序》《到广州与妇书》等，满纸清逸，令人心旷神怡。

（七）难逃三山外，情寄诗文中

释敬安（1851～1912 年），字寄禅，俗姓黄，字读山，湘潭人。敬安幼时，父母双亡，遭遇十分悲惨。18 岁时，因偶见篱间桃花为风雨摧败，不禁失声痛哭，遂入空门。曾在宁波阿育王寺烧残二指，并剜臂肉，燃灯供佛，故别号八指头陀。

敬安在诗上颇有天赋，中年请教王闿运，又入碧湖诗社。他曾自述说：“传杜之神，取陶之意，得贾、孟之气体，此为吾诗之宗法焉。”他早年的诗超然物外，自然高淡，脱尽人间烟光，生动、形象，很有诗趣。

敬安曾游天童山，作《白梅诗》十首，见者无不赞叹，一时有“白梅和尚”之誉。其中一首曰：

人间春似海，寂寞爱山家。
孤屿淡相倚，高枝寒更花。
本来无色相，何处着横斜？
不识东风意，寻春路转差。

这首诗杳清隽逸，苦心孤诣，在咏梅之诗中，也是独擅千古。

释敬安虽入了空门，又脱尽凡俗，却忘不了国家。他所在的时代，正是国家内忧外患、生民流离失所之时，他的诗意也关照现实，而诗风变得凝重沉郁。1910 年，敬安在《感事二十一截句·附题冷香塔》中说："一息虽存，万缘已寂。……内忧法衰，外伤国弱，人天交泣，百感中来。……君亲未报，象教垂危……掷笔三叹，喟矣长冥！"出家人本已跳出三山外，不在五行中，敬安却以君亲未报为忧叹。而闻之敌国欺凌，更是"大海愁煮，全身血炽"，强烈的爱国之情扑面而来。

敬安的诗，以五律最好，其忧国忧民的主题，在整个晚清都具有深厚的社会意义，而在佛学界等法外之地，更是一面特色鲜明的旗帜。

（八）《湖南少年歌》唱出了湖南人的时代豪迈

杨度（1875～1931 年），字皙子，号虎禅，湘潭人。综其一生，复杂多变，而不变者，是其爱国为民之心。他 20 岁中举，师事王闿运学帝王之学、纵横之术，参加了著名的"公车上书"，又东渡日本，研究教育，热衷君主立宪，是袁世凯称帝的主谋，晚年却加入了中国共产党，并利用其独特身份为中国共产党做了不少事。

杨度是汉魏六朝派诗人，王闿运的弟子，其诗文具有强烈的时代感，通俗易懂，广为流传。如《黄河歌》写道：

黄河黄河，出自昆仑山，远从蒙古地，流入长城关。古来圣贤，生此河干。独立堤上，心思旷然。长城外，河套边，黄沙白草无人烟。思得十万兵，长驱西北边，饮酒乌梁海，策马乌拉山，誓不战胜终不还。君作铙吹，观我凯旋。

爱国主义、英雄主义的情怀，豪迈奔放、字字生情的风格，具有强烈的艺术感染力。

杨度留学日本时，深切地感受到国势衰危，他欲以湖南近代湘军的辉煌振奋民心，于是挥笔写下著名的《湖南少年歌》：

我本湖南人，唱作湖南歌。湖南少年好身手，时危却奈湖南何？……若道中华国果亡，除非湖南人尽死……惟恃同胞赤血鲜，染将十丈龙旗色。凭兹百战英雄气，先救湖南后中国。破釜沉舟期一战，求生死地成孤掷。诸君尽作国民兵，小子当为旗下卒。

《湖南少年歌》写得气势磅礴，豪气逼人，如黄钟大吕，铁板铜琶，读之让人热血沸腾，斗志昂扬。梁启超曾赞叹说："欲见纯粹之湖南人，请视杨皙子。"杨皙子即杨度，他有大情怀于诗文中，晚年《自题小像》诗称：

我是苍生托命人，空空了了入红尘。
救他世界无边苦，总是随缘自在身。

五　引领潮流的时代妙音

湘潭自古就是湘江上的娱乐中心，老莱子的侏儒丑角不仅引得父母的欢心，也让湘潭的娱乐跨越千年，总是欢乐无限。南宋时，道貌岸然的朱熹老夫子也经不住湘潭的诱惑，要从长沙赶来看湘潭的"梨涡"。而长沙的少年更是成群结队到湘潭去追风逐月，明代李东阳《长沙竹枝词》劝说长沙人：

长沙少年无奈春，青衫白面不生尘。
劝君莫向湘潭往，江燕衔泥解涴人。

湘潭的娱乐不仅吸引了长沙的少年，也吸引了乡间山野村夫，曾国藩的祖父星冈公也曾在湘潭流连忘返。湘潭是湖南的戏剧窝子，总是引领娱乐的潮流，频传时代的妙音。

（一）太平散曲竞元曲风流

在中国文学史上，唐诗、宋词、元曲、明清小说，是被称为文学经典的，但更是中国音乐艺术的经典，因为其鲜活的生命必须与曲调同在。填词作曲的惯用，说明了唐诗宋词的音乐娱乐属性。纯文字的明清小说，它的艺术生命仍在于说书艺人的抑扬顿挫。但音乐散尽，无处追寻，只剩下一段段、一篇篇绝美的字句，变成了中国文学的高峰。但元曲好像是个例外。"博学英词"的冯子振，以太平散曲开启了湘潭音乐戏剧新篇章。

冯子振（1257～1314 年），湘乡人，他擅于散曲，为元代南方少有的散曲作家之一。他的作品才思奔放，笔气淋漓，不事雕琢。《全金元词》收其小令 41 首。

元朝的歌舞艺术，由于受阿拉伯的影响，步入一个绚丽多姿的时代。从音乐意义上说，散曲就是元代的流行歌曲。当时上至帝王将相，下至草野隐逸，无不写曲唱曲。就全国范围而言，湖南见于著录的元曲作家就是湘乡的冯子振，他是极有名声的散曲大家。

冯子振的散曲最为人称道的是 42 首《鹦鹉曲》，该曲度韵非常之难，很少有人能唱和。冯子振却在一次酒宴之中，竟一气以汴、吴、上都、天京等地风景故事唱和了 42 首，每首 8 句，54 字，"字按四声，字字不苟，辞壮而丽，不淫不伤"。这些曲作抒发了冯子振的真性真情，如《农夫渴雨》就对干旱中的农民表达了深切的关怀：

> 年年牛背扶犁住，近日最懊恼杀农夫。稻苗肥待抽花，渴杀青天雷雨。
>
> 恨残霞不近人情，截断玉虹南去。望人间三尺甘霖，看一片闲云起处。

曲中句句是农民眼中的情况，口中的语言，深深引起人们的同情。

（二）大明王朝，湖南地方戏曲的一座丰碑

在中国戏曲史上，元曲是一段经典，而作为娱乐之都的湘潭，名角云集，争奇斗艳。据夏庭芝《青楼集》载：张玉梅、蛮婆儿、刘关关、金兽头、般般丑、刘婆惜、帘前秀，或歌舞，或说唱，或戏曲，争来湘潭献艺，深受欢迎，而这些人都是驰誉湖南乃至全国的。如帘前秀，杂剧甚妙，武昌、湖南等处，多敬爱之。而湘潭本土的戏曲艺术，以其浓厚的地方色彩和鲜明的艺术特点，成为湖南戏曲的重要组成部分。戏曲的繁荣，促成了戏曲理论的产生，黄周星就是明末清初重要的戏曲家和戏曲理论家。

黄周星（1603～1680年），字景虞，本姓周，因遭家庭不幸，寄养一黄姓人家，更为黄姓。其父是湘潭人，万历年间中举，任职南京府学。

黄周星处大乱之际，眼见得社会黑暗，人民困苦，清朝入主中原，吴三桂犯上作乱，而他忠于的大明王朝又兴复无望，无可奈何之际，只好寄托于诗文和戏曲的创作。他一生创作颇丰，代表作就是《人天乐》。剧中主人公轩辕载以屈原、李白为原型，也有作者自己的影子，他少负才名，早登科第，原有扶王定国、济世安民之志，但世道的巨变毁了他美好的前程。他做不成得意的官，做不了潦以活命的教书先生，只好出家修行，最后悟道升仙去了。其意在奉劝世人脱离尘世苦难，追求人天福报。但黄周星却并未从中解脱，而是效仿屈原，自沉于江流之中。沉前赋《绝命词》10章，自著《墓志》，并留遗书说："谢叠山宋室忠臣，只欠一死，至今不死复何待。"

黄周星流传于世的《制曲枝语》，是一部戏曲理论著作，这部著作奠定了他在中国戏曲史上的重要地位。他强调戏曲创作特点，肯定戏曲的教育功能，认为曲本无论是放在案头，还是在场上演出，人人皆当生欢喜之心，动修省之念，有补于世道人心。他反对作曲杂调换韵，讲究曲律规矩准绳，反对曲中堆杂典故，主张多发天然，雅俗共赏，以感动人。尤为难得的是，他高度概括了戏曲的审美趣味，他认为："趣非独于诗酒花月中见之，凡属有情，如圣贤豪杰之人，无非趣人；忠孝廉节之事，无非趣事。知此者，可与论曲。"

当然黄周星的戏曲理论也有其局限，有保守片面、脱离生活的倾向。

（三）内忧外患时代《玉田春水轩杂出》道尽了文人心中的苦痛

张声玠，字奉兹，是张氏九字辈中张九镡的曾孙，生活在嘉庆、道光年间。这是大清由盛变衰的转折期，社会矛盾积重难返，呈一触即发之势。但湘潭却因一口通商，十分繁荣，号称“金湘潭”，在这一时期，湘潭地方戏曲迅速发展，花鼓戏在广大农村勃然兴起，深受群众欢迎，湘剧艺术在城市日趋完善，“做工”重视表现生活细节，“唱工”讲究字正腔圆，深得市民喜爱。

其时，由于金湘潭的繁荣，湘潭县城成为各路湘剧班子争夺的码头，湘剧演员只有在湘潭唱出名声，才能跻身湖南名角之列。故一时之间，湘剧班社云集湘潭，湘潭获得“湘剧窝子”的称号。良好的戏剧基础和氛围，为张声玠的杂剧创作提供了绝佳的环境，而其贫困的家境、不顺的仕途、坎坷的生活经历，也为其创作积累了素材。张声玠在《四十自序》中说，生平总共六次到京城，一次乡试落第，一次会试落第，京城往返总共走了五万多里，加上到福建、安徽、江南等地，也有五万多里。所以三十九年来，共走了十万多里。

张声玠所作杂剧九种，合为一本，总名为《玉田春水轩杂出》。这九本杂剧创作于鸦片战争前夕，是他长期四方奔波、多次落第时所作，皆取材于历史故事传说，具有鲜明的时代特色和深刻的社会意义。张声玠身处近代史的开端，民族矛盾和阶级矛盾复杂尖锐，他以“激昂慷慨”的思想情感，演绎着历史故事。《琴别》就是思想性、艺术性均较优秀的佳作。

《琴别》讲述宋末汪元量黄冠南归，王清惠等十四个女道士置酒送别的故事。汪元量是南宋著名爱国诗人，其《水云集》《湖山类稿》流露出灭国之痛、兴亡之感，被视为宋亡诗史。

汪元量本是南宋宫廷琴师，元军攻陷临安，他随宋恭帝谢太后被掳至燕京，晚年乞为黄冠，回归南方。十四女道士置酒相送，各赋诗词以别。剧本将宋朝遗民在山河易主之后，人心思宋的凄苦心情与悲凉气氛，渲染得酸楚动人，特别是汪元量“抚琴碎琴”一段，把主人故国之思、亡国之痛表现得淋漓尽致，反映了作者深刻的民族爱国意识。

作品选择一个身兼宫廷琴师和爱国诗人两重身份的汪元量，来表现宋朝遗民的兴亡之感和民族思想，很具艺术眼光。这个人物的语言、行动，尤其是“抚琴碎琴”、赋诗送别的情节，引人共鸣，印象深刻。

张声玠过早离世，左宗棠也只能在其墓志铭中叹息。但张声玠在杂剧《次盛之期》创作的戏曲，“激奋昂扬，遒劲清丽”，为杂剧创作增添了璀璨的一笔，在中国杂剧创作中占了一席较重要的地位。

（四）新时代的流行音乐

黎锦晖，字均荃，湘潭黎氏八骏之一，生平跨晚清、民国、新中国三个阶段，是中国流行音乐奠基人，也是中国儿童歌舞音乐作家。

黎锦晖自幼学习古琴和弹拨乐器，家乡民间音乐和湘潭流行的湘剧、花鼓戏、汉剧等音乐对他影响至深。后离开湖南，去北京读书工作，曾任《平民周报》主编。青年时代的黎锦晖醉心于新音乐运动，主张新音乐与新文学携手并进。五四运动前后十多年间，他创作儿童歌舞剧几部和儿童表演歌曲 24 首，曾征集全国各地童谣万首编为 8 册出版。创办《小朋友》周刊、《国语月刊》等杂志，编辑《儿童文学丛书》和《儿童常识丛书》。

黎锦晖创办“明月歌舞社”，掀起了中国流行音乐的第一波浪潮。《毛之雨》《桃花江》《特别快车》《妹妹我爱你》等流行歌曲风靡一时，《麻雀与小孩》《葡萄仙子》《小小画家》《神仙妹妹》等儿童歌舞，大受欢迎。在当时的中国，黎锦晖的名字如雷贯耳，他是大唱片公司的宠儿，每个公司的大堂都高悬黎锦晖的巨幅画像。他的流行歌集《家庭爱情歌曲 100 首》，由上海文明书局分 16 册出版，在当时的中国产生了巨大影响。他还把中国流行歌曲推出国门，并且由一个美国音乐人出版了《黄色音乐》（黄种人群的音乐）一书，把黎锦晖称为黄（肤）色音乐第一人，并指出黎锦晖把中国音乐的发展向前推进了“至少二十年”。他的儿童歌舞表演曲《好朋友来了》《可怜的秋香》等，在当时的儿童心中留下了难以磨灭的印记。著名剧作家吴祖光回忆说到他六岁的妹妹吴乐“穿件黑色长裙跳舞衣，插上一对黑绸翅膀翩翩起舞”的情景。

1927 年，黎锦晖创办了中国第一所训练歌舞人才的学校——中华歌舞专科学校，为中国培养了一批出色的演员。

1928 年黎锦晖编剧并作曲的《小小画家》，被认为是二十世纪中国歌剧的滥觞。

1929 年，中秋之夜，上海一所小学礼堂，在小朋友演唱完童谣《摇啊摇》之后，黎锦晖宣布说："我们要高举平民音乐的旗帜，犹如此刻当空皓月，人人得以欣赏，以此为宗旨，'明月歌舞社'即日成立。"中国第一家专业歌舞表演团体横空出世。

明月歌舞社在国内取得空前成功，黎明晖、王人美、黎莉莉、周旋成了家喻户晓的大明星。1929 年，剧团赴东南亚各国演出，《麻雀与小孩》、《月明之夜》、《葡萄仙子》和《三蝴蝶》等节目广受侨胞欢迎。这次演出普及了国语，介绍了祖国艺术，促进了侨胞与祖国的交流。

抗日战争爆发后，黎锦晖在全国人民爱国热情的激发下，谱写了《向前进攻》等抗日歌曲，标志着其创作风格的转变。国歌《义勇军进行曲》的作者聂耳，就是以黎锦晖的音乐团队起步，其艺名聂耳就是黎锦晖所取，其本名是聂守信。

（五）职业话剧为抗日造势助威

唐槐秋，湘乡人，生于 1898 年，青年时曾留学法国，学航空机械工程，回国后却弃所学，从事初兴的话剧工作。1933 年创办中国旅行剧团，成为中国最早的民间职业话剧团队。其在南京第一次公演的《梅萝香》轰动全市，其后率团在北平、天津、开封、郑州、石家庄等地旅行演出，不到两年演出 400 余场，有大小节目 30 余个。剧团拥有孙道临、唐若青、吴静、白扬等戏剧名家，备受欢迎，遂成为众口交誉的"唱话剧的唐家班"。曾在天津新新大剧院连演 50 场，场场座无虚席。《茶花女》《雷雨》《复活》等戏尤有艺术魅力。抗战爆发后，唐率团南下在上海、南京、汉口、长沙等地演出，导演了《保卫卢沟桥》《古城怒吼》《前夜》《青纱帐里》《李秀成之死》《阿 Q 正传》等抗日话剧，投入救亡图存的民族战斗。

1934 年，唐槐秋与袁枝云、陈波儿主演电影《桃花劫》，影片在上海金城戏院连映 200 场，场场爆满。新中国成立后，此片列为五四以来优秀影片，又在各地重映。

（六）永放光芒的革命抗战文艺

在湘潭数千年的文艺史上，有一种文艺是永放光芒的，这就是湘潭的革命文艺和抗战文艺。

民国初年，湘潭诗词文艺爱好者成立了“永湘八仙会”的行会组织，艺人开始自编曲艺节目，快板、顺口溜、十七字谣、单人锣鼓、相声、双簧、西洋镜（又称拉洋片）等曲艺形式相继出现。1925 年，《湘潭民报》副刊以相当篇幅连载莲花落《国耻》等曲艺作品。抗日战争爆发后，许多中学成立抗日救国委员会，编写莲花落、大鼓等，或印发，或演出。其中大鼓《八百英雄》描写了上海抗战中坚守四行仓库的八百勇士，他们在人民的支持下浴血奋战，英勇不屈，谱写了感天动地的抗战故事，在读者、听众中产生了强烈影响。日军占领湘潭后，“永湘八仙会”等组织被驱散，抗战胜利后方复兴。

与此同时，黎锦晖一改早年的创作风格，投身于抗战文艺。1935 年，黎锦晖回湘，任中华平民教育促进会编辑干事，创作出版《中华民族战歌》，并为许多抗战戏剧谱写插曲。1936 年，黎锦晖率明月歌舞社南下宣传抗日，导演了《保卫卢沟桥》《古城怒吼》《前夜》《青纱帐里》等抗战话剧。

毛泽东的夫人杨开慧在韶山开创农民夜校，就编写宣传革命的快板、顺口溜作为教材，深受农民的欢迎。中共湘潭地方组织运用曲艺形式揭露国民党政权的腐败，宣传劳苦大众翻身解放的道理，主要作品有《茶馆》《农家苦》《农家七字歌》等。这些革命的文艺，唤醒了农友的斗争意识，对推翻三座大山起到了相当大的作用。

六　耸立云天的艺术高峰

湘潭的文化艺术根基深厚，历史悠久，大家名家辈出。在这众多的艺术高峰中，又有两座艺术高峰耸立云天，光照中华，闪耀世界，他们就是世界文化名人齐白石和政治家诗人毛泽东。他们两人是湘潭文化艺术的巅峰，是湘潭文化艺术的杰出代表，也是湖南文化艺术的杰出代表，他们两人的文化艺术不仅属于中国也属于世界。

（一）从草间偷活而成的艺术大匠：世界文化名人齐白石

齐白石是以绘画闻名天下的艺术大师，但他的自我评价却完全不同。他曾说其“诗第一、印第二、字第三、画第四”，这说明齐白石文化艺术修养全面，画外功夫之深，远出同辈。齐白石不仅是艺术的高峰，就其艺术生涯而言，更是一段艺术的传奇。从小木匠到艺术大师，从乡巴佬到北漂一族，从大清遗民到共和国的人大代表，这就是齐白石苦难而梦幻般的艺术人生。

齐白石

1. 二十七岁：艺术人生的初起步

二十七岁，从今天来看，正是青春年华，但在大清朝无疑已是人近中年。而二十七岁的齐白石却刚刚开始他新的人生，他放下熟悉的斧凿，拿起稚嫩的画笔，改行学画了。

齐白石，原名纯芝，长辈们唤他阿芝，清同治年间（1864 年）生于湘潭县白石铺杏子坞的星斗塘。星斗塘是白石老屋边一普通山塘，但父老传说曾有星斗落入塘中，预兆此处将出大文化人。这个传说已不知传了多少代人，但池塘周边只是出了一代又一代传统的穷苦农民。阿芝是家里的长子，一出生家里就对他寄予厚望，盼他早点长大成为父亲干农活的帮手。所以只在外祖父开的蒙馆里读了一年的书，就被迫辍学上山砍柴放牛去了。

阿芝自少体弱多病，干粗笨的农活难以胜任，15 岁时就被送出学手艺。农村老话说，"养儿不学艺，挑断箩筐系"，没有想到第一个师傅因为阿芝体力单薄不愿收徒，第二个师傅在阿芝父母的千托万拜下才勉强收下，学做大木工（即粗木匠）。阿芝年龄虽小，身体虽弱，却有志向，有自尊。

有一次，他见到自己的师傅道遇雕花木匠（即细木匠）要谦卑让路，就吵着要转学细木作。第二年，他拜雕花师傅周之美学细木作。周之美是白石铺一带有名的雕花木匠，无儿无女，与阿芝十分投缘。这一次走对了路子，阿芝学得有滋有味，十分高兴；周师傅也教得高兴，逢人便夸徒弟有出息，是班门的巧匠，将来自己会沾他的光。三年学艺，一朝出师。阿芝很快就成了远近闻名的芝木匠，直到二十七岁。这一段雕花木匠的生涯，为白石以后的刻印艺术打下了良好的基础。成名后，他常以木居士、木人、老木等自号，以纪念这段难忘且快乐的细木作生活。

阿芝木匠好学且有艺术天分，儿时，在家打杂砍柴时，经常找空闲时间读没有学完的《论语》，并偷偷习画。有一回他放牛时因读书入神而忘了砍柴，回家后受到了祖母的责骂："你没有兄弟，我得到你这个长孙，爱如掌上明珠，以为家里耕种有人帮忙了，想不到让你砍柴，你却只管读书写字。俗话说得好：三天风，四天雨，哪见文章锅里煮。明天无米下锅，孙儿，你看怎么办？可惜你生来走错了人家。"

祖母的责骂改变不了阿芝好学的习惯，芝木匠出师后，一边做工，一边自学。一次，他在一主顾家中无意间见到一部《芥子园画谱》，如获至宝，向主顾借回，花了半年工夫，将《芥子园画谱》摹绘完，订成十六大本。依靠这本画谱，白石绘画水平有了很大提升，画名因此传于乡邻。又拜画人像高手萧芗陔为师，为士大夫人家画祖先衣冠像。

芝木匠的勤奋好学与艺术天赋，打动了乡绅胡沁园，胡沁园决定助芝木匠一臂之力。

胡沁园，字自倬，湘潭著名乡绅，他擅工笔花鸟虫鱼，自号书斋“藕花吟馆”，藏名人书画至多，他提倡文艺风气，奖掖年青人。他将芝木匠约至家中，表示愿意免费教齐白石画画，并告诉芝木匠“卖画养家”的办法。于是芝木匠便拜胡沁园为师，并长住胡家学艺。胡沁园给芝木匠取了个单名“璜”，号“濒生”，别号“白石山人”，从此雕花的“芝木匠”变成了画画的齐白石，那年齐白石已二十七岁了。

胡沁园招齐白石为徒，对齐白石的艺术生涯具有重大的意义。《白石诗草跋》中说：“山人生长草茅，少时泼墨以自娱，胡君沁园，风雅士也，见君所作，甚喜，招而致之，出所藏名人手迹，日与观摩。君之画遂由是而猛进，有一日千里之势。”

2. 三十七岁：艺术的快车道等到了第三个匠人

白石的画因胡沁园所教而一日千里，白石的诗则因拜王闿运为师而突飞猛进，那年他三十七岁。

白石本是不想拜王闿运为师的。王闿运是著名的大学者，名满天下，白石不想借拜入王门，抬高自己的身价。无奈王闿运看中了齐白石，他要造就齐白石，也要为自己凑一段文坛佳话，此事说来十分有趣。

王闿运曾对好朋友说：“我的门下有铜匠出身的衡阳人曾招吉，有铁匠出身的乌石人张仲阳，同县有个齐木匠，也是非常好学的，却始终不肯做我的门生。若招致齐木匠，则可凑成王门三匠，也是一段文坛佳话。”

张仲阳是齐白石的朋友，极力劝说齐白石投入王门。齐白石对王闿运内心是感佩得五体投地的，也就亲自拿了自己的诗文及所画请王闿运评阅，拜入王门。

齐白石是能写诗的，且对自己的诗文十分看重，晚年评价自己的艺术成就，他将诗列为第一。刚入胡沁园门下，胡约集诗会同人，赏花赋诗，也邀白石与会，白石第一次学作诗，有《咏牡丹》七绝一首，末两句“莫羡牡丹称富贵，却输梨橘有余甘”，受到胡沁园及诗友的称赞。三十岁时齐白石就与人结龙山诗社，被推为社长。龙山七子之一的王仲言评价齐白石说：“山人天才颖悟，不学而能，一诗既成，同辈皆惊，以为不可及。”

但王闿运却一眼就看出了白石诗的大毛病，他说齐璜“文尚成章，诗则薛蟠体”。对王闿运的评判，齐白石心悦诚服。他在《自传》中说：“这句话真是说着我的毛病了。我作诗，完全写我心里头要说的话，没有在字面上修饰过，自己看来，也有点（《红楼梦》里）呆霸王那样的味儿哪!”

齐白石三十七岁拜王闿运为师，成为他生活和艺术道路的一个重要转折点，他由民间画师转变成了文人画家。利用这一更高的平台，齐白石得以广泛接触晚清社会中高层次的文化人和官员，不仅他的经济地位大为改善，他的艺术风格也有了大的改变，从以工笔画为主的局面，走上了大写意的花卉翎毛一派。从三十七岁到四十七岁，齐白石“五出五归”，遍游陕西、北京、江西、广西、广东、上海等地，甚至出国，到了越南。

3. 五十七岁：暮年北漂开创了艺术新境界

白石五十七岁时，又迎来人生一大转机，他决定放弃乡下熟悉的生活，定居陌生的都市，开始衰年变法，向中国画艺术的巅峰发起冲刺，通过艰苦探索，独创了红花墨叶的两色花卉与浓淡几笔的虾和蟹，终于开辟了自己的艺术道路，而促成他这一大转变的人是陈师曾。

陈师曾出身世家，早年曾游学日本，得到国画大师吴昌硕的亲传，能画大写意的花卉，气魄雄伟，负盛名于北京，他是白石“衰年变法”的引路人，也是白石画的最大宣传者。

1917 年，中国正处于北洋军阀统治时期，国内政局动荡不安，湖南政局更加混乱，白石家乡土匪纷起。那时齐白石已有一定名气，土匪便放出话来说：“芝木匠发财啦，去绑了他的画!”吓得齐白石在乡下东躲西藏，在“一时逃窜计都无”的情况下，接好友樊樊山的来信，遂只身入京，居住法源寺，靠在琉璃厂南纸铺卖画刻印为生。陈师曾偶在南纸铺，见到白石的画，见其画格高古，而价格低廉，遂登门拜访齐白石，晤谈之下，两人成为莫逆之交。陈师曾劝齐白石自创风格，不求媚俗，并在京城广泛推荐齐白石的画，让白石进入了中国最高层次的画圈。

白石是一个极恋家乡的人，家乡的人事，家乡的草木都让他极为留恋，他曾幻想手中有秦始皇的赶山鞭，将家乡中草木也赶到北方来。但艺术上的追求，使白石决心定居北京，1919 年五十七岁的齐白石正式离开家乡，定居京华。

一位年近六旬的老人，离开故土亲人，定居陌生的都市，心中必有大愿。

齐白石的大愿，就是要“自出新意，开宗立派”。白石老人深深知道家乡虽好，却没有北京如此深厚的艺术土壤，没有陈师曾，没有梅兰芳，没有徐悲鸿，没有林风眠，当然也没有自命科榜的名士。

五十七岁的白石决计定居北京，但北京人却并不喜欢他的画，所画的扇面，比同时一般画家便宜一半，尚且少有人问津，生活落寞得很。更有一些科考出身的人从骨子里瞧不起齐白石，说他肚子里没有墨水，画出来的东西俗气熏人。他到梅兰芳家里去做客，居然谁都不理睬他，让他很是受伤。

但心中有大愿的齐白石，已下定了“饿死京华，君等勿怜”的决心，他已看轻了世间的闲言碎语：“人誉之，一笑；人骂之，一笑。”甚至对别人的刻薄刁钻，他作《题棕树》诗自解：任君无厌千回剥，转觉临风遍体轻。

正是这样的坚守，定居京华两年，齐白石就在陈师曾的劝导下，变通办法，自出新意，开创了红花墨叶一派。他以此法为别人画了一把团扇，被林琴南看见了，大为赞赏，说：“南吴北齐，可以媲美。”吴昌硕是早已公认的国画大师，将齐白石与之并美，标志着齐白石衰年变法大获成功。林琴南是清末民初著名的翻译家、大名人，他大赞齐白石时，并不认识齐白石。其后徐悲鸿发表《中国今日之名画家》一文，称“齐白石之长处，在有色彩，一往直前，无所顾忌……写昆虫突过古人。其虾、蟹、雏鸡、芭蕉，以墨写者，俱物体精微，纯然独造”。

4. 七十七岁：勾魂簿上瞒天过海溜走了一个匠人

白石的命运与国家的命运同休戚。1937 年是中国人刻骨铭心的一年，这一年，日本侵略军发动了全面的侵华战争，中华民族到了最危险的关头。这一年，齐白石七十五岁，算命先生说，流年不利，要用“瞒天过海法”以避阎王追索。这年三月十二日，齐白石把三间北屋都用黑布蒙了起来，弄得屋子里很黑，然后就把自己关在屋里头，谁也不许进，儿子妻子都不行。他在黑屋中静静度过了一个时辰，谁也不知他做了什么，出来后就宣布他七十七岁了。

白石的瞒天过海法，不仅骗了勾魂的阎王，也让后世一些不明历史的假画制作者沦为笑柄。据齐白石的儿子齐良迟说：“在他（父亲）一生问世的画幅上，他的落款就没有七十五岁，七十六岁的画。”但有假画制作者却在假画上署上“时年七十五或七十六”的字样。

齐白石的民族大义也是必须一书的，这是艺术的道德根基。日本占领北京后，白石在大门上公然贴出告示称："画不卖予官家，窃恐不详。"1944年，八十岁的白石见日军仍盘踞中华大地，满怀积忿，无可发泄，写诗说："对君斯册感当年，撞破金瓯国可怜。灯下再三挥泪看，中华无此整山川。"见日军穷途末路，胜利在即，又题画螃蟹诗："处处草泥香，行到何方好！昨岁见君多，今年见君少。"

5. 九十七岁：万年不朽的艺术巨匠赢得了万口同声

齐白石在大是大非上是爱憎分明的。中华人民共和国成立后，一辈子不愿与官府打交道的齐白石，开始了新的人生。他不仅与毛泽东、周恩来、郭沫若等共和国领导人交往甚多，还担任了全国美协主席、第一届全国人大代表，并于1955年获得世界和平理事会"国际和平奖"。

1957年，享年九十五岁的齐白石病逝于北京，郭沫若的挽联为老人的一生做了高度总结：

百岁老人，永使百花齐放；
万年不朽，赢得万口同声。

1963年，齐白石被选为世界十大文化名人之一。

从草间的木匠，到国画艺术大师，到世界十大文化名人，这就是齐白石，这就是湘潭耸立云天的一座艺术高峰。

（二）推翻历史三千载，自铸雄奇瑰丽词——毛泽东的艺术人生

毛泽东一个光照千秋万代的名字，他破坏了一个旧世界，创造了一个新世界，他的创造不仅在政治、军事思想上，也在文化艺术之中。毛泽东是伟大的政论家、理论家、军事家，是卓越的无产阶级革命领袖，从文学艺术的角度看，他更是一位了不起的诗人和艺术家。近代大诗人柳亚子写诗称赞毛泽东的诗词是"推翻历史三千载，自铸雄奇瑰丽词"，国外有人称毛泽东是"一个诗人赢得了一个新中国"。

毛泽东的艺术成就是多方面的，不仅是诗词，他的文章，他的书法，他的文艺理论都是登峰造极的。

1. 自立门派的文章大家

毛泽东的艺术，人们关注于他的诗词和书法，而对他的文章研究不多。其实在中国的文学艺术中，文章才是文学艺术的皇冠，是大道之所在，而诗词只是小道，或曰雕虫小技。曾国藩甚至说："言诗者，湘乡之衰也。"今湖湘大地，"多玩雕虫，竞于小道"，以毛泽东的文章大道开篇，讲述毛泽东的艺术人生，很有必要。

中国是文章的国度，《尚书》就是上古的文章总集，春秋战国诸子百家，都以文章经世济时，而后汉司马、唐宋八大家，直到清末民初的康梁，文章大家群峰竞秀，而毛泽东当是这群山中一座巍峨的高峰。

毛泽东的文章可分四类，即讲话文章、公文文章、新闻文章、政论文章，而其政论文是毛泽东文章中的精华。

毛泽东的文章是思想性与艺术性的高度结合，关于其文章的思想性，将在其文艺理论中综述，这里着重介绍其文章的艺术性。

毛泽东文章的艺术特点首在其磅礴的气势。其文章立意高远，如高屋建瓴，如黄河澎湃、笔挟风雷，有排山倒海、摧枯拉朽之势。他早年的文章受梁启超的影响极大。如《民众的大联合》的片段，可见毛泽东的立意与气势，他说：

> 我们中华民族原有伟大的能力！压迫愈深，反动愈大，蓄之既久，其发必速，我敢说一句怪话，他日中华民族的改革，将较任何民族为彻底。中华民族的社会，将较任何民族为光明。中华民族的大联合，将比任何地域任何民族而先告成功。诸君！诸君！我们总要努力！我们总要拼命的向前！我们黄金的世界，光华灿烂的世界，就在前面！

这篇五四时期的文章，已足见毛泽东光明的雄伟气象。

毛泽东文章的第二个艺术特点是用典丰富，恰到好处。毛泽东熟知中国历史典籍，文化典故信手拈来，既张扬了民族文化，又丰富了内涵，提升了文章的感染力。如《中国革命战争的战略问题》，他借大家熟知的水浒片段讲述：

谁人不知，两个拳师放对，聪明的拳师往往退让一步，而蠢人则其势汹汹，辟头就使出全副本领，结果却往往被退让者打倒。《水浒传》上的洪教头，在柴进家中要打林冲，连唤几个“来”“来”“来”，结果是退让的林冲看出了洪教头的破绽，一脚踢翻了洪教头。

此外毛泽东文章中辛辣的讽刺、轻松的幽默、通俗的语言、典雅的用词，开创了政论文从未有过的生动局面，其文章的“形、事、情、理、典”五诀的运用出神入化，横扫天下，没有敌手。

2. 千古绝唱的经典史诗

诗人是毛泽东一个重要的身份，其诗词的艺术性同其文章，三千年来几无人可比。记录历史是他诗词的一大特点。在古今的史诗中，毛泽东的诗词堪称经典。

毛泽东在诗词上是主张诗以言志的，但由于他伟大政治家、军事家的身份，他的诗却变成了一部史诗，一部英雄的史诗。

毛泽东投身革命后，他的诗词创作便有了一个共同点，革命实践活动于前，艺术创作概括于后。

1925 年，毛泽东创作了著名的《沁园春·长沙》这首词，这首词反映了中国共产党成立后，尤其是国共合作以后，全国革命形势逐渐高涨，毛泽东从事的农民运动以及统一战线工作取得卓越成绩，同年他还担任了国民党的宣传部部长。他心情舒畅，情绪高昂，看这长沙万山红遍的景致，发出了“问苍茫大地，谁主沉浮”的惊天之问，然后又自问自答：粪土当年万户侯的风华少年，当是能中流击水、浪遏飞舟的国家主宰。

其后，每一段革命的重要关头，毛泽东都有诗词记录：大革命的低潮，有《菩萨蛮·黄鹤楼》；秋收起义，有《西江月·秋收起义》；井冈山的岁月，有《清平乐·蒋桂战争》等系列诗词；长征路上，有《山·十六字小令》；遵义会议，有《忆秦娥·娄山关》；长征结束，有《清平乐·六盘山》；抗战前夕，大批青年奔赴延安，毛泽东有《临江仙·给丁玲同志》；新中国成立前夕，有《七律·人民解放军占领南京》。

新中国成立后，毛泽东有《浪淘沙·北戴河》，讴歌祖国日新月异的变化；当听到余江县消灭了血吸虫，毛泽东也高兴地赋诗《七律二首·送瘟神》；他回到阔别三十二年的故乡，就有了《七律·到韶山》；当国际上风云变幻，国内外矛盾交织，他写了《七律·登庐山》，他听到南京路上好八连的故事，便写下《杂言诗·八连颂》。

“文化大革命”前夕，整个世界出现“大动荡、大分化、大改组”的局面，毛泽东创作了十多首诗词，形象记录了风云变幻、斗争复杂的国内外大事。

3. 力屈万夫的书法丰碑

书法是中国传统艺术中的皇冠，作为大艺术家的毛泽东是不会让这顶皇冠旁落的。毛泽东从青少年直到晚年，一直酷爱书法，对书法有浓厚的兴趣。他的书法大体分为行书、行草、草书三种，其中又以草书的成就最高。翻开毛泽东书法作品，你会看到一个波澜壮阔、绚丽多彩的艺术世界。那“飞走流注之势，惊竦峭绝之气，滔滔闲雅之容，卓荦调宕之志”，将人带到一个极有魅力的意境之中。有人评价毛泽东的草书是“胸纳万有，雄视古今，豪气鼓荡，真力弥漫”，“力屈万夫，韵高千古”，是“天下第一书”。

中国书法是一门古老的汉字书写艺术，从甲骨文、石鼓文而演变为篆书、隶书、楷书，因书写的方便又有行书、草书之分，其艺术魅力被誉为“无言的诗，无行的舞，无图的画，无声的乐”。其遵循的原则是先楷后行再草，因为楷如立，行如走，草如飞，因此草书在诸体书法中代表了书法的最高境界。有书家评论说，中国书法的本位，就是草书。草书是中国书法艺术的皇冠，狂草则是这个皇冠上的明珠。谁攻下了草书，谁就登上了中国书法的巅峰，谁就是大师，谁就是一代宗匠。

为了这顶皇冠和明珠，新中国成立后的毛泽东利用闲暇，专攻草书。1958 年 10 月 16 日，毛泽东致信他的秘书田家英说：“请将已存各种草书字帖清出给我，包括若干拓本（王羲之等），于右任千字文及草诀歌。此外，请向故宫博物馆负责人（是否郑振铎？）一询，可否借阅那里的各种草书手迹若干，如可，应开单据，以便按件清还。”这封信表明，毛泽东在书法道路上盘桓了五十年后，他主攻草书的方向和决心，成为他攀登书法之巅的宣言书。

其实毛泽东的草书在 1958 年前已相当好了。1956 年他手书《水调歌头·游泳》，行草相间，已是一幅佳作，尤其是大草落款“毛泽东·一九五六年十二月五日”，豪放之气，出于笔墨千里之外。当然毛泽东书法的登峰造极，还是在这次主攻之后，1961～1966年，即“文化大革命”前夕的这几年，他的草书已入化境。他恣性任情，随意挥洒，皆成妙品。

1961年手书《沁园春·长沙》，竖行横卷，这幅书作，气贯长虹，势吞日月，远远望去，满纸云烟，一片苍茫。这卷书以草字为主，凡是字眼处，用笔施墨特别着力，已是一幅精品。

1962年毛泽东手书《七律·长征》，这幅传入千家万户，流走海内外的草书，是一幅神品。它骨气洞连，豪迈超逸，遒美之至。诗美与书美珠联璧合，自然天成。

1961～1966年，毛泽东的草书已与张旭、怀素的作品并驾齐驱，得笔、得法、得趣、得神，而其力屈万人的气势，则张、怀难与之比。

4. 旗帜鲜明的文艺理论

毛泽东不仅是艺术家，也是文艺理论家，其文艺理论是毛泽东思想的重要组成部分，这也是不能忽视的。

毛泽东的文艺理论集中反映在《在延安文艺座谈会上的讲话》中，1942年的这篇文章明确了文艺为工农兵服务的方针，强调文艺工作者必须到群众中去，到火热的斗争中去，熟悉工农兵，转变立足点，为革命事业作出积极贡献。他主张人类的社会生活和文学作品都是美的，他主张文艺家对自己的作品要负责，要认真修改。

毛泽东的文艺理论，影响了一代又一代的文艺工作者，成为他们进行文艺创作的准绳和指路明灯。

第六章　教化育麒麟　大木柱长天

湘潭的教育自古都较发达，宋朝时已有“潇湘自古比洙泗”之说。且湘潭的教育以优良的学术传统为其根基，有一种博大的人文情怀，故能学术昌明，人才辈出，科技发展。

清朝乾隆皇帝曾为岳麓书院赐书“道南正脉”，而道南正脉的源头，却在其南面约 100 千米的碧泉书院，这里曾是湘潭学术与教育的大本营，其流风余韵，遍及湖湘，远近现代更是光照天下。

一　引领湖湘风气的碧泉书院

（一）胡安国在碧泉的教育与学术

南宋初年，福建人胡安国携其子胡宏等来到湘潭县定居，并建碧泉书院，从此湘潭的教育与学术就进入了一个崭新的时代，并对湖南乃至中国产生了极大的影响。有人说湖南近现代人才辈出，就源于碧泉书院千年的教育传承和经世致用的学术思想。

在湘潭城西南四十千米的群山中，有两处地方十分奇异，一处是隐山，一处是碧泉，都与胡安国有关。隐山有胡安国与其子胡宏的合葬墓，碧泉则有碧泉书院。胡安国，字康侯，本是福建五夷人，是什么原因使他来到湘潭的山野定居，并创建了书院呢？

1130 年，胡安国父子因靖康之乱，正在湖北荆门躲避。胡安国有个学生叫黎明，号才翁，湘潭人，他十分敬重老师，就在湘潭准备好屋舍家具，亲自去湖北荆门，将胡安国一家老小恭迎至湘潭安家。由于黎明的真情与充分准备，胡安国一家有宾至如归之感，遂决定在湘潭定居。全祖望在《宋元学案》中着重指出："湖湘学派之盛，先生（黎明）最有功。"胡安国也曾有诗记录这段移居湘潭的经历："十得湘山好结邻，移家又出鼎湖滨。"

到湘潭后不久，胡安国在郊游的时候，发现了一股清溪，那水虽清而浅，却有长江万里之势。于是沿溪寻源，找到碧泉。碧泉在县城西南35千米处，此地群峰连绵，是南岳衡山的余脉。其间有一名盘屈古山的小山，因地处偏远，人烟稀少，乃默默无闻的万古未辟之墟。其山下有一股泉水，清澈见底，涌沙喷珠，形成朵朵金莲花开，周而复始，不可穷尽。胡安国立马爱上了此处。

碧泉的美景及周边良好的居住环境，让胡安国决定在此买地安家终老天年，其《移居碧泉》诗曰：

买山固是为深幽，况有名泉冽可求。
短梦正须依白石，谈情好与结清流。
庭栽疏竹容驯鹤，月满前川待补楼。
十里乡邻渐相识，醉歌田舍即丹邱。

看来碧泉居住的环境是真的好，胡安国融入当地民众，过着快乐神仙般的生活。从1131至1139年，整整八年，胡安国做了两件大事。

其一是潜心著《春秋传》。《春秋传》是胡安国的毕生之作。他认为孔子的春秋大义，是尊王攘夷，尊王就是要强调"君为臣纲"的政治伦理，攘夷就要反对外族的入侵。尊王攘夷与两宋时期复兴儒学的民族文化运动相吻合。在政治学方面，胡安国重在匡世，以"康济时艰"为职志。他在《春秋传》中阐明了"百王之法度，万事之准绳"，以供人主"经世"取法。他认为："圣门之学，则以致知为始，穷理为要，知至理得，不迷本心，如旷中万象皆见，则不疑所行而内外合也。"

1139年，胡安国走到了人生的尽头，他将完成的《春秋传》进献给朝

位于湘潭县锦石乡碧泉村的碧泉潭

廷。宋高宗深表赞赏，并将《春秋传》置之座右，时常翻阅，并下诏授胡安国为宝文阁直学士衔，但胡安国已去世了，享年 65 岁。高宗下诏赠送丧金、丧物，赐田十顷以抚恤其子孙，并谥曰文定公。

《春秋传》在元、明时代更被国家列为教科书，成为科举时代士子们必读必考之书。这是湘潭为国家教育作出的重大贡献。

其二是创办碧泉书堂教书育人。由于胡安国学问高深，许多湖湘子弟都要拜他为师，于是胡安国就在居住地办起了学堂，教书育人。初称为书堂、讲舍、精舍不一。胡安国在办学的过程中，始终坚持将道德修养放在首位，认为教育的目的在于修身。他主张以心性修养为根本，强调经世致用，只有修得内圣，而后可以治国平天下，达成外王之目的。胡安国强调教育中道德的修炼，切合了那个时代反对外族入侵的大形势，培养了一批忠君报国、救世救民的杰出人才。胡安国以“救国救民”为宗旨在研究学术之余，教授俊杰，为湘潭的教育事业注入优良基因。他在《春日书怀》一诗中表达了他教育济世的不懈追求：

桃李成蹊径，春风到草亭。
泉光翻浪碧，竹色倚窗青。
纵懒从人鄙，忘机觉自醒。

济时惭束手，白头抱遗经。

白头抱遗经的胡安国是幸运的，因为他的事业后继有人，他的儿子胡宏，将碧泉的教育事业与学术研究进一步发扬光大，润泽湖湘。

（二）胡宏的教育成就及学术思想

胡宏，字仁仲，曾寓居衡山五峰山下，学者又称之为五峰先生。胡宏是胡安国的第三子，也是他众多学生之一。他淡泊名利，终生未出仕，在碧泉讲学二十余年，著《知言》和《皇王大纪》。胡宏是湖湘学派理论体系的构建者，是经世致用教育思想的确立者。他十分重视学习，认为不学习就不能有所成就，就不能成为有用之人。学习必须有目的、有方法，他说："学道者正如学射，才持弓矢，必先知的，然后可以积习而求中矣。"

胡宏反对空读，主张学以致用，要力行所学。他说："圣人之道，得其体，必得其用。"必先致知，及超然有所见，方力行以终之。

尤其值得一提的是，胡宏反对读书做官，他在《碧泉书院上梁文》中，痛斥"干禄仕以盈庭，鬻词章而塞路"的行为，要造成一种不同于八股、科举的新学风。他反对读书人成为皇家的家奴，成为朝廷的玩偶。他要重振伊洛之学，洙泗之风。胡宏的这种教育思想是相当可贵的，可以说他直接扇了北宋真宗皇帝的耳光。宋真宗在《劝学文》中说：

富家不用买良田，书中自有千钟粟。
安居不用架高堂，书中自有黄金屋。
出门无车毋须恨，书中有马多如簇。
娶妻无媒毋须恨，书中有女颜如玉。
男儿欲遂平生志，勤向窗前读六经。

胡宏的教育思想，可以说就是对大宋皇帝《劝学文》的直接否定。

胡宏在学术上的突出贡献是创立了非正宗理学性质的湖湘学，为湖湘学派的形成奠定了坚实的理论基础。胡宏提出以性为宇宙本体，认为性是宇宙的根本。而人的本体是"中"，无善无恶，天理和人欲是"同体而异用"。胡宏的学术思想具有明显的进步意义，它对汉唐以来“颓靡”学风的挽救起到了中流砥柱的作用。

胡安国和胡宏创建的碧泉书堂和碧泉书院，开创了对后世影响甚大的湖湘学派，其经世致用的优良学风，对湖南近现代人才的涌现，起到了极大的推动作用。同时，碧泉书院亦直接培养了一批人才，如黎明、彪虎臣、彪居正、张栻以及胡景裕、钟将之等，而胡氏一门如胡寅、胡宁、胡大原的后人坚持在碧泉研学，遂使湘潭成为全国闻名的湖湘学派发源之地。而张栻、彪居正等湖湘学弟子更走进省城长沙，在岳麓书院、城南书院将湖湘学发扬光大。

二 开创湖南教育新时代的东山书院

“高高高，东山起凤，东山起凤毛，猗欤秀气钟吾校，斯士尽誉髦……”

在湘乡的东台山麓、涟水河畔的东山高等小学堂，一群穿着学生服的青少年正唱着响亮的歌。这整齐自豪的歌声在二十世纪初的中国就如一声雷，震动了古老的华夏。闷雷的余响划过近四十年的历史天空，在天安门城楼上变成了震惊世界的洪钟大吕：中华人民共和国已于今日成立了，中国人民从此站立起来了。

这个站在天安门城楼上的伟人，就是毛泽东，东山书院最优秀的学生。他曾对美国记者斯诺说：“我虽是湘潭人，但受的是湘乡人的教育。”他还说：“我进不了东山学校，也到不了长沙，只怕还出不了韶山冲呢！”这个助毛泽东走出韶山冲、走进长沙、走进中国大舞台的湘乡教育，就是东山书院：一个唱响“实事求是”号召的地方，一个开创湖南新式教育的地方，一个培养了毛泽东、陈赓、谭政、萧三等学生的地方。

（一）十举人上书办书院

东山书院诞生于祖国山河日益破碎之时，承载着一方士绅振兴地方、救

东山书院于光绪二十八年（1902 年）始聘师聚徒授业

国救民的伟大梦想。它的故事开始于十个湘乡举人的一次上书。

光绪十六年（1890 年）春天，时任湘乡县令严鸣琦收到一份禀文，禀文不长，约 400 字，书法端庄厚重，语言格调高古，通篇就讲一件事：筹建东山书院作育人才。禀文先讲人才教育的重要，次讲湘乡人才兴盛而读书困难，最后讲要在东山建一所书院，仿白鹿洞规格。这篇禀文的作者，是湘乡的十个举人：许时遂、黄光达、陈膺福、王晓棠、蔡中銮、庚亿、潘学海、许襄云、杨容熙、彭国霖。严知县见禀文讲得入情入理，又是自己为官一任造福一方的好机会，于是批示如下：许时遂等筹建讲舍，作育人才，具见文教昌明，英才辈出，不胜雀跃三百。本县首捐银百两，以为之倡，其所札饬诸绅经营其事，仰候分别照会，谕委妥为办理，以期不日成之，是为至望。

建书院可是个大工程，有县太爷明确表态支持，只是一个好的开端，关键是要有大把的银子。据初步测算，通盘非三四万金不能成事。举人们便迈出了向社会筹款的第二步。他们在县城北正街东岳庙设立筹款局，由蔡中鎏、陈膺福、黄光达三个人负责，下有八个筹款员。筹款局实际上是东山书院的筹建领导机构。

筹款局向省内的湘乡士绅发出了募捐倡议书——《致省内外同里官商乐捐稿》。乐捐稿紧扣湘乡在外成功人士的心理需求，因势利导，要大家捐银子："因念阁下慷慨好义，以为乡里钦仰，尚祈鼎力玉成倡捐，重金寄交敝局，以便置产善后。异日科名鼎盛，未必非大君子之力也。"与募捐倡议书相配套，筹款局又制作了捐款收条。

（二）刘锦棠倡建东山书院

刘公襄勤（1844～1894年），本名锦棠，字毅斋，湘乡山枣镇城江桥人，是清朝末年功勋卓著、身世传奇的大将。十岁丧父，15岁参加了湘军，跟随曾国藩、左宗棠从江南到江北，从中原到西北，立功无数，被赏给"法福灵阿巴鲁"（英雄、勇士）称号，尤其在收复新疆、消灭阿古柏入侵军时，他担任前敌总指挥，贯彻左宗棠"缓进急战"的战略战术，取得辉煌的成果。他指挥若定，决策果断，行动迅速，打击精准，曾一次三十天连续作战，穷追敌寇三千里，歼灭阿古柏主力，被誉为"飞将军"。

收复新疆是一次伟大的爱国主义行动，在这次爱国行动中，刘锦棠先打败了阿古柏入侵军。后又以武力为后盾，配合曾纪泽的谈判，收回被俄国占领的伊犁河谷。为了前线统一指挥，清廷任命他为钦差大臣；1884年新疆建省，刘锦棠出任第一任巡抚。光绪帝的老师翁同龢因此赐联说：齐名曾左无前迹，开府姑师第一人。

因收复新疆，开府新疆，刘锦棠取得了与曾国藩、左宗棠几乎相同的历史地位，被称为"西北长城"。

1889年，刘锦棠终于获得朝廷批准，回到阔别多年的山村。抚养他长大的祖母，还以为是远方客人，竟不认识了，刘锦棠因此痛哭一场。刘锦棠是一名大孝子，他决心回家，在祖母跟前尽点孝心，想不到竟因此开始了另一项事业：倡修东山书院。

早在数年前，湘乡首里绅士许时遂、黄光达等十个举人就倡议修建一所书院，以满足本地学子求学之需。建书院需要很大的费用，他们写信给在外地经商做官的湘乡人，请求支持。刘锦棠当时尚在新疆巡抚任上，接信便捐了二千二百余金。这是一个很大的数目，刘锦棠几乎是倾囊相助了。但他回乡省亲养病时，举子们却又找上门来，原来许时遂、黄光达等十个举人虽有建书院的良好愿望，无奈影响力有限，竟没有筹到几个钱。正当他们一筹莫展时，适值刘锦棠回乡，于是公举刘锦棠带头倡修书院。

刘锦棠以自己的影响力，拿出军人的作风，强力推动书院筹建。他要举子们上书湘乡知县，获得知县的支持。湘乡知县多次行文，号召全县士绅捐建书院。又向省内外士绅发出《至省内外同里官商乐捐稿》，得到大批湘军将士响应，到 1894 年，已募捐一万七千余缗，认捐而未交者尚有万余。

在书院的发展方向上，刘锦棠听取了维新人士谭嗣同的意见：书院不仅要学习中国传统文化知识，还要学习西方新科技。

就在东山书院筹建的重要关头，刘锦棠却因病去世了。

刘锦棠的儿子刘赞臣及众举子继续倡建书院。1896 年东山书院开工建设，1897 年 10 月，东山书院主体正厅落成。为了纪念刘锦棠倡修书院的功绩，书院正厅的主梁上书了两行醒目的大字：钦差大臣太子太保尚书衔甘肃新疆巡抚一等男刘公襄勤倡修，大清光绪二十三年丁酉孟冬月穀旦十八里士绅建。

（三）《东山书院记》提出“实事求是”口号

东山书院建设时，正是中国社会大变动时期，书院也因时事的变动五易其名。学校建成前，在东台山凤凰寺借址办学时名东山精舍，学校建成时定名东山书院，后又迭经东山高等小学堂、私立东山初级中学、东山小学等名称变更，1958 年毛泽东主席亲笔题名为东山学校。而两篇《东山书院记》的先后出现经典地映照了时代的大变迁，并将“实事求是”这一名言推向天下。

在东山书院正厅左壁廊上，嵌刻着一篇文采飞扬、大气磅礴的《东山书院记》。据记载，这篇文章作于 1907 年，文章的落款却分明写着：光绪丁酉岁湘乡知县陈吴萃谨识。光绪丁酉岁是 1897 年，两者时间相差十年。又据记载，作者陈吴萃虽两度任湘乡县令，但 1897 年他并不任湘乡县令，这是怎么回事呢？

原来在此之前，另有一篇《东山书院记》，作者为王龙文。王龙文，湘乡人，自幼聪明好学，是清末名臣张之洞的学生，光绪十九年（1895年）殿试前，八位阅卷大臣都将王龙文排名第一。不料殿试时，光绪皇帝却将一名四川人点了状元，只因其策论中有“君忧臣辱，君辱臣死”的话，受到光绪帝激赏。湘乡历史上的第二个状元，就这样变成了探花，王龙文实在有些无趣。但更无趣的事还在后头。1904年他应邀写了篇《东山书院记》，本已嵌刻上墙，却又被院方撤了下来。原来王龙文思想保守，观念陈旧。已进入新世纪，新学大兴，他却视而不见，只在文中大谈君臣父子、四书五经，认识连洋务派都不如。就在他写《东山书院记》的第二年清政府正式废除千年的科举旧制，兴办学校，东山书院也改为湘乡县立东山高等小学堂，其办学宗旨是：培养国民之善性，扩充国民之知识，强壮国民之气体。王龙文的《东山书院记》变得不合时宜，只好撤了下来。

请谁再写一篇《东山书院记》呢？湘乡士绅都想到了同一个人：陈吴萃。

陈吴萃，字正钧，安徽怀宁人，曾两次任湘乡知县。光绪十八年（1892年）代署湘乡知县，十九年至二十年（1893～1894年）时任湘乡知县；光绪二十八年至三十年（1902～1904年）复任湘乡知县。陈吴萃是个清宦能官，他清正廉明，政绩突出，深得上司赞许，吏民爱戴。湖南巡抚陈宝箴曾上奏朝廷说“陈吴萃听断公明，周知民隐”。1905年陈吴萃离任湘乡赴邵阳时，湘乡万民感戴，士绅多作诗相送。

在陈吴萃的善政遗爱中，就有东山书院。他一任湘乡知县时，东山书院正处筹款的关键时期，他大力支持，三度以县政府的名义劝捐加捐，募足了书院初建的款项；他二任湘乡知县时，顺应潮流，率先将东山书院改为湘乡县立东山高等小学堂，东山书院华丽转身，引领潮流。

陈吴萃此时已离开湘乡，在邵阳做官。接到士绅的请求，并不推辞，欣然命笔。他熟知书院的前世今生，那里有他的情感，他的寄托，他的希望。他深知东山书院是湘乡这块神奇土地上的关键，深信东山书院必出瑰琦之士。他情绪饱满，思如泉涌，一挥而就。

新《东山书院记》只有短短六百多字。文章气势雄浑，立意高远，开篇即引用《左传》名言“深山大泽，实生龙蛇，人杰地灵，理固然也”来歌颂书院的选址。然后点明刘公襄勤等湘乡士绅捐资倡修，经数年努力，建成设施齐全、环境优美、既朴且坚的藏修精舍。然后文章笔锋一转，分析天下大势说："予维今之天下一学战之天下也。泰西诸国，若农、若工、若商、若兵备，莫不有学。而于士，尤详用能实事求是，以称雄于五大洲。"陈县令将西方称雄五大洲归因于"实事求是"，真是独具卓识，令人惊叹。文章最后预言说，湘乡自古人才辈出，尤其是曾国藩、罗泽南等组建湘军，奋起湘乡，达到鼎盛。但东山书院的创建，不仅能培养出像罗泽南一样的王佐之才，还能培养出王者之才。我的话说在这里，将来可以验证。

陈县令的话，很快得到验证。三年后，东山书院即招来一个"救国"才，他以实事求是为法宝，经数十年的艰苦奋斗，建立了中华人民共和国。

陈县令作《东山书院记》时，是1907年，为了与书院正厅落成时间相一致，落款为光绪丁酉岁，即1897年。

（四）东山精舍开创了湖南的新式教育

东山书院在创建时，还有一个名字，即东山精舍，东山精舍的出现，真正翻开了湖南教育的新篇章。据《湖南教育史》的记载：东山精舍虽是基于东山书院而筹备，但精舍的创办原因以及教学内容、教学目的等都与东山书院有着鲜明的区别。其主要表现在以下三个方面。

一是东山精舍是甲午战争后全国救亡图存的产物，因此它本着实事求是的精神，要求变通并突破传统书院的陈规陋习。筹建精舍的士绅认为："国家之隆替，系乎人才；人才之兴衰，由于学校。"然而，本县"书院虽盛，而专校时艺，山长又系本县举贡轮充，兰艾不分，成材终鲜"。因此最好的解决办法是"穷则变通，苟非实事以求是，即物而穷理，恐书院究成虚设，何以造就人才"。绅士们在实事求是和变通思想的指导下，认识到西方美、英、法、德、俄等国的"纵横海上"，耀武扬威，"固非徒恃船坚炮利也"，其根本在于学堂，"人专一艺而能致用"。

二是东山精舍的教学内容是甲午战争后全国有识之士所呼吁的新学、实学，完全打破了传统书院的读经模式。甲午战败的惨痛教训，迫使士绅们寻找日本变法骤兴的深层原因。他们认为，日本的强大就是因变法而维新，因维新而有实学，因有实学而有真材。他们认为："即日本数小岛耳，通国学校乃多至三万一千余所，力行西法，遂启维新，有实学即有真材，故能勃然以兴，屡耀其武。”所以若想中国振起图强，东山精舍就得革故鼎新讲究实学，惟此才有实材堪供国家之用。他们认为，在列国变法以图强的形势下，“而中国反蹈常习故，务虚文而不求实学，未尝讲明事理，往往受制于洋人。然则欲兴国以强兵，足民而丰财，非劝学以育才，岂有幸哉?”东山精舍分科造士，为算学、格致、方言、商务四门实用学科，这些科目和内容，已与传统书院迥然不同。

三是东山精舍的教育目的，也脱离了传统书院科举仕进的轨道，而转向培养专精一技的实用人才。明清以来的书院，多是走举业教育之一途，湘乡自然也不例外，旧有的书院都是“专校时艺”，以应科举。这样培养出来的空疏之才与急剧变更的中国社会很不合拍，举业教育模式已严重束缚了中国人才的培养。兴创东山精舍的士绅们，比较中西，认为只有实学才能救中国，而兴实学则必须废科举。他们要求精舍的学生在四门学科中任选一门，而以算学最为首要：“今精舍算学、格致、方言、商务虽分四斋，而每人止专一门，盖业精于勤，必专而后精。所有格致诸学，皆从算学入手。不专业致志，则不能得其要耳。”他们并凭借光绪二十年（1894 年）闰五月的上谕，劝慰学生不须从事科举，仍有进身之阶。

东山精舍除上列三点变通兴革最为突出外，还有不少具体做法值得品评和借鉴。其一，在选定师生时，不以资历、资格取人，讲究真才实学，很有现代学校的风气。其二，精舍虽讲授新式课程，但是仍选用了传统优良的教学方法，循序渐进，很符合学生的认知规律。精舍对师生要求：“算学当循序渐进，初学第一年习几何、代数、平三角，少广，第二年则习曲线、微分、积分，第三年则习弧三角及微积分之深义、立体之几何。”其三，精舍重视实践操作，并注重开阔学生视野，积累新知，这也是符合近代教育理论的教学方法。精舍每月筹款购《万国公报》两册，每季购《格致汇编》两册。又各种新闻报纸如《申报》《汉报》之类，分给诸生披览。其四，精舍注意培养学生敦睦友爱、其乐陶陶的品行，要求以“君子以朋友讲习”“以文会友，以友辅仁”等先哲的教训为修身准则，勉励学生能“追随于文正”。其五，东山精舍继承了湖湘经世致用的优良传统，学习从不脱离社会实际，要求“学者期于明体达用，研究之外，宜习事于史，详考其治乱得失之故”。其六，精舍学术风气开通，主张打破门户之见。精舍希望学生勤学好问，“务其大者远者，不分汉宋，不分中外，虚心以求是，敬业乐群，则学必有成”。

总之，湘乡东山精舍就像民国期间教育部所编《第一次中国教育年鉴》所说的那样，是甲午战后湖南建立的带有救亡图存性质的新式学校。所以在湖南维新运动期间，若言传统书院向近代的改革则应以东山精舍为最先，它为湖南全省维新局面的展开起到了积极的推动作用。

三　辉煌的湘潭官办教育

经世致用的碧泉书院、实事求是的东山书院是湘潭私人办学的典范。湘潭的官办教育，在科举时代亦有相当辉煌的成就，其中杰出的代表就是湘潭县的昭潭书院和湘乡县的东泉书院。

（一）昭潭书院

书院之名最早见于唐代，宋朝时开始兴盛。湘潭县自古教育兴盛，书院较多。如龙潭书院建于南宋，曾名主一书院，后改为湘潭县龙潭高等小学堂。竹泉书院建于明朝，湘潭县令经常在此上课。霞城书院建于清同治年间，湖南巡抚王文韶曾大力支持。其中办学最久、规模最大、成效最好的是昭潭书院。

昭潭书院始建于康熙五十九年（1720 年），在清代曾辉煌一时，它有完备的教育体系和严格的治学纪律。据清乾隆时提督学政阮学浩《昭潭书院记》载：

湘潭在衡山和湘江交汇之地，山水灵秀，是楚国南部最好的地方。生活在这里的读书人聪慧清朗，善写文章。因为这里深受中原文化的影响，国家又开办学校教化士民，浓厚的读书风气经历百余年的大动荡也没有中断。先是湘潭知县方伯在康熙年间于文庙东侧建义学，继而乾隆年间知县李松捐银并联络县人，在义学的基础上建成昭潭书院，有教室，有学生宿舍，有图书馆，后来还建考棚 26 间，书院规模完备，可供上百人就学。并有学田2042亩，每年可收租2100石，可补贴学生读书。

良好的教育设施为湘潭县科举出成绩打下了基础。据记载，清朝时期，共考上文科举人348人，武科举人66人，其中有解元9人。参加会试殿试文科的举人有71人中进士，其中状元1人，榜眼1人，探花1人。武举有6人中进士。湘潭的科考成绩十分优异，乾隆九年（1744年）规定，湖南文科乡试每年中额正榜45人，副榜9人，当时全省有70多个县以上的行政区，平均每县不足一人中试，而湘潭县儒生每科必有1人中试，最多有8人，远在全省平均水平之上。

（二）东皋书院

湘乡县的官学同样发达。南宋时，真西山（德秀）以湖南安抚使知潭州时，命湘乡知县建涟溪书院于涟水河东岸。乾隆年间，知县徐锡仁在涟溪书院边上建涟滨书院，有学田961.9亩，考棚7间。1906年该书院改为湘乡公立涟滨中等工业学堂，民国初年又改为湘乡县立乙种农业学校，是湖南省最早的专业学校。

在湘乡官办书院中，最有名的是东皋书院。

东皋书院建于康熙年间，湘乡知县王国梁在县城东洗笔池置义学；雍正时，在义学旧址重修学舍，称为东皋书院。咸丰年间在湘乡昭忠寺改建，有讲堂、东西斋舍、尊经阁等，还有629.6亩学田。湘军统帅、清朝中兴名臣之首曾国藩曾为该书院撰写楹联：

涟水湘山俱有灵，其秀气必钟英哲；
圣贤豪杰本无种，在儒生自识指归。

东皋书院是湘乡人才的重要培训基地，在科举时代也是成绩卓著。1904年，东皋书院改为湘乡中学堂，这是湘乡一中的前身。伟人毛泽东，革命家李卓然、易礼容，大将陈赓，国际诗人萧三，湖南省委原书记熊清泉，全国“双百”劳模之一的罗健夫，中国地理学界三杰之一的黄国璋等先后就读于此。

四　荒山上崛起的学府翘楚：湘潭大学

湘潭西郊，有个叫羊古塘的地方，本是一片荒山野岭，二十世纪七十年代末，崛起一座大学：湘潭大学。1978 年 2 月，国务院定湘潭大学为全国重点大学。当时全国总共只有 88 所大学入围，湖南只有 3 所大学，即中南大学、国防科技大学和湘潭大学。

一个地级行政区的荒山中出现一所全国重点大学，是神话也是奇迹。这奇迹的背后是新中国两代领袖的关怀，是数千湘大师生艰苦创业的丰碑。

湘潭大学于 1958 年 6 月创办，是湘潭市第一所高等学校，地址在羊古塘以南一个叫杨嘉桥的地方，属中共湘潭县委领导，同年 9 月 10 日，新中国第一代领袖毛泽东为湘潭大学题写了校名，并吩咐一定要把湘潭大学办好。毛泽东对家乡的关爱，体现在了对家乡第一所高等学校的关心。

1958 年 6 月，湘潭大学面向社会招生，实行半工半读，当年招生 314 人，有机械、钢铁、农业、林业、畜牧业 5 个系，后又增加财贸、教育两个系。共调入教职工 30 人，其中专任教师只有 12 名。

刚创办的湘潭大学没有大楼，也没有大师，甚至没有开学典礼，但有一股热火朝天的干劲。他们借湘潭市一中的一座南楼，扯出了“学清华赶北大”的巨幅标语，唱着《澧水号子》和《小媳妇》的歌曲，开始了湘潭大学的创业之旅。

1959 年，国家遭遇前所未有的困难，湖南省决定停办 54 所办学条件不足的学校。湘潭大学因为师资、经费、校舍、仪器设备严重不足，就此停办。只读了一年书的湘潭大学学生因基础好，享受大专毕业学历，并被分配到教育系统工作。但这批只读了一年的湘大学生却为社会作出了不可磨灭的贡献，走出了湖南省原省长周伯华、中国风投第一人熊晓鸽这样的社会精英。

1974 年 3 月，第二次复出的邓小平同志批准恢复湘潭大学，并定位其为文、理、工综合性大学。同年 4 月 5 日，湖南省委成立由时任省委书记李振军等组成的“恢复湘潭大学工作委员会”。1974 年 10 月，毛泽东主席最后一次回湖南，在长沙接见时任国务院副总理的李先念时，催办湘潭大学恢复建设工作。1975 年 9 月 10 日，湘潭大学恢复建校后首届开学典礼隆重召开。

此次复校选择了湘潭西郊的羊古塘，在一片荒山野岭上，新一代湘大师生再次白手起家。他们住农户，点煤油灯，自己修路，自盖简易工房，半工半读，艰难创业。同时全国各地高校也从师资、图书、设备各方面支持湘大。全国有 3000 余人要求调湘大工作，经组织考察，从北京大学、清华大学、复旦大学、中国人民大学、武汉大学调进 300 余名中青年骨干教师、教辅人员和管理干部。1978 年 2 月 17 日，国务院批准湘潭大学为全国重点大学。

湘潭大学

经过数十年的发展，如今的湘潭大学已有 3 万多名师生，占地 3000 多亩，拥有从本科、硕士到博士的完整体系，横跨数十个专业。

几十年的发展，湘潭大学拥有无数的辉煌。它是湖南第一所被称为大学的大学，它是全国唯一一所设立后备军官选拔培养基地和研究生选拔培养基地，培养军地两用人才的地方大学。湘大毕业的院士、长江学者、国家杰出青年科学基金获得者居全国高校前列。同期毕业生中，名牌大学教授、大学校长书记、厅级以上干部、国有大中型企业高管这四大项中，湘潭大学均居全国前列，湖南第一。

湘潭大学坚持“精品大学、特色鲜明”的办学理念，大力实施质量立校、人才强校、科研兴校的战略，向建设国内外知名、研究教学型高水平大学的目标迈进。

五　上天下海惠民生的湘潭科技

湘潭辉煌的文化暗淡了湘潭科技的光芒，其实湘潭的科技在金湘潭时期和湘潭现代化进程中也有杰出的表现。

（一）金湘潭时期普惠大众的湘潭技术

明清时期湘潭一度成为湖南的经济中心，其制造业水平十分发达，制造技术独步当时，并惠及普罗大众。清朝乾隆年间，湘潭县人石廿四制造出了木质机械人和简易飞行器，他乘着该飞行器“腾空 20 丈，飞行 5 公里”。飞行器的腾空飞行，反映的是那一时期湘潭技术的发达，当时湘潭有两个称号：“镰刀国”和“铸造王国”。

中国自古以农立国，农业生产劳动强度极大，但湘潭人发明了一项技术，极大地减轻了劳动强度，这就是带齿的镰刀。

明末清初，湘潭县八都大花桥有两名技术高超的铁匠：谭文美、谭文秀，两人是亲兄弟。他们看到乡亲们每年砍禾十分辛苦，便思有所改进。那时农民用的镰刀是无齿的弯刀，有相当的重量，割禾如同砍柴，十分费劲。也许是受了鲁班锯齿的启发，他们便在割禾弯刀的刃口上钩上一层粗齿，较为锋利，试用来割禾，十分方便省力，深受农民欢迎。后来这项技术经过进一步改进，粗齿轮镰改为凿齿平头弯镰，并变成了湘潭传统名牌产品，号为“湘镰”。湘镰的出现是中国农业器具的重要改进，虽然看上去只是一点小小改进，却因此造福数亿的中国农民。

带齿湘镰的广泛使用，使湘潭产的湘镰销往全国各地，带动了当地湘镰生产，湘潭县花桥一带因此有镰刀王国的美誉。

湘镰的品牌源于技术的改进，在手工割禾的时代，湘镰产生了巨大影响力。1963年在全国手工业合作社第二次社员代表大会上，中央领导赞誉说：湘潭禾镰、铜官陶器等，都达到或超过历史水平。1966年二轻工业部、农业部举办全国农具设备新技术展览会，将“湘镰”的17个品种定为展品，湘镰被誉为“技高质湛、艺中之秀”产品，其质量实现了“六无”（无炸裂、无穿板、无崩铁、无夹齿、无脱爪、无铁锈）“六要”（要板手、要厚薄均匀、要齿好、要裤牢、要钢足、要美观）。

在新技术的推广运用上，湘潭刀王黄聚泰是一个典范。清朝初年，芜湖地区独创了一种先进的炼钢法，是世界冶金史上的首创，被称为“苏钢”。清乾隆年间，黄聚泰以普通工人的身份前往芜湖潜学技术，三年后带回八个熟练工人，在县城开办聚泰钢坊。其法是将钢锻入刀口，使刀极锋利，又富弹性，畅销十余省，南北称誉。从此，到咸丰年间，湘潭有40余家刀作坊，销售十分畅旺。

（二）湘潭科技助力新时代

湘潭的科技一直走在湖南省前列，这从湘潭专利工作的突出成绩中可以看出。1985年《中华人民共和国专利法》开始实施，到1987年底，全市专利申请总数317件，其中国家专利195件，专利申请数和授权数均居全省第二位。1978~1987年，湘潭获省、部级以上奖励的科技成果合计306项，名列省辖七市第二位，获省部级以上奖励的成果占获奖成果总数的65%，名列省辖七市第一位。这些专利技术应用于生产，产生了极大的经济效益和社会效益。

1. 百吨电动轮自卸车

百吨电动轮自卸车是一种具有高机动性、高通过性、后卸式翻斗的高效运输工具，适用于大型露天矿和水利工程，以前全部依赖进口。1974年，根据机械工业部和冶金工业部安排，湘潭电机厂与长春第一汽车制造厂组织人员开始研究、设计，1980年通过部级鉴定，并获机械工业部科技成果一等奖。

2. 铝包钢线

1977年，镇江跨越长江的架空导线使用的法国产品，因超载送电，导致电线软化下垂，使长江万吨油轮航运受阻。机械工业部给湘潭电缆厂下达试制“南京长江铝包钢大跨越导线”的紧急任务。湘潭电缆厂攻克许多技术难关，圆满完成导线试制任务，保证了长江正常通航。该产品还每年减少电耗1500万千瓦时，获得1978年全国科学大会奖。此后该产品被广泛运用于全国多条大跨越输电工程、50万伏超高压输电工程和电气化铁道工程。

3. 耐高温电缆

1980年，我国首次成功发射洲际导弹，湘潭电缆厂研制的耐高温电缆成为导弹内部的导线。该产品以氟塑料作绝缘层，在很宽的温度范围（-60～+250℃）内均能正常工作，其性能参数达到美国军用标准。该产品得到国防科工委赞扬，并得到中共中央、国务院、中央军委贺信贺电嘉奖。

4. 红箭-8制导线

红箭系列反坦克导弹，多次在天安门广场阅兵式中出现。这是湘潭江南机器制造厂的产品，其中关键的导线是湘潭电线厂制造的。该产品获得1987年国防科工委特别奖。

5. “缝隙空旋流燃烧”专利技术

1984年，湖南省第一家民营科研机构——湘潭市新产品开发研究所发明了“缝隙空旋流燃烧”专利技术，该技术一经问世，就变成了世界燃气灶技术的引领者。该专利技术发明人伍尚魁获得“首届全国优秀发明企业家”荣誉称号，并受到时任国务院总理李鹏的接见。

伍尚魁以这一专利技术为基础，创办企业，并发展成迅达集团。目前该集团已拥有8家全资子公司，员工2000余人，产品行销全球88个国家和地区，是中国最大的燃气具生产企业。

6. 海中深海钻机

2015年，由湖南科技大学为主研发的海底60米多用途钻机系统“海牛”号，首次在水深超过3000米的深海海试成功。此举标志着我国成为继美国、德国、澳大利亚之后第四个掌握此项技术的国家。海底60米是未来能源“可燃冰”的埋藏深度。据该技术的掌握者介绍，“海牛”实现了可视化自动操控，基本上实现了一学即会的“傻瓜”式快捷操作。目前，该技术有望三年内实现200米以上钻深，成为世界第一。

第七章　山水开画图　一湾萃湘灵

湘江，是湖南的母亲河。

她与流贯广西、广东的漓江，同发源于横亘在南国的南岭。二水一向北，一向南，“相离”于湘桂两省的邻界处，如是把这两个字分别加上代表水的三点水，就成了这两条兄弟河的名字。

湘江在如涛的群山中迂回北向，奔向洞庭湖，奔向长江。

她是一条充满神话传奇的远古文明河。炎帝、舜帝、大禹在这里弄过潮，娥皇、女英在这里泛过舟。这里有过醉心的辉煌，也有过动人的忧愁，至今还留下朵朵云霞、斑斑泪竹。

她是一条载满诗歌辞赋的文明源流河。屈原、贾谊、李白、杜甫、韩愈、柳宗元、秦观……他们无一不在这里涉足行吟，流动式地镶嵌在这方奔腾不息的耀眼星空。

她是一条孕育文化大家的文明摇篮河。蔡伦、欧阳询、怀素、李东阳、王夫之、曾国藩、左宗棠……他们诞生在这里。他们吮吸了这条河流的乳汁，又以千百倍的提炼、蓄积，回报了这片土地，回报了自己的祖国。

湘江，她浇灌和孕育的这一片土地因在洞庭湖之南便有了“湖南”这一响亮的名字；于是，“湘”，又成了湖南的代称。

“山连大岳，水接潇湘。”这条纵贯湖南省的河流，经南岳衡山，直北而来，突然西指，再次转头北向，奔腾直赴长沙，于是在这里留下一个河套。河套里有一座城市叫湘潭。这个河套有“千里湘江第一湾”之称。它是宋代理学湖湘学派的发源地，又是当代毛泽东、彭德怀、齐白石等一大批著名人物的故乡。

明朝礼部尚书，湘潭人李腾芳写过这样一篇《湘潭山水论》：

潭之山水，朱陵磅礴之余也。束者忽开，奔者忽坐，崭绝者悠以夷，顽矿者妩以媚，绉蹙者纾以舒，燥急者濡以和。旧志云："昭山峙其东，乌台蹲其西，金霞耸其南，黄龙障其北。"今望之，皆在数十里外，伟如巨人，屹立相向。而邑之左右，平冈迤逶，横斜回环，高者列几，曲者飘带而已。邑形若曳匹帛：嗡江醮波，清夷澹宕，湘之水自粤百折而来，当面诸山遏之，逆而西，怒而相凌，巨石截之，宛转瀹涟，曲眉横黛，妙舞于邑门之前，绕其臂而后去。江身至邑始深，其流清而不驶、白而漾碧。是邑，盖山水之会而灵气所钟也。

清嘉庆刊《湘潭县志》专设"山川形势"篇，其开首概而言之：

潭邑，自星沙泛棹，泝涟、涓而上，百余里水郭山庄，晴光烟霭，空翠欲浮，楚人门巷潇湘色，其信然欤！

熊湘九郡，潭邑为赤紧要区。被山带河，隐然当长沙西南一面。览胜者每谓潇湘清淑之气磅礴郁积蕴酿而成，故形势之盛甲乎楚南。

明末清初湘潭大文化人郭金台，在为四川籍的文人刘及叔诗作《浮湘集》作序时用散文的笔调谈到了自己的家乡：

湘之山无不蜿蜒连蜷，滨江而迭出；湘之水无不淡衍澄碧，抱山而曲流。其地可游，其游皆可为诗。

也许，在外人的眼里更能观察到这方山水的神奇。与郭金台交往密切的川人刘及叔也有着一段动人的描绘：

溯洄至湘，恬目缓趣，若张锦屏、列图画，远近大小，引人夷犹永日也。若亭园池沼，聚观涉趣，手可探而卧可游也，若饥之于食、渴之于饮，四时百物之蓄满于地，无所得而无不得也。而况春山之艳香国，

秋岸之醉枫林，渔樵之狎游人，烟雨之迷远艇，思会境生，文缘情至，诗系浮湘，湘许我乎？

湘江自古就是一条开放之河，她一代一代不断地接纳着来往于这块土地的中华文化的先祖与精英，同时也向外来文化与世界不断地展示着自己的颜貌与胸襟，她同样在不断地为国家与世界塑造与输送着自己本土的英雄！

湘江在河套里几千米距离内连续接纳了涓水与涟水两条支流，这两条支流分别由双峰与涟源发源，蜿蜒地纵贯湘潭的版图。俯天而视，整个水系犹如一个篆书的“爪”字，把整块地域完整地网络起来。湘潭的河流，主要就是湘江、涓水、涟水，再加上在其北角擦肩而过的靳江。它们流经这块土地，是这方肌体身上不断地输送着养料的血脉。

一　水之清

(一) 主要江流

1. 湘江

湘江，发源于广西东北部兴安、灵川、灌阳、全州等县境内的海洋山，上游称海洋河；在湖南省永州市区与潇水汇合，开始称湘江；向北流经永州、衡阳、株洲、湘潭、长沙，至湘阴濠河口分东、西两支，至芦林潭又汇合注入洞庭湖，然后流入长江。河宽 610～1200 米；全长 856 千米，湖南境内 670 千米，湘潭境内 64.6 千米；总流域面积 94660 平方千米，湖南境内 85383 平方千米，湘潭全境 5006.5 平方千米。湘江自湘潭县茶恩寺龙井村三冲子进入湘潭境内，流程 14.2 千米后至湘潭县白石镇马家堰湘河村都石站进入株洲市境内，至湘潭市岳塘区板塘乡云和村橘子口港复入湘潭境内，流经雨湖区、岳塘区，流程 50.4 千米，至九华富家村船形山王家坝与岳塘区昭山间出境入长沙。多年平均径流量约 790 亿立方米。

2. 涓水

涓水，又称“涓江”，发源于双峰县南部，于湘潭县龙口入境，经花石、回龙桥、盐埠、射埠、吟江、古塘桥、郭家桥至易俗河镇小河口入湘江。河

湘江

宽 100～150 米；干流长 117 千米，湘潭境内长 65 千米；流域面积 1764 平方千米，湘潭境内 1070.6 平方千米。多年平均径流量约 12 亿立方米。

涓水在唐代称洛水，清王闿运光绪刊《湘潭县志》称："盖洛者，水名，口者，水入它水之通称。洛水即涓水。后人以涓湖之名被之洛水，而洛水之名晦。"涓湖是唐代位于今锦石涓江畔的大湖，后来演变成冲积平原。涓水后称易俗河，明嘉靖三十二年（1553 年）《湘潭县志·山川》称"因其旁有易俗乡，故名易俗河"。

3. 涟水

涟水为境内湘江最大支流，发源于湖南省新邵县观音山西南麓。由湘乡毛田入境，经湘乡市水府庙库区，从溪口水府庙水库大坝出境，由双峰县再入湘乡境，流经小车、潭市、石狮江、山枣、株津渡、仁济渡和湘潭县石潭、姜畲，在河口进入湘江。河宽 180～300 米；干流全长 224 千米，湘潭境内共长 94 千米；总流域面积 7155 平方千米，湘潭境内 2665.5 平方千米。多年平均径流量约 45 亿立方米。涟水，在同治刊《湘乡县志》中称："其源发自龙山，合珍涟山水而为涟。""源出宝庆邵阳县东北，流至石坝入县界，会蓝田水、侧水，控引众流，北经县城，东北流入湘潭县。"在明清两朝《湘潭县志》中被称为湘乡河。明嘉靖三十二年（1553 年）《湘潭县志·山川》记载："湘乡河，在县治西十五里。发源邵阳县龙山之下，合本县石潭、云湖二水入江。因其水自湘乡来，故名湘乡河。”清嘉庆二十三年（1818 年）《湘潭县志》亦记载：“湘乡河，在县西十五里，即涟水也。发源都阳之龙山，经湘乡入县西北界，汇石潭、云湖诸水，历姜畲市、落笔渡、袁家河，入于湘，谓之湘河口。”

4. 靳江

靳江又名建水，发源于湘乡市金石乡。清嘉庆刊《湘潭县志》载：“靳江河在县东北六十里。发源湘乡万载塘，有战国时靳尚墓，故名。经宁乡麻山，至烧汤河，入县界，又东至之字港，经善化界，出瓦官口，入于湘。《水经注》：‘瓦官，水口，湘浦也。’今俗呼靳江河口。”河道自西向东流经宁乡县花明楼镇、大屯营镇、道林镇等地，流入湘潭烧汤河，经雨湖区鹤岭镇，过龟头市出境，入望城县，经长沙市岳麓区含浦镇、坪塘镇，在柏家洲附近汇入湘江。全长 87. 5 千米，流域面积 781 平方千米。靳江在境内 9. 5 千米，河宽 50 米，河床多细砂。

烧汤河上有古桥石灵桥，今存。

（二）泉井与湖塘

1. 碧泉

碧泉位于湘潭县锦石乡，与隐山相接，东北距湘潭市区约 35 千米。唐天宝八年（749 年）发现泉自石窦出，莹澈一泓，满池皆碧，故名碧泉。

碧泉潭之奇，首在于其奇特的泉貌。“泉自石出，抟沙旋波，上滚螺髻。”泉底砂砾随着处处水丝向上扬起，汩汩有声，满潭皆是。特别在靠近盘屈石山边的主泉眼处，大股泉水形成的强大冲击力将沙束抟成螺髻状，稍抛出水面即又散落下来。若在阳光之下，水草碧绿，而砂石却呈现着五颜六色，煞是好看。泉水喷出量很大，日出水量为 4 万 ~6 万吨，或为当今中国仍可直观的涌出量最大的单口泉水。水温长年在 20℃ 左右，冬暖夏凉。

碧泉是隐山胡氏的发祥地。南宋建炎三年（1129 年），福建崇安（今武夷山）大儒学家胡安国、胡宏父子由湘潭籍弟子黎明、杨训具舟楫迎请，在战乱中自湖北荆门落籍于此。随后创立碧泉书堂，扩展为碧泉书院。四川人张栻来这里拜师，本土学人彪居正在这里求学，后来均卓然成家。“湖湘学派”由此滥觞。碧泉书院的人才后来转移到了岳麓书院，直接孕育了湖湘学术千年之盛。

2. 三义井

三义井，在湘潭旧城熙春门内，位于原县署左侧宣化街边，明嘉靖县志称为义井，清乾隆县志称三眼井。清顺治县志《史志》称“旱盛不竭，何氏割其泉以济邑人，故名义”。据湘潭锦石何氏族谱记载，三义井系明天顺至嘉靖间人何萱所开凿：

> 三派祖何萱，字匪石，生平守正不阿，重义轻财，寄迹熙春门之左，掘地求泉。后因井口敞大，惧童子之入与百物伤生，凿石三孔以盖之。由是里族者汲而饮，负贩者劳而饮，行旅者休而饮，戴月披星、挥汗成雨者又渴而饮。从此乡老以为义，官长以为义，往来商贾以为义，遂号为“义井”。

毛泽东在长沙求学时往来湘潭就下榻在三义井附近的“毛福昌”号。故老相传，他曾在三义井汲井水洗澡。三义井一直使用到二十世纪八十年代初，现井口虽已被掩，但历时五百多年的古井犹存。它不仅已演变成这一带的小地名，而且也已成为湘潭一方乡井的代称。

宣化街即今城内城正街，与按察司巷相接，横贯于城中，为历代仕宦绅商居住与经商之集中地带，其街道格局至今犹存。位于板石巷的唐义门是传自明初永乐年间的古迹。城内原有晚清大儒王闿运、近代人称“旷代逸才”的杨度和资产阶级民主革命烈士刘道一的故居。我国著名的语言学家黎锦熙于二十世纪三十年代曾在城边二湖头岭建起了西洋风格的“榆楼”。现代散文家黎烈文、钱歌川和革命音乐家吕骥、革命家周小舟都曾居住在城内。台湾亲民党主席宋楚瑜少年时期曾就读于城正街昭潭小学（今名曙光小学）。台湾国民党原主席马英九之父马鹤凌幼年时曾居住城内杨柏园，老去时犹赋诗忆旧“潭市家园忆柏杨，儿时依恋好风光”。

3. 砚井

砚井，位于湘潭县县城易俗河镇砚井社区，为北宋路振居宅之井，传其常在此洗砚，故名。路振（957～1014 年），字子发，湘潭易俗河人，北宋太宗淳化三年（992 年）壬辰科孙何榜进士第三人，唐故相、魏国公路岩后裔。

路岩遭贬，死于岭外，其子路琛避地祁阳，移居湘潭。路振故居在今湘潭县城易俗河。路振初任大理评事，通判邠州，徙徐州同知，曾知滨州、河中府、邓州，巡抚福建，又曾直史馆，迁太子中允，入判大理寺，改太常丞，为编修官、太常博士、左司谏，擢知制诰。有文集20卷，《九国志》51卷及《楚青》5卷等。路振出使契丹日记《乘轺录》，简洁而传神地给我们再现了一千多年前的异邦景色与风情，其《祭马文》更是字字珠玑，朗朗上口。

明嘉靖刊《湘潭县志》载：

下摄镇义井，在县南二十里下摄镇官路之侧。有石四方亘其上，镌“咸淳庚午季冬常甫重修”十字于上。岁久荒秽。正德己卯春，邑人李永贵鸠工复甃。泉水清冽，行人利之。

清嘉庆刊《湘潭县志》载：

路太常故宅在县南二十里官路侧义井旁。明末掘得古碑，志路公义井始末，旁镌“宋咸淳庚午季冬韦仁甫重修”。后淘井又得断碑，系明万历辛巳李务钟重修，盖砚与义音近而伪也。

今古井犹在，宋题款刊石“宋咸淳庚午季冬韦仁甫重修”仍存，唯损去上排“宋”“午”“仁”几字。

4. 伏虎井

伏虎井，在湘乡市北正街，相传为三国时蜀国继诸葛亮为相的大司马蒋琬年轻居家时所凿。元至正元年（1341年）邑人龙元重浚。清道光三十年（1850年），典史袁宪健复浚，以八分书额“伏虎古井”。

此处传为蒋琬故宅，旧有“汉大司马故里”碑，今佚。其故宅曾建为蒋公祠。祠内旧有对联：“蜀中曾继如龙相，湘上今传伏虎名。”今祠已毁。

5. 银塘

湘潭银塘，处于湘江与涓水相交之东南部，位于紧接今湘潭市区的易俗河镇。它本是一口极大的水塘，原为当地何氏所有，因其远近有名，渐次演变成了地名，如今是一个行政村的名字。康熙二十四年（1685年）姜修仁主修的《湘潭县志》里早已有记载："银塘，县西四十里。荫田二千余亩，何氏世居之。"

清光绪二十五年（1899 年）正月十六日，湘潭人杨度到了这里，他在日记中记载：

渡花市水，县志以为涓水，非古称也。始见蝴蝶，岸草未绿。倚右岸行四十里，至银塘。塘大二百亩，凫鹭游鸣。其地山川明秀，甚可乐也。坐憩良久，日已欲西。

银塘五甲何氏始祖为明宁远侯何福，是明洪武、建文、永乐三朝战功赫赫的武将，先后开辟与镇守贵州、云南与宁夏、甘肃。

6. 白汜

白汜位于今湘潭县云湖桥镇，为自古遗留的大型蓄水水域，水面面积大于池塘。环汜而居者有刘姓为显。王闿运为《白汜刘氏三修族谱》撰有序言，文称：

涟濒有大陂曰白汜，润溉二县，其泽溥广，有刘姓居之，来自明英宗时。有钟绣者以征蛮功世袭勋爵，分屯长沙卫田，子孙承业，遂以水氏。耕读敦朴，无豪族侈习。余往撰县谍，传独行君子，而刘胜东父子以孝传。胜东生距今百余年，其子计亦过耄耋，以为皆古人，故称之无嫌。越二年，还山居，有老人来访，通曰刘立堂光锷，则孝子子也。惊喜延坐，出所画古孝子图状，为题赞而去。又二年复来，言其家世甚详，乃知为建成侯之苗裔。

（三）水利工程

1. 韶山灌区

韶山灌区是一个以灌溉为主，并具有发电、防洪、航运、工业给水及养殖等综合效益的水利综合利用工程。横跨湘江一级支流涟水、靳江、涓水、紫云河四个流域，灌区面积 2500 平方千米，行政区划包括韶山市和湘潭县、湘乡、宁乡、双峰、长沙以及湘潭市等县市，农业人口约80万人，灌溉农田100万亩。灌区水库枢纽于1958年9月开工，1959年大坝建成，1960年7月水库蓄水。引水枢纽和渠道工程，1965年由时任省委书记兼副省长的华国锋任总指挥，用十个月时间建成了总干渠、北干渠和左、右干渠。1966年6月举行通水典礼。1967年3月南干渠竣工。

韶山灌区

2. 水府庙水库

水府庙水库位于湘乡市、双峰县、娄星区交界处，全长27.75千米，是湘中地区最大的人工水库，也是韶山灌区的水源地。设计库容3.7亿立方米，最大水面6.72万亩，其中湘乡市辖5.757万亩，占总水面的85.67%。2007年11月国家林业局正式批准为国家湿地公园试点项目，公园总体规划面积212.66平方千米，其中湘乡占总面积的50.8%，是湘中地区规模最大、保存最完整的一片人工与自然完美结合的湿地。湖南水府旅游区于2000年经省计委列为省级旅游开发区，总体规划面积为177.2平方千米，水域面积45平方千米，库岸线长431千米，有库湾库汊260多个，大小岛屿34个，现有一级景点12个，二级景点40个，三级景点17个，四级景点7个。港湾纵横，库汊幽曲，岛屿星罗棋布，植被良好，花木繁茂，稻谷飘香，山清水秀，风光旖旎，构成一幅美妙绝伦的生态乐园图，有“天下水府，人间瑶池”之称。附近有著名的陶瓮学校和宋窑遗址，近年建有曾国藩湘军水师寨景点。旅游区2007年入选生态休闲类“新潇湘八景”之一，2008年被定为长株潭城市群生态休闲度假服务基地，2014年被评为国家“AAAA”级旅游景区。

3. 花石水库

花石水库原名石坝水库，位于南岳七十二峰之天马山与紫荆山的余脉中，1959年8月始建，1960年竣工，是湘潭县最大的一个中型水库。现有水面面积4.86平方千米，蓄水量0.27亿立方米，灌溉面积6.5万亩。担负着防洪、灌溉的大任，兼有发电、养鱼等多种综合利用功能。水库四周青山葱茏，与南岳遥相呼应，与十八罗汉山相伴，周边有盛产湘莲的平原地区，并与花石湘莲大市场相邻，与涓江河相通。这里山清水秀，水质良好，风景宜人。水库中有珊瑚岛、泰坦尼克岛、子母洲、野鸭洲等小岛。每年10月至次年3月，白鹭、黑鹭、天鹅等十余种候鸟会在此栖歇、嬉戏。水中鱼类甚多，有青、草、鳙、鳊、鲤、鲫、鲢、鲶等十几种，还有泥鳅、黄鳝、贝蚌、河蟹、田螺、虾米等，构成了一个生机盎然的水底世界。水库灌区形成了缜密的配套工程，连结12座小型水库、460处水塘；修建渠道共109千米，其中穿山隧洞24处共长7263米，人工天河11条；还有7处电灌站，形成了完整的“长藤结瓜”式的布局，使龙口、留田、晓南、日华、石坝、花石、排头、盐埠等乡镇农田受益。

二　山之秀

（一）风景名山

1. 韶山

韶山，指以韶峰为中心，地跨湘潭、湘乡两县方圆数十千米的地带。群山环抱，田园掩映，峰峦耸峙，气势磅礴。清代湘潭县邑举人张垣在《湘山形势考》中说：“余尝考县治之山，自湘乡八面龙山发迹，右涟江，左靳江，一脉中行，逶迤百里，至韶山乃入县界，其山苍莽无际，形家谓之太祖山。”韶峰在韶山冲南，山形如柱，直上云霄，亦称仙女山、仙顶灵山、扑头山，海拔 518.9 米。清周定宁《韶山记》云：“天下名山三百六，此是江南第一仑。”韶山之名，源于韶乐。《书·益稷》曰：“箫韶九成，引凤来仪。”明嘉靖刊《湘潭县志》记载：“韶山，在县治西八十里。世传大舜南巡，道经此山作乐。”舜，又称虞舜、舜帝，是中国历史上“三皇五帝”传说中的人物，但他不是神，而是远古时代上承帝尧、下传大禹的一位著名的氏族部落首领。他摄政后，五年一巡狩，多次南巡，其中一次便是到了韶山，在这里奏响了著名的韶乐，于是这里便有了这个美丽的名字。

韶山的有名，除了舜帝，就不能不提到毛氏了。清朝举人戴炯在乾隆二年（1737 年）为韶山毛氏始修族谱所作的序中说：

> 湘之西有韶山，山峻以复，泉洁以长，茂林修竹，云气往来，中可烟火百家，田畴沃壤。循流而下，至铁陂，两山相峙若门然。毛氏聚族于此，传十数世，风俗醇厚，储蓄殷饶，古传桃源莫过焉。

韶峰有八景，即韶峰耸翠、仙女茅庵、胭脂古井、塔岭晴霞、石屋清风、顿石成门、凤仪亭址、石壁流泉。

韶山作为毛泽东的故乡，因其得天独厚的人文和自然条件，被确定为国家级旅游风景名胜区，又是进行革命传统教育的著名的中国革命纪念地。现在韶山的主要旅游参观景点有：毛泽东故居上屋场、毛泽东读私塾的南岸、被称作“西方的一个山洞”的滴水洞、韶峰、毛氏宗祠、毛震公祠、毛鉴公祠、毛泽东祖父墓和父母墓、毛泽东广场（含铜像）、毛泽东青年时期塑像、毛泽东纪念馆、毛泽东遗物馆、毛泽东诗词碑林、毛泽东纪念园（毛泽东革命纪念地微缩景观）、韶山烈士陵园、毛泽东图书馆、韶山文艺馆以及周边生态旅游区等。

2. 乌石峰

乌石峰位于湘潭县乌石镇彭德怀故居西侧，距湘潭市 47 千米，海拔 373

米，干霄叠翠，萦嶂环青。有老虎岩、水池、流泉等自然景观。峰下有黄泥、王家、苏家、赵家四坪，传说为元末明初地方军事首领易华各部练兵场所。其中以黄泥坪最大，面积达百余亩。乌石峰庙最为壮观，远数十里可见。庙始建年代不明，重修于1924年，坐西北朝东南，屋高7米，尖顶重檐，分上下两层，有庙房四间。原为青砖小瓦，重修后全部改用花岗石墙，瓦为铁铸。四周围七铁柱，门前二石柱支撑。庙进深6.2米，宽5米，内供易华相。上层立有文昌帝君牌位。低于庙基5米的东南台地上有一横四间的碑亭和两间僧人住房。庙前有化纸炉，炉前有孟公庙。半山有土地、灵官两座小庙及茶亭。自1951年起，庙内无人看守，1955年前檐遭雷击，后又屡遭破坏，整座庙宇全无瓦盖，仅剩四周石墙。1994年，由当地群众自愿捐资，重新修复，并铸易华像一尊，重500余千克，于9月27日安放于庙内。庙门上方刻有“乌石峰”三字。楼门上方刻有“文昌阁”三字。庙门联为：“保障一方，有功德于民则祀；巍峨万仞，想英灵橱濯如生。”楼门联为：“乌飞将近月，石乱欲撑天。”乌鸟绕山而飞，月亮就近在咫尺，伸手可揽；乱石穿空，力撑欲堕之天。这简直就是一幅极其优美的水墨画。

乌石峰下为彭德怀故居，在乌石峰麓建有彭德怀墓，在卧虎山上建有彭德怀铜像和彭德怀纪念馆。

3. 昭山

昭山位于岳塘区，在长沙、株洲、湘潭三市交界处，是清嘉庆刊《湘潭县志》所列四大名山之一。一峰挺秀于湘江之滨，海拔185米，下临深潭，风光秀丽而雄奇。每逢雨后新晴，或是旭日破晓，万丈霞光撒在山间，雨气氤氲，色彩缤纷，美丽壮观。昭山风景旅游区属省级风景名胜区，被誉为长株潭的“绿心”。昭山自身的八景，分别是屏风夕照、拓岭丹霞、桃林花雨、双井清泉、老虎听经、狮子啸月、古寺飞钟、石港远帆，朝朝代代吸引着游人登山览胜。

传说昭山由周昭王南巡曾经驻扎于此而得名。王夫之的《蝶恋花》词也说：“日落天低湘岸杳，迎目葱茏，独立苍峰小。道是昭王南狩道，空潭流怨波光袅。”古来又取“昭”“招”同音，流行谣谚“湘有招山，客子不乐久游”。汉代刘向《异苑》和唐代《裴铏传奇》里都有着昭潭的神话传说。唐时始在山巅建昭山禅寺，宋代名昭阳殿，佛道递存。宋代大画家米芾曾制有《山市晴岚》图以表现这里的风光，昔时以此入“潇湘八景”。抗金名将刘锜在顺昌大捷之后寄居于此，著名的宋人评话《碾玉观音》对此做过描写。历代文人多所题咏。毛泽东在长沙求学时期，曾与友人结伴来游，夜宿昭山寺。彭德怀早年在湘军脱难，曾在这里得渔民之助夜渡湘江。秋瑾烈士遇难后，灵柩一度从浙江迁至附近安厝。资产阶级革命家黄兴母亲墓葬于此。清乾隆四十二年（1777 年）开始修建登山蹬道，至嘉庆六年（1801 年）完工。现存磴道长 1314.2 米，宽 1.6 米，由 5300 多块花岗岩铺成，共 1947 级，蜿蜒掩映在绿荫之中，呈东西向依山就势贯穿昭山前后山，已公布为省级文物保护单位。

4. 壶山

壶山，位于湘潭市区之西湘江之畔，为红砂岩质石山，以象形得名，又因晋代八州都督陶侃曾在此驻军而称陶公山。山上现有陶侃衣冠冢和在湘潭殉节的明督师何腾蛟衣冠冢。山麓原有石头寺，始自晋代。唐高宗朝大臣、因阻挡武则天封为宸妃而被贬官潭州都督、同时是大书法家的褚遂良，来此大书“大唐兴寺”四字以表心中块垒，此寺由是改名为唐兴寺，延续了千余年香火。大诗人杜甫在这里留下过“褚公书绝伦”的题咏。二十世纪二三十年代在陶公山石嘴垴建起的望衡亭，至今完好。这里，杨梅洲遥遥在望，湘水南来，吞洲洄岸，气势浩渺无际。不远处，有毛泽东少年时学徒的“宽裕”号粮食贸易行、秋瑾故居由义巷和著名古迹鲁班殿。陶公山绝壁间，有巨字摩崖石刻“江山胜迹”，为湘潭书法家、教育家朱德裳所书，极为遒劲。

陶公山下有唐兴桥，原称陶公桥。桥身为单孔石桥结构，净跨 12 米，宽 6 米。旧为湘潭西向和南向的交通要道，车水马龙，行人如织。唐兴桥历经千年风雨，一直保存至今，而且仍然起着流通作用。桥面两侧的麻石栏杆，缀以石雕小狮、小象、小鹿、小兔等，虽在风霜侵蚀下只留有漫漶轮廓，却不改绰约风姿，依然灵动。明代李腾芳有《陶公山纪胜》一篇，记陶公桥之景致：

> 桥侧有树，大可数围，高若千丈。夏秋之潦，江水初涨，自桥入，穿洗砚池，一望淼淼。游人小艇子出入，皆系于树枝上。举酒以酹树，水势既急，树汩汩有声，与橹哑舟鼓相答。

太平天国军占领湘潭，曾将唐兴桥用石砌断，又于桥边排筑炮台，取沿街石板拦途横架，以构筑工事，与湘军在此展开过激战。

5. 金霞山

金霞山位于湘潭县今治所易俗河镇东北角，上延岳秀，中扼湘流，下瞰潭城，层峦叠嶂，挺拔威仪。康熙二十四年（1685 年）乙丑岁修《湘潭县志》记载：

金霞山，县南四十里。尖峦特立，与县治对，朝光雨霁，灿若霞蒸，县治之文峰也。

金霞山是清嘉庆刊《湘潭县志》所列四大名山之一。其主峰海拔 151 米。峰巅奇石如笔，直插天空，名文笔峰，自古被视为县治之文峰。山侧湘江之内有一洲，清季本地学者罗汝怀撰有《重修鼓磉洲记》，谓奔洪入水，洲如巨鱼鼓鬣，溯流而上。中国共产党早期领导人、革命烈士罗亦农即出自易俗河罗氏家族。

金霞山已规划为集运动、休闲及观光为一体的综合性城市森林公园。规划用地 1.09 平方千米，公园面积 1800 余亩。建成后将分为公园中心活动区、森林游赏区、户外游乐区、宗教文化区四个功能区，分三期建设。现已进行 8114 平方米游道建设。峰下龙兴寺，掩映于重重林木之中，游人香客络绎不绝。

6. 仙女山

仙女山本名龙安山，位于湘潭县姜畲镇，离湘潭市约 20 千米处，海拔 311.6 米。为南岳七十二峰之一，名列清嘉庆刊《湘潭县志》所列四大名山。光绪刊《湘潭县志》说："坳水东南得仙女峰水，峰即龙安山也。宋理宗时，有老妪携女妇登山，得桃如碗，食而仙去，与韶氏三女事符。峰南有冬桃岭，斯得桃之地矣。"又说："仙女峰体峭亭亭，若出平地，南涟北靳，望以知方。"

唐代这里出了位"北学于惠隐，南求于马素，咸黜其异，以蹈乎中"的高僧龙安海禅师，柳宗元就专门为他写过碑铭："师，周姓；如海，名也。世为士。父曰择交，同州录事参军。叔曰择从，尚书礼部侍郎。师始为释，其父夺之志，使仕，至成都主簿，不乐也。天宝之乱，复其初心。尝居京师西明寺，又居岣嵝山，终龙安寺，葬其原。”

仙女山附近有湘潭名宦石承藻、袁芳映及名儒蔡与循、杨度故居，且风景佳绝，历来为近城贵游之地，是古代湘潭四大名山之一。

7. 隐山

隐山，原名龙山，又名龙王山，位于湘潭县排头乡，与彭德怀故居乌石紧相连接，东北向距市区约45千米。主峰海拔437米，极目远眺，南岳祝融峰巍峨壮观，气势磅礴。北望有悠悠涟水，南瞻则依依涓江，是清嘉庆刊《湘潭县志》所列四大名山之一。唐代佛教禅宗之曹洞宗创始人之一洞山良价，曾在这里入深山访问到一行为奇特的老和尚，并展开了“泥牛入海”的问答。事载宋《景德传灯录·龙山和尚》，此为著名的佛学公案。到宋代，来附近碧泉隐居治学的儒学大师胡安国遂将此山改名为隐山。胡安国及其子胡宏去世后葬此山。元代大学者真德秀出知潭州时曾临山致祭。后人在这里建有三贤祠，以祭祀与纪念在这里为湖湘文化作出了杰出贡献的胡安国、胡宏、张栻儒学三贤。隐山龙王寺，原名大禅寺，历史上香火极盛。门楼匾额“天下隐山”四个大字，传为明正德皇帝所书。宋代理学大师周敦颐的直系后人元末明初移居隐山，开龙山周氏，后在这里建立濂溪祠和周氏宗祠。原任中共湖南省委书记周小舟故居即在隐山下黄荆坪。隐山范围内之辰山下，有一处周氏桂在堂，是清代民族英雄左宗棠早年入赘居住之所。他在这里生活了十多年，后来建功立业，名震一时。

隐山旧有一寺（慈云禅寺）、两祠（濂溪祠、三贤祠）、四池（莲花池、雷公池、洗笔池、化龙池），今尚存三树（元帅树、古柏、银杏）、八桥（隐水桥、流叶桥、通箭桥、珂理桥、狮龙桥、栗林桥、神仙桥、龙王桥）。

8. 东台山

东台山，位于涟水中游，湘乡市城东南4千米处，是湘乡近城一抹极具灵秀的青山。湘乡旧志称为邑治之水口山，南连华盖，下瞰涟水，有石若台。其主峰海拔287米，高起如仪凤翔空，故又名凤凰山。旧称“东台起凤”，为邑中八景之一，留下了不少诗词佳话。宋朝知县王汾有《东台山》诗：

谁谓前人不可攀，全杯污菊且开颜。

但知落帽临风醉，未必龙山胜凤山。

去东台山不远有文塔山。峰顶有塔，始建自宋元间，近年重建。东台山脉境内海拔63.5～323米，与市区隔河相望，已建设为东台山国家森林公园。公园面积3.358平方千米，园内主山脊脉络清晰，由东北向西南延伸。林地面积占公园总面积的95.2%，森林覆盖率达87%。树种丰富，木本植物有63科134属187种；草本植物1000多种。山间有较为珍贵的保护动物如穿山甲、小灵猫、山羊及各种蛇类和信天翁、环颈雉、画眉、八哥等鸟类栖息。东台山还是“第一山”矿泉水——芸泉井的发源地。主要人文景点有文塔、八角亭、白云观、引凤桥、松涛亭、望风亭、凤凰寺、旭日阁等。山下有著名的东山学校，原为东山书院，始建于清光绪二十一年（1895年）。光绪三十一年（1905年）改为湘乡县东山高等小学堂，是毛泽东早年求学之所，陈赓、谭政、萧三等早年亦毕业于此。

9. 褒忠山

褒忠山，坐落于湘乡市西约35千米处的月山、翻江一带。顶峰海拔802米，拔地而起，直插苍穹，云缭雾绕，朦胧迷离，古称“湘中第一山”，亦为南岳七十二峰之一。山体雄伟壮观，古树参天，拥有得天独厚的自然资源优势。

褒忠山曾名“贞女山”，相传有邱氏二女终身不字，于此山修道成仙。宋末，乡民刘叔荣起兵抗元，踞山不屈，最后兵尽粮断，坠崖牺牲。后人为纪念他，褒奖忠义，遂改名为褒忠山。

褒忠山景观有白云关、舍身岩、一尖峰、二尖峰等。其中以白云关最为壮观。沿登山小道而上，道旁一巨石上镌刻着“白云关”三个大字，此所谓白云出入之关口。每当白云“出关”，则关下云雾迷漫，而山头晴朗碧透；若白云“入关”，则山头云遮雾盖，而关下清明如镜。此为褒忠山一奇观。“舍身岩”如刀削斧砍，岿然耸立，传说为刘叔荣退守至此，誓不投降，跳岩舍身之处。往上行百十步，忽见一瀑布自悬崖跌下，高七八米，奏出一曲曲清脆欢乐的乐章，这就是“绊水坑”。崖上有个洞，传说洞内藏着一条巨蟒，有水桶粗，长约5米，出没无常。从绊水坑上行数百步，是白云禅寺的遗址。白云禅寺明万历年间由僧大乘创建。禅院规模宏大，禅门有“愿祈佛手双垂下，摸得人心一掌平”的楹联。楼上有藏经阁，珍藏佛家经典著作。从白云禅寺攀登千余步，到达褒忠山主峰一尖峰，又叫白云峰。白云峰的特点是“高、陡、独”。极目环顾，远近峰峦叠嶂，如群臣叩首。山上还有报恩寺遗址、仙女庙旧址。

10. 九峰山

九峰山位于湖南省湘乡市虞唐镇的尼山村与栗山镇的新丰、永安、九峰等村接壤之处，距虞唐街 7 千米，距湘乡市 22 千米。主峰海拔 814 米。该山发脉，西北走向，犹如蛟龙舞拱，连现九个峰，因此得名“九峰山”。它悬崖陡壁，山势雄伟，远看活像一只巨狮仰天长啸，故又名“啸天狮子”。

九峰山左山腰曾有“诸佛庵”“修真庵”等古寺。传曾有瞿公真人在修真庵修道登仙。清乾隆年间，罗国俊曾读书于修真庵，荣中翰林，擢升礼部。山右有尼山观，曾有刘健成、刘湘翰等名儒在此屡立教馆。

（二）特色名山

1. 牛形山

牛形山位于湘乡市东北角 4 千米处，山脉全长 10 余千米，宽约 1 千米，东西两边为湖积平原，南临涟水，因整个山丘似一牛俯卧，故名。这一带是湖南省战国时期墓葬最集中的地区之一。1975 年和 1976 年对其中两个毗邻的高大土冢进行了发掘和清理，并定名为牛形山一号和二号战国墓。这是湖南中部地区最大的战国墓葬，随葬品有漆器、木器、陶器、竹编织品、铜器、玉器、琉璃器和其他器物等近三百余件。彩绘漆几、彩绘虎座凤鼓架、蜻蜓眼玻璃珠、百乳铜鉴等，非常精致而大气。

2. 石鱼山

石鱼山在湘乡市城西十里的湖山乡境内，又名石鱼屏。几百万年以前，这里是一个很大的湖泊，生长着鱼和其他浮游生物，后来由于地壳的剧烈运动，这些生物一批一批被埋在泥沙下面，长期受着压力和地心热力的作用，泥沙形成岩石，鱼则经过炭化也就凝胶在岩石层中成为化石。

石鱼山以“石鱼鼓鬣”为题被列为湘乡八景之一。

一千多年以前，古代卓越的地理学家郦道元在《水经注》中记载：

涟水东入湘乡，历经石鱼山，山高数十丈，广十里，山下多元石，色黑而理若云母，凿开一层，辄有鱼形，鳞鳍首尾，宛若刻画，长数寸，鱼形备足，烧之作鱼膏腥，因以名之。

六朝名人张正曾游览此山，见石作赋有“鱼跃湘乡之水”之句，镌石立碑。唐朝文学家段成式也曾来此，在《酉阳杂俎》中记述了他在石鱼山的见闻。

3. 十八罗汉山

十八罗汉山位于湘潭县花石镇南，一字排开，互相连接，耸立在汉城桥侧。但实际上只有馒头似的石山峰17座，是典型的丹霞地貌。

各山前山皆壁陡如削，高者约200米，低者约100米。石呈棕红色，俗称“红砂石”。有的石中含小石粒，人称“癞子石”。山上遍生苔藓。左山峰有雷祖殿，建于明代，一进，内置雷祖神像。罗汉山奇特、壮观，在湘中与湘东实属罕见。它宛如一幅长达2000余米的山水画卷。据清雍正三年（1725年）《重修汉城桥碑记》载：“罗汉山，古迹也，汉城桥，昔名也……山城如画，水带回环，而成美迹。”

罗汉山有着许多美丽传说。山只有17座，民间便编出故事来，说是湘潭昭山下昭潭“水鬼”作祟，当地“土地爷”请衡山“岳神”处治。慧思领命，便派降龙、长腿等十八罗汉星夜前往。为免被凡人识破，慧思将众罗汉点化为一群“猪崽”奔驰。长腿罗汉三脚两步便走到了湘潭，在石嘴垴前等候，后化为石嘴垴。其余十七位罗汉，行至花石中庸观时，遇到山洪暴涨，为首的降龙罗汉，立即命众罗汉依花石水并排而立，挡住洪水。洪水在当晚退去，百姓获救，谁知十七位罗汉天破晓时便变成了17座石山。人们不忘他们的团体贡献，故称“十八罗汉山”。

4. 天马山

天马山位于湘潭县花石、茶恩寺与衡山岭坡三镇交界处之龙口石坝境内，周围与花桥、白石、荷塘、石潭坝诸乡毗邻，山周百余里。其主峰天马峰海拔421.5米，似天马行空，独往独来，距湘潭市区70余千米。天马峰又叫峡峙峰，又因形似南岳北向之屏风，《南岳志》称为屏障峰，是南岳七十二峰之一。峰西半山腰与峰巅之间有李仙祠。据光绪《湘潭县志·山水》载：

"李仙，不知为何代人也，但自明以来，祀为山主。"祠建于明代，重修于光绪二十四年（1898 年）、三十一年（1905 年）。祠门横额刻有"天马名山"，两旁联曰"天心复见，马首盛瞻"。

5. 昌山

昌山，位于湘潭县石鼓镇与双峰县蒋市街镇交界处，距湘潭市 85 千米。昌山由一排山脊相连的十余座山峰组成，巍峨峻峭，气势磅礴，似乎是一道天然屏障，因此又称"一字大脊"。昌山方圆 20 千米。其主峰锦鳌峰，《湖南省地理志》称紫云峰，《南岳志》称灵应峰。海拔 755. 1 米，系湘潭县境内最高峰，列南岳七十二峰之一。山北陡峭，从安乐村石龙口和塔山冲各有"之"字羊肠山道迂曲通顶。山南逶迤数里，延伸至蒋市街镇境内，这里是曾国藩故居。西面与铜梁大山仅一溪之隔。东南与南岳遥相对峙。

峰北曾有定海寺。从峰下泉塘井沿青石板路而上，转 36 道弯便到。此寺为明末僧竹浪所建。清光绪年间四川提学使、书法家、邑人赵启霖（1859 ~ 1935 年）曾捐款修葺。1947 年，以陆军少将汤培根为首，又捐资扩建成两进一殿，重檐斗拱，雕梁画栋。内有大钟一座，高约 2 米。寺门横匾曰"定海寺"，两旁联曰"定而能静，海不扬波"，寺内横匾曰"霖雨苍生"。联匾皆为赵启霖题写。山腰有半山亭，亭旁住有十来户村民。亭西有龙洞，是一天然石洞，仅可容纳一人出进，洞深莫测，寒气袭人。洞口有一圆石，人称"巨龙衔珠"。洞上峰峦耸峙，洞旁山泉流淌，如鸣环珮。

以锦鳌峰为主形成"昌山九景"。东北有仙女峰，峰巅建雷祖庙，用花岗岩条石筑成，虽历经沧桑，仍完整无损。庙进深 3 米余，宽 2 米余。庙前地势平坦，芳草萋萋，可容纳千余游客。峰东有观音寨，又名观音大排。西面有一字大脊，长 500 米。脊西石壁耸立如鹰嘴，高数百丈，草木不生，人称"鹰嘴石"，又名"太公钓鱼"。其上约 300 米处有一石岩，称"七星岩"，亦名"七星槽"。岩下约 500 米处有青龙庵，过坳即北斗坨。鹰嘴石西南有三座山峰，合称"三碗斋饭"。西面有香炉寨。昌山分支铜梁山，上有一个顶峰村，风景殊绝，居民还过着传统的农耕生活，中央财政已将其列入 2018 年财政支持范围内的中国传统村落。

第八章　城总留遗珍　人文添记忆

湘潭这座历史悠久的商业都市，也有着自己独特的建筑特色，牌坊、石板路、吊脚楼、青瓦屋顶、白色风火墙……可惜这些都随着岁月的流淌而渐渐消逝。我们现在只能凭借嘉庆丁丑岁（1817 年）《湘潭县志》上所绘城总线刻图，以及至今犹存的 1915 年重修鲁班殿时塑制于殿门之上的城街全景泥塑，去追寻昔日古城的全貌了。不过，那些渗透着文化内涵的建筑，或者有遗迹可凭，或者至今仍巍然独存，为我们留下了历史的记忆。

湘潭城区的文化遗存，实际上形成了几个区域组团：一是标志性建筑，有城外东北的万楼和河西的宝塔。它们位于过去城市之外，与山水融为一体，同时又对城市形成一种呼应和点缀。二是壶山（陶公山）区域，这里是湘潭城区文化发源最早和人文资源最丰富的地方。其代表性的景点有晋代八州都督陶侃曾驻兵的石头寺，它在唐代由太宗遗诏托付的顾命大臣褚遂良题额改为唐兴寺；有陶侃衣冠冢和在湘潭殉节的明末督师何腾蛟的衣冠冢；有建于唐代，在清咸同间又成为太平天国与湘军作战的桥头堡的唐兴桥；有以陶公钓台为依托建起来的观景名胜望衡亭；有二十一世纪初最具典型特色的圆形建筑湘潭汽车站；有鉴湖女侠秋瑾居住过的由义巷故宅；有至今犹保留有“我们的《清明上河图》”湘潭城总泥塑的鲁班殿。三是雨湖街市区域，这里是市民文化色彩最丰富的地方。有反映清初屠城之痛的希青亭，有记载了昔日街市繁华的北五省会馆关圣殿，有记录了湘潭历史上“朋殴”惨剧的江西会馆，有纪念宁折不弯青楼女烈的“双璧无瑕”牌坊，有风光独具的城市园林和私家园林，有较早出现的以工代赈的慈善机构，有毛泽东和彭德怀从事革命活动分别留下过足迹的和化坛与大步桥。四是城内区域，它是过去衙署之所在，记载了湘潭厚重的过去。有湘军与太平天国军队残酷攻守的城垒，有建自宋代的古学宫文庙，有何腾蛟殉难前被关押过和吴三桂毁佛铸炮的西禅寺，有饱含着丰富历史传说的三义井，有纪念我国民主革命殉难第一人刘道一的刘烈士祠，有承载了抗日战争期间收集流亡而形成的再度繁荣的街市。

“城”，所在多有；“总”，才真是湘潭的城市特色。湘潭旧时城市的格局为一点一线：点便是城；线便是“总”，即沿江街道。早在宋代，这里的街市便沿江而建，不会下于十余里。大概是到了明朝，便有了“总”的划分。官府机构、文教院所、士大夫宅第居城，工商业户居“总”。所谓“总”，便是街道一段区间的名称。展开嘉庆丁丑岁（1817 年）《湘潭县志》所附《城总全图》，便见各总之间设有门楼，上标各总之名，从八总到十八总，赫然醒目。各总设“值年”或“首司”，为公共事务管理负责人员。各总首尾，设栅为卫，入夜关栅，天明则启。街道用青石板铺路，两边店肆鳞次栉比。这是一个繁华安宁的小社会。

其实，一线并非一条街道，而是并行的三条街道。设总的叫正街，居中；最靠江的叫河街，又叫前街；还有一条后街，以正街为中轴与河街对称，不过店面稀少。靠河的街道，间或便有一幢吊脚楼，别有风致。

口耳相传，现在仍存于居民口头的地段概念，是从九总到十八总。一总到八总哪里去了，历来众说纷纭。有人说，以前株洲属湘潭，从株洲宋家桥起算，一总至八总在宋家桥；还有人说一总至八总在株洲渌口，九总才从湘潭市区算起。这其实都是不确切的。应该是先有总后有城。从一总到十九总，肯定有一个绵延发展的过程。一总至八总只是因为后来筑城，被分割切块，逐渐消散了。城内之总，既有城墙包围，何用栅栏？城外靠东之总，亦因为城池的分隔而脱离街市，渐趋衰落。久而久之，一总至八总便在人们的口头也湮没了。

清乾隆二十一年（1756 年）刊《湘潭县吕志录》有这样一首《竹枝词》：

生湘园里摘黄柑，八总街衢树底探。
莫辨城中分总处，小东门外栅栏三。

生湘门，旧接九总为八总，历新街、大街、宣化街、攀龙街，凡四总，出小东门更三总。国初闭生湘门，诸总遂废。

这里不但记载了清前湘潭街市一总至八总的准确位置，还记录了乾隆时的变迁：八总已是树影婆娑，城中四总至七总的分总栅栏因失去防卫意义不复存在，但孤悬于城东的一总至三总则栅栏依旧。

清嘉庆刊《湘潭县志》对此也载得明白：

明时自县东宋家桥起，直抵小东门为一、二总，入城历宣化街、大街、攀龙街、新街为四、五、六、七总，出生湘门为八总。国初闭生湘门，诸总遂废。

八总正街：通济门外起，至平政桥止……九总以上至十八总迄今如旧……其十八总又分上下，上十八总即旧志所称十九总也。

九总至十八总之外其他各总，虽不见诸今人口传，但亦零星有所记载。彭德怀在《自述》中，记载了1921年他到“湘潭城南八总大步（注：《彭德怀自述》印刷本错为‘先’）桥河边”找郭德云的旧事。1922年所印行的《新订湘潭城乡区域现势图》之“城区详图”，八总在通济门到生湘门之间，十八总在钱家巷和居仁巷之间，另有上十八总在壶山沿河一线，正十九总从唐兴桥到喻家巷，上十九总则完全在锦湾街内。1928年所镌《湘潭石嘴头碑记》中也有“十九总”的称号。这些都印证了嘉庆志记载不虚。由于一总至八总的废弃而导致街市向西延伸，这便是十九总出现的原因，过去一度安静的梵刹之区锦湾自然也就繁华起来了。这个过程在清乾隆时便已完成，我们可以在当时流行的一首《竹枝词》里看出来：

不使城喧接市喧，生湘门静锦湾繁。
桥西晒网鱼虾埠，洲北飞帘竹木屯。

闭生湘门不利于潭也。志称，陶公山市氛渐远，秋深黄叶，一名锦湾。燮元圃诗有“静看渔舟上锦湾”。今八总废街，越锦湾至杨梅洲矣。

所谓生湘门，查湘潭建城时所开六门中无此门，城总交会处在瞻岳门与通济门之间，后来可能是因行旅不便而增开生湘门以使城内街道与总上沟通。再后来又因了形家之言，谓此处开门于城不利，于是清初郑有成修城时将其封堵起来。交通一断，街市分割，一总至八总便废而不用了。

昔日湘潭总市之繁华，王闿运在《湘潭县志》中有精彩描绘：

湘潭，湖外壮县也，财赋甲列县，民庶繁殖，官于此者恒欣然乐饶。民间为之语曰："不贪不滥，一年三万。"嗜利者不知足，见可以多取，辄增取之。自承平以来，屡以钱漕讼。然公私悦利，穰穰尤甚。城外沿湘十余里，皆商贾列肆。及转移，执事者肩摩履错，无虑数十万人。其土著农民合巨亿计，孔子所谓庶哉富矣之邦欤！

沿湘以上十余里，自前明号为小南京。依水列肆，不可以郛（外城，即郭），前湘后湖，形势比于夏口。

清乾隆年间流行的湘潭《竹枝词》，也反映了当时街市的繁荣景象：

上湘广货下湘盐，舟到湘潭尽换添。
通济门前神福酒，倒把子直过荆灊。

通济门外，半边街接河街。湘江以南多滩，粤汉上下皆易舟行。倒把子，以舻作舳，城南者独利荆州。把，平声，却手后也。

水门巷外彩灯摇，总里灯来大步桥。
不羡九衢灯火夜，而今五月赛元宵。

水门巷，出通济门、大步桥，城通十总处。唐褚遂良《湘潭偶题》诗"踏破九衢灯火夜"。近年五月，两天符庙生辰赛会，花灯极盛。

西门瞻岳雨模糊，侬走河街君后湖
莫向庙前携笋篛，湘潭寒菌赛蘑菇。

瞻岳门出西湖，城西三街十总皆曰河街。西湖在后，一曰后湖。邑西南乡，雪时产寒菌，甘脆与北地蘑菇等，然不可多得。

宁乡巷到花桥米，拱极门来安化茶。
挑上河街夸铁色，湘潭名久重京华。

拱极门内长巷曰宁乡巷。花桥，门北二十里，邑米此地为上。茶谱有“潭州铁色茶”，即安化烟茶也，今京师皆称“湘潭茶”。

歌声何处送青来，孝子坊前摘早梅。
荷叶包开米粉肉，糊头岭外摘秧回。

拱极门内陈道周墓前有孝子坊，坊前有水田。城外湖头岭通爕家湖。元御史爕元圃庄田在焉，旧有插插亭云。

这里有意思的是，安化产的烟茶因集销于湘潭，名驰京师，反被称为“湘潭茶”，由此可见湘潭当时在商品集散方面的重要作用。

湘潭的街市，到了清末民初，又经过了一番拓宽整治，依然保持了在省内的领先地位。民国 18 年（1929 年）7 月所立《望衡亭记》碑，为国民革命军第二军第四师师长王捷俊所撰，做了细致的描绘：

湘潭为湖南巨镇，居市之民约二十万。谷米、药物、草木、山货、豆酱之属，船舶来往，朝夕喧阗。街市滨湘水西岸，西北蜿蜒二十里，析为城区、总区。总区复析为正街、河街、后街。在昔自由成市，市道零乱。中华民国十七年，捷俊率国民革命军第二军第四师，在籍驻防。因集父老议事，有提议整理市道者。八月复建议县务会议设湘潭市整理街道委员会。

风声所被，群以大和，拆屋让街，争先恐后，甫两月而城总正街规模备矣。渐及后街、河街及通行各要巷，为时亦仅四月。自城区三义井，迄总区之万寿宫，计宽营造尺一丈八尺；自万寿宫及长宝汽车路，计宽二丈二尺，余则为一丈四尺或八尺。于是名三义井经县署至生湘门为民治路，自大步桥至十一总为平政路，自十二总至十四总为三民路，十五总至十八总为中山路，上十八总至十九总为建国路，黄龙巷经河街到后街为建宁街，居仁巷自正街通后街为居仁街，仓门前码头通洗砚塘为自治街，黄龙庙码头自正街通河下为湘清街，自瞻岳门至马家嘴雨湖沿岸为雨湖街；其临河属某路者则曰某路河街，又更大码头为中山码头。壶山石嘴埆盘错临江，贫民百户依岩以居，因醵资为之起屋，而后凿石开道，既平且直。

湘潭的古街随着时代的变迁而渐渐淡出人们的视野，但近年来，留住乡愁的追求又使我们对城市的建设与修缮有了新的目标，那就是珍视湘潭既存老建筑群，以此为依托，成片开发，规划了湘潭万楼—窑湾5A级景区建设。随着时间的推移，一批古建将得到修缮恢复，若干古街道、古码头将再展风貌。而散处于乡村各处的人文景观亦将得到保护性的恢复，其突出的代表便是韶山5A级景区的拓展，乌石5A级景区的创建，白石—晓霞山景区与碧泉书院的规划与建设，这些地方皆已经或者将要成为国内外游客垂青的旅游目的地。

一　古镇古街

（一）窑湾

窑湾历史文化街区，覆盖以潭宝汽车站、唐兴桥为中心的周边一定范围。即东、北以新马路相邻的道路红线为边界，北部在泄洪渠水体处则以十万垄大堤为界，西至杨梅洲大桥，南至窑湾河街的南边缘，总用地面积41.53公顷。

窑湾古街是目前湘潭老城保留古旧风格最丰富的街区。街区功能结构布局可概括为“一心一轴四片”。一心即窑湾汽车站区域，一轴即窑湾老街，四大片区即历史文化区、商业民俗区、休闲娱乐高档居住区和湿地公园区。其中，四大片区功能结构布局分别是：历史文化区——规划范围为望衡亭至唐兴桥处，主要规划有历史古迹、古玩字画、酒吧茶楼。商业民俗区——规划范围为唐兴桥至李柳染堂处。功能分区：唐兴桥至潭宝汽车站街区段，以民俗、博展、餐饮美食、传统小吃为主。潭宝汽车站至李柳染堂街区，以再现传统百业为主，采取前店后坊的建筑格局，再现米市、木业、酒肆、豆酱、山货、布市、铁铺等传统业态。休闲娱乐高档居住区——规划范围为李柳染堂至青石砖巷，以酒店民宿、文化创意、高档居住为主要功能，其中打造千年潭城文化娱乐中心，以商务休闲、互动演艺和高尚居住为主。湿地公园区——位于十万垄大堤与各功能区之间，利用现状水系及湿地景观打造一个与历史文化街区相互辉映、和谐共融的别具特色的湿地公园。

（二）东坪

东坪镇为已被纳入湘潭城区的河东古镇，民国时期与同在城区的文华镇、雨湖镇、壶山镇合称湘潭四镇。东坪镇地处湘潭湘江弯道的内弧，小巷交错，有横街、石巷子、细巷子等。这里是金湘潭南北商贸要津，又是中国人自己最早建设的公路长潭军路的终点，具水陆交通交汇之优势。这里还保留有孙家老屋、李氏老屋、手印墙、荫梓屋场、湘南木排编组站等古镇遗迹，以此为基础，打造东坪历史文化古镇，再现老街集市繁荣、环境悠闲的古镇景色。

（三）挂嘴洲

洛口古街即湘潭县易俗河挂嘴洲老街，曾有过千余年的辉煌历史，虽已破败，拟修缮成让游客充分体验古街老巷风貌的特色旅游区。

易俗河古称洛口，因有洛水（今涓水）注入湘江而得名。唐代天宝八年(749 年)，洛口设为县治，当时是全县政治、经济、文化中心。县治于北宋迁出后，洛口仍为谷米、木材的集散地和中转站。老街原有“三街”“六巷”，清一色的麻石街道，清一色的河边木质吊脚楼和岸边木质楼，有着浓郁的古代民间建筑文化色彩，为典型的古俗江南小镇。重建洛口古镇，要以保存较好的正泰码头、过山码头、萧祠巷、仁和街、萧家祠堂、麻石街道、河边木质吊脚楼和岸边木质楼为基础，深入挖掘易俗河老街历史文化底蕴，利用浓郁的古代民间建筑文化色彩，根据街道现状，细分为不同的小商业市场街，分别引入古玩玉器字画、剪纸工艺、推拿按摩、布匹、竹器、铜器、土特产、传统美食、药饮药膳小吃等适合旅游者休闲娱乐购物项目经营户，形成各条专业街。

（四）壶天

壶天位于湘潭、长沙、娄底三市的交界处，它曾经是湖南湖北通往云南、贵州的重要交通节点。地理之要造就了壶天的繁华，宋代时便有人在此经商，清末时达到鼎盛。壶天有着独特的资源，即长株潭地区现存的唯一古建筑群——壶天老街。这条始建于宋代的古街，见证了壶天辉煌的过往。行走于老街，两旁布局着江南风格的古建筑，青砖灰墙飞檐，仍让人们感受着悠悠的古韵。重建壶天古镇，要利用“全国特色景观旅游名镇”的荣誉称号，整合现有壶天古街、岩龙洞、岩龙寺等文化资源，复原古村宝塔、万寿宫、古南宫，设置古村入口广场、陈列馆，建好古村道路，对古河道进行提质改造，展现古镇古朴风韵。

二　名人故居

（一）毛泽东故居

毛泽东故居上屋场位于韶山韶溪南岸土地冲，是一幢半瓦半茅的“一担柴”式民房，为全国重点文物保护单位。西头五间半茅草房为邻家住房。东头十三间半瓦房为毛家购入东半边五间半房产后于民国7年（1918年）翻修扩建而成。所谓半间就是与邻家共用的堂屋。清光绪十九年癸巳十一月十九日（1893年12月26日），毛泽东就诞生在这里。故居占地面积566平方米，建筑面积473平方米。毛泽东于1925年、1927年两次回到过这里从事农民革命运动。三十二年后，1959年6月26日上午，毛泽东再次来到故居。1961年，郭沫若题写了“毛泽东同志旧居”匾额。1983年4月邓小平改题“毛泽东同志故居”。

在韶山冲建有毛泽东铜像，位于韶山毛泽东广场。最初建成于1993年12月26日毛主席100周年诞辰时，后曾进行移位并扩建广场。现雕像背靠韶峰，面向故居，朝向为东偏北51.5度。毛泽东广场附近，引凤山下，坐南朝北建有毛泽东纪念馆，1963年开始筹建，1964年10月1日建成开放，1969年扩建，总建筑面积8300余平方米；毛泽东遗物馆，2006年8月12日

韶山

破土动工，2008 年 12 月 20 日竣工，总建筑面积 1.9 万平方米，其中陈列布展等面积 8400 平方米，库房 4400 平方米，工作用房 6200 平方米。收藏和保护毛主席遗物 6536 件、文物资料 35696 件。其中，国家一级文物 20 件，二级文物 85 件。

（二）彭德怀故居

彭德怀故居位于湘潭县乌石镇乌石峰下，为“一担柴”式院落，被称为彭家围子，是全国重点文物保护单位。共 12 间瓦房，占地面积 2490 平方米，主体建筑面积 350 平方米。彭德怀于清光绪二十四年戊戌九月初十（1898 年 10 月 24 日）出生在这里。当时只有三间草房，今已不存。现建筑为 1925 年彭德怀两个弟弟金华、荣华利用彭德怀在湘军的薪资建成。金华、荣华均于抗战时加入中国共产党。1940 年 10 月，国民党反动派制造反共事件，在这里枪杀了彭荣华；彭金华被捕，随后也牺牲于湘潭易家湾。彭德怀直到 1958 年 12 月 16 日才第一次走进这所住宅，三天后离开家乡，上了庐山，写下了

彭德怀故居

著名的万言书。1961 年 11 月彭德怀经毛主席批准，再次回到这里进行农村调查，住了一个多月。庭中柚树为彭德怀手植。彭德怀故居牌匾为邓小平于 1982 年题写。彭德怀故居附近有彭德怀墓，彭金华、彭荣华烈士墓，德怀亭，乌石峰祠以及彭德怀题写校名的“乌石学校”等参观点。

故居对面的卧虎山上建有彭德怀纪念馆，是全国唯一一座完整、系统地介绍彭德怀同志生平业绩的传记性专馆。纪念馆于 1996 年 9 月 16 日奠基，彭德怀同志诞辰一百周年纪念之际 1998 年 10 月 20 日建成开馆。纪念馆以其精美的陈列、恢宏的气势荣获 1998 年度全国十大陈列展览精品之首，并先后被确定为全国重点文物保护单位、全国爱国主义教育示范基地和德育教育基地。国家 4A 级旅游景区（点）。馆前广场上立有彭德怀铜像，连基座总高 8.1 米。

（三）齐白石故居

齐白石故居位于湘潭县白石镇杏花村杏子坞星斗塘，为一担柴式茅草屋，共九间，为全国重点文物保护单位。齐白石先祖齐成，跟随朱元璋，战死于鄱阳湖，其子齐兴于明永乐二年（1404 年）扶母迁来湘潭。齐白石于清同治二年癸亥十一月二十二日（1864 年 1 月 1 日）出生在星斗塘这幢茅屋里。齐白石 38 岁时租赁移居附近梅公祠，名之“借山吟馆”；44 岁置产移家茶恩寺茹家冲，名以“寄萍堂”。自 40 岁起，开始离乡出游，五出五归；55 岁避家乡兵匪之乱北上，两年后定居北京。1921 年至 1935 年间曾多次返乡探亲。附近有齐白石历代祖墓。

齐白石故居

（四）黄公略故居

黄公略故居位于湘乡市中沙镇朝阳村高木冲，距湘乡市区 44 千米。故居系黄公略祖父所建，占地 1200 平方米，系一栋“7”字形平房，土墙青瓦，左翼伸展。清光绪二十三年（1897 年），黄公略分得房屋 5 间，计 113 平方米。新中国成立前故居曾被夷为平地。1983 年被列为省级文物保护单位，1984 年省政府拨款依废墟按原貌恢复，1986 年竣工，按原状进行了陈列，并增辟两间辅助陈列室介绍黄公略生平业绩，陈列照片 81 帧、画 4 幅、实物 31 件。“黄公略同志故居”匾额为杨尚昆所题。

（五）陈赓故居

陈赓故居位于湘乡市龙洞乡泉湖村杨吉湾。坐东朝西，依山靠水，土砖青瓦，上下两栋，左右两横，呈“凹”字形，共有40余间房屋，属中型民居款式。该建筑群体以正脊中花厅为界，左边为邻居家，右边23间则为陈赓家。右边屋后为陈家菜园，半边山坡为果园。在果园的一侧，有一个练武坪，是陈家几代人习武健身的地方。陈赓的祖父陈翼怀，投入湘军，起于士卒，终为将军。陈赓的父亲陈绍纯，以先辈的积蓄购田300多亩，家道渐兴。1903年2月27日陈赓就诞生在这里。抗日战争时期，陈家对灾民卖田施救，最后仅剩田1.3亩。1960年3月，陈赓曾回到故居。陈赓故居为农民分居，后被拆毁。2010年按原样恢复，为省级文物保护单位。

（六）谭政故居

谭政故居位于湘乡市龙洞乡楠香村七组的楠竹山屋场，始建于清光绪年间，占地面积约480平方米。百多间土木结构的大院错落有致，是一座典型的江南大农舍。它北依蛇形山，南眺虎形山，门前有10多棵古老而参天的松柏和常年清澈的堰塘水，构成一处群山环绕、环境优美的山庄。

楠竹山屋场曾居住谭、张两姓八九户人家。1906年6月14日，谭政大将诞生在农舍东头一侧。门前有两株参天古柏和四季清澈如镜的大堰塘。住宅中厅大堂屋右边大间，为谭政父亲谭润区的药铺、书房兼卧室；左边一间为其母文氏卧房，西头的一间就是大将的卧房兼书房。1927年2月，谭政走出故居，投笔从戎。1959年2月21日，谭政曾回到这里。现故居规划按原貌恢复，为省级文物保护单位。

（七）周小舟故居

周小舟故居位于湘潭市排头乡星星村，隐山东南麓。始建于清同治年间（1856～1875年），系砖木结构，青砖砌墙基，土砖为主体，白墙青瓦，为典型的湘中民居建筑。原有建筑面积800多平方米，大小房屋30多间。坐北朝南。以堂屋为主线，成中轴对称，分前后两进或多进，依正房、耳房、厢房向外延伸。东、西两侧各设天井一个，耳房与厢房依其展开。有的房间是既不靠外墙，又不靠天井的“聋子屋”，在房顶安装“采光斗”以采光。东厢房外侧原来还有天井并厨房、杂屋间等一区，已毁。2009 年 11 月至 2010 年 10 月对故居进行了全面维修，占地面积 2000 多平方米，现存建筑面积 645 平方米，有房屋 24 间。白墙灰瓦、古朴典雅，基本保持原貌。其主体部分复原了 1936 年时的生活情形。厨房、杂屋则系参考后来使用情况做出布置，同时将西端房屋辟为辅助陈列室。故居左侧有高大的重阳木陪衬，右侧有古石桥——狮龙桥相伴；周围青山环绕，墙外阡陌交通。故居已被定为市级文物保护单位。

（八）长塘黎氏故居

长塘黎氏故居位于湘潭县中路铺镇菱角村长塘，为清奉政大夫黎葆堂所建。青瓦砖墙，坐东朝西，为两进四合院，正屋 13 间，横屋上首 6 间，下首 15 间。内有藏书楼诵芬楼，系黎葆堂之子黎松庵与齐白石经常读书赋诗之所。黎松庵与夫人黄庚育有八子三女，皆卓有建树，尤以八兄弟以黎氏八骏而传名国内外，前文已有叙述，在此不再赘述。长塘黎氏故居背靠晓霞山，山脉逶迤，南至天马山，北抵天子坟山，海拔 451.3 米，风景秀丽，气势磅礴。晓霞山峦嶂中有三峰，凹凸匀称排列，形如笔架，故又名笔架山。晓霞山南麓不远处便是艺术宗师齐白石故居。

（九）秋瑾故居

秋瑾故居位于湘潭市十八总由义巷，为市级文物保护单位。原为湘潭富商（湘乡籍）王黻臣所开义源当铺大院。门额为汉白玉石刻，铺内原有房屋数十间，五开间五进，为两层砖木结构，总面积 900 余平方米。主要建筑已全毁，现仅存后门过道，即将启动整体恢复。秋瑾（1875～1907 年），浙江绍兴人，生于厦门。秋瑾之父秋寿南 1893 年冬由常德调任湘潭厘金局总办，秋瑾随父来到湘潭。秋瑾于 1896 年 5 月嫁与王黻臣三儿子王廷钧，遂居由义巷，一住 8 年，生有一子一女。

三 楼阁塔亭

（一）万楼

万楼位于湘潭城河西宋家桥侧，濒临湘江，是湘潭名胜古迹之一。始建于明万历四十二年甲寅岁（1614 年），次年建成。发起者和主修者为湘潭历史上最有作为的县令之一包鸿逵。筑石为台，高三十尺，名以杰灵台。台上覆之以楼，高四十尺。时县人李腾芳正由国子监司业贬官家居，他应包令之请，为楼取名，并写有《万楼记》记其盛。万楼为历代文人聚会赋咏之所，在清雍正年间被改名为文昌阁。历史上曾五毁五建，嘉庆间所修楼毁于二十世纪四五十年代。第六次重修启动于 2007 年 6 月，2009 年底开始施工，2013 年建成，为钢筋混凝土仿木架构古典式楼阁。

（二）镇湘楼

镇湘楼位于湘乡东山新城区滨河南路，前临涟水，背倚东台，与镇湘广场、镇湘仿古街相连，与东山书院为邻，与曾国藩诗文岛相应。此楼 2009 年异地重建，2012 年竣工。新建成的镇湘楼为仿明清风格，正负零以下两层，正负零以上明五层、暗九层；总用地面积 14209 平方米，总建筑面积 14053 平方米，横向跨度 218 米，主体高度 57.9 米。此为湘乡市代表性景观建筑。镇湘楼古楼原在湘乡城大正街临河岸处。据康熙三十七年（1698 年）《湘乡县志·卷一·名胜》记载："镇湘楼，在治左二十步，因乱毁。顺治十一年知县南公起凤修建。康熙十二年知县刘公履泰重修。"说明镇湘楼在清顺治之前即已建楼，因战乱而毁。明万历十八年（1590 年），湘乡县城始设四门于街口，东曰望春，西曰瑞庆，南曰铁门，北曰迎恩，门各有楼，置人守望。镇湘楼或始建于此时。镇湘楼先是作为戍楼（斥候）而建，建成后经数次重修。顺治初十一年（1654 年）为第一次重修。康熙十二年（1673 年）知县刘履泰主持第二次重修。康熙三十七年（1698 年）仲春，知县李玠第三次重修。嘉庆十五年（1810 年），县中绅士李作云、赖桂芳等纠众第四次重修。同治元年（1862 年），黄文焘等重修码头，镇湘楼码头成为物资百货船运装卸之处。1927 年 1 月初在镇湘楼上召开了中共湘乡地方委员会成立大会，几天后毛泽东来到湘乡县考察农民运动。1944 年 6 月日寇入侵湘乡，镇湘楼毁于其时。

（三）高峰塔

高峰塔俗称宝塔，位于湘潭城河东宝塔岭（明称最高峰）。始建于明万历四十二年甲寅岁（1614 年）二月，建成于四十三年（1615 年）年九月。工程之准核者为时任湘潭知县包鸿逵，倡导与主持施工者为邑人张克扬，监督施工为市人罗宁。《高峰塔记》署名时任太仆寺卿湖北嘉魚人李懩，实为湘潭人李腾芳代笔。原为花岗岩、红砂岩底座，青砖砌筑墙体七层塔，毁于 1969 年冬。1993 年重建，为钢筋混凝土仿古建筑。2013 年完成配套景观工程。

（四）文塔

文塔，南宋淳熙十四年（1187 年）湘乡金石人王容殿试对策，宋孝宗帝亲擢其为榜魁，湘乡县破天荒出得一位状元。为纪科名，县人于涟水东岸山巅修建文塔以长兆文运，又于县城建状元坊。清康熙四十四年（1705 年），知县鲁朝简率邑绅等重修文塔。光绪五年（1879 年），潘邻臣主持复修文塔。1973 年 5 月文塔倾圮。2001 年 10 月，文塔重建竣工，为仿宋风格，七级八面，高 36 米余。

（五）望衡亭

望衡亭位于湘潭城河西壶山头。规划于民国 17 年（1928 年），建成于民国 21 年（1932 年）。系花岗岩两层楼阁建筑，为市级文物保护单位。2004 年政府拨款整治环境，辟成园林。陶公山之下有石高数十丈，拥沙而起，曾是晋代陶侃钓鱼的地方，因为石色赤而叫作锦石，又因为形像马蹄而名马蹄石。石上旧有二亭，传为陶公所筑，一以望岳，一以钓鱼。唐时此处则建有湘江亭，李群玉、郑谷、孟宾于皆赋有诗。韦迢曾在此以“湘潭一叶黄”与杜甫相唱和，故后来又建有黄叶亭以为纪念。明清间则在这里建有观湘楼。1928 年，湘潭拓街，工事既毕，举事者举废兴文，倡建望衡亭。四年而后，始克告成。垒石为楼，以求永固。如今这里亭林相得。若登楼而望，城市新而衡岳近；洲渚横江，平沙静碧；渔舟弄晚，行人游憩，为赏景之绝佳处。

四　崇祀遗存

（一）湘潭文庙

湘潭文庙，祀孔子，位于原县城池瞻岳门内。今尚存主要建筑。其前身为学宫，始建于宋绍兴年间，原在县治东文星门内。南宋恭帝德佑二年（元至元十三年，1276 年）二月，元兵陷湘潭，县丞李长庚正襟危坐学宫死。元至正十一年（1351 年）冬学宫毁于兵火。明洪武二年（1369 年），知县莫玉即旧址创明伦堂。明正德十一年（1516 年），县人黎时雍等以其地低洼，时被水淹，买县治之西广惠寺地改建，此即今文庙址。此学宫明末又毁于兵火。清代顺治九年（1652 年）重修，此后历有拓展。光绪三十二年（1906 年），诏以孔子升大祀，湘潭学宫又拓宫墙，新两庑，设乐舞之位。时在京城任谏官的湘潭人赵启霖疏请以王夫之、黄宗羲、顾炎武从祀，奉旨谕允。湘潭文庙后来成为湘北建设学院、湘潭师范专科学校、湘潭师范学院南院所在地，如今它仍是湖南科技大学的一个组成部分。庙前有抗日阵亡将士纪念碑。旁有刘烈士祠，用以纪念在 1907 年萍浏醴反清起义中殉身的资产阶级革命家刘道一，孙中山、黄兴等为其赋有诗章。

（二）关圣殿

关圣殿坐落在湘潭老市区十一总正街，是一座清代早期庙宇式建筑，为省级文物保护单位。它又是北五省（山西、陕西、山东、河南、甘肃）会馆。殿内平面呈条状，分前中后三进，中轴线与湘江垂直，坐北偏西。其春秋阁为琉璃重檐歇山顶。庭前一对汉白玉镂空盘龙柱，为国之瑰宝。湘潭历代为湖南著名的商业都市。早在北宋时朝，大文学家欧阳修在真州（今江苏仪征）搭乘湘潭船民李迁之的航船，写下了《湘潭县修药师佛殿记》一文，记载了当时湘潭街市和航运之盛。清人王闿运笔下记载湘潭：

上控两粤，下通江汉；四方商贾辐辏，堆积货物，懋迁有无；邮传舟航，往来如织；自石嘴以下，坊市三重，工商十里，笙歌砧杵，昼夜喧阗。

顺治七年（1650年），江西商帮在湘潭首建会馆，此即万寿宫；至康熙中期，江、浙、晋、豫、鄂、川诸省亦相继在此建立会馆；至光绪间，湘潭共有十二省及本省四地会馆共31所。其中以江西万寿宫、广东岭南馆和北五省关圣殿最为壮观，雕梁画栋，水榭楼台，美不胜收。关圣殿紧靠雨湖，雨湖为以烟柳取胜的城市园林。园内“双璧无瑕”坊，系清代为纪念殉节全身的两位绝色女子而建。园旁旧有希青亭，是湘潭清初遭受屠城的纪念建筑。湖中现存夕照亭原为江西会馆建筑群后花园建筑之一。原有和化坛是毛泽东曾经考察过农民运动的地方。大埠桥则为彭德怀曾经避难之处。晚清大儒王闿运曾在湖边的舟园第一次见到齐白石作画，称赞有加，后收其为入室弟子。

（三）鲁班殿

鲁班殿位于湘潭市自力街兴建坪。始建于清乾隆年间。1912年，因邻火殃及全毁。1915年，由泥木工人集资重建。它是湘潭泥木工人会所，也是湘潭市唯一保留的公会建筑，为封闭式四方形庭院结构，俗称印子屋。院内保存有古戏台。院门八字墙上的泥塑浮雕湘潭古城全景图，图长13.2米，宽0.6米。东图长4米，为文昌阁至小东门图景；中图长5.2米，为城内至窑湾图景；西图长4米，为杨梅洲全景。画面的背景为前江后山，百舸争流，码头林立，实为泥塑艺术珍品，极具艺术审美价值和湘潭古城历史研究价值，被人们誉为湘潭的《清明上河图》。

（四）褚公祠

褚公祠在湘乡城望春门外，祀唐潭州都督褚遂良。祠外有褚公洗笔池。褚公祠的初建时间至少应上溯到南宋。南宋儒学大家魏了翁有《褚公祠堂记》传世，文载：

唐永徽六年，褚公以尚书左仆射谏立武宸妃，几为所杀，赖长孙太尉一言以免，犹坐贬潭州都督。一日行县至湘乡，涤笔抒怀。南宋绍定二年，邵君自信为宰，即故堤遗址封略而浚治，更为祠堂。其上断碑所勒，有“远山嵴崒翠凝烟”之诗。又为亭，榜曰“凝烟”。

于此可见，唐永徽六年（655 年），褚公以尚书左仆射谏立武宸妃，坐贬潭州都督，一日行县至湘乡，涤笔抒怀。南宋绍定二年（1229 年），湘乡县令邵自信即故堤遗址封略而浚治，设为祠堂纪念。此祠清代之规制始自顺治间知县陈拱照所重建，康熙十二年（1673 年）、乾隆四十三年（1778 年）、道光四年（1824 年）重修；同治元年（1862 年）知县张培仁率绅士修葺一栋，五年（1866 年）邑绅曾国潢等全修并添建旁屋六间。此祠大部倒圮，大门门墙犹存，已于近年整体修复。

五　香火寺庙

（一）唐兴寺

唐兴寺位于湘潭城区窑湾陶公山麓。原名石头寺，始建于晋代，名将陶侃曾在此驻军。唐代潭州都督、大书法家褚遂良巡行至此，有感于武则天势起不利唐室，愤题“大唐兴寺”匾额，此寺遂改名唐兴寺。历代文人雅士题咏甚多，杜甫《发潭州》诗中“褚公书绝伦”即指此。具“先有石头寺，后有湘潭城”之誉，许多著名的历史事件发生在这里。唐中叶以前，湖南佛教律门并不发达。但自津公之后，南岳在佛教律宗中便有了崇高的位置。柳宗元称：“佛法至于衡山，及津大师始修起律教，由其坛场而出者为得正法。”津公之后为证公，证公即云峰寺法证，其徒“凡三千余人”，又从其所命而度者凡五万人。证公之后是智俨。智俨大师事佛 61 年，寿 82 岁，当生于唐开元二十五年（737 年），圆寂于元和十三年（818 年），经历了玄宗、肃宗、代宗、德宗、顺宗、宪宗六朝，为湘潭的佛教文化留下了光辉的一页。曾经撰写了《陋室铭》的大诗人刘禹锡，专门写下了《唐故衡岳律大师湘潭唐兴寺俨公碑》。因石塔的存在，湘潭民间俗称此寺为石塔寺。唐兴寺畔有唐兴桥，为单孔石拱桥，净跨 12 米，宽 6 米。旧为湘潭西向和南向的交通要道，车水马龙，行人如织。唐兴桥历经千年风雨，屡有毁建，一直保存至今，仍然起着流通作用。桥面两侧的麻石栏杆，缀以石雕小狮、小象、小鹿、小兔等，虽在风霜侵蚀下有所剥蚀，却不改绰约风姿，依然灵动。太平天国军占领湘潭，曾将唐兴桥用石砌断，又于桥边排筑炮台，取沿街石板拦途横架，以构筑工事，与湘军在此展开过激战。桥边陶公山绝壁间，有巨字摩崖石刻"江山胜迹"，为清末湘潭书法家、教育家朱德裳所书，极为遒劲。

（二）云门寺

云门寺位于湘乡市区，原名石碑寺，为市级文物保护单位。寺内观音阁及所供观音佛像，始建于北宋皇祐二年（1050 年），历代多所整修。现寺庙为清代风格，占地 3200 平方米，由前殿、大雄殿、观音阁和念经堂三部分组成，自南而北排列在一条中轴线上。殿前有清乾隆二十六年（1761 年）雕汉白玉长方香炉一座，佛龛上悬曾国荃同治六年（1867 年）书写的"南海长春"横匾，阁中有青铜圆形扁腹香炉，造型精美。观音阁内祀奉的观音佛像，为泥塑和木雕混合结构，全身金装，高 11.4 米，为江南最高大的观音佛像。佛像直立于莲花宝座上，原具千手千眼，面颊丰满，双目微俯，形态端庄慈祥。阁前左右配庑供奉着清光绪十九年（1893 年）雕汉白玉罗汉 18 尊，每尊身高 1.5 米，形态各异。1959 年被湖南省人民政府公布为省级文物保护单位，并作为旅游景点列入全国旅游地图。

（三）昭山寺

昭山寺位于岳塘区昭山示范区，濒临湘江的昭山峰顶，海拔 178 米。始建于唐，宋时名为昭阳殿。1917 年 9 月 16 日晚，当时在湖南一师读书的毛泽东和新民学会会员张昆第、彭则厚夜宿昭阳寺。毛泽东说："西人物质文明极盛，遂为衣食住三者所拘，徒供肉欲之发达已耳。若人生仅此衣食住三者而已足，是人生太无价值。"又云："吾辈必想一最容易方法，以解经济问题，而后求遂吾人理想之世界主义。"又云："人之心力与体力合行一事，事未有难成者。"重修之昭山寺，于 2013 年 4 月立项，2014 年 11 月落架，2017 年 6 月竣工，总建筑面积 1823 平方米，为钢筋混凝土仿木式殿堂四合院，檐牙高啄，展翅凌空，其风神直追唐宋。新寺在天王殿和大雄宝殿之间保留了千年银杏树，同时还专门为它在对面配种了一株百年罗汉松作伴。昭山古八景之一的古寺飞钟，有了自己的宅院——钟楼，该钟由铜、银合金浇注而成，重1200千克，响声清脆、悠扬。按照唐代人物雕刻的特点新增了330多尊佛像，分别供奉在天王殿、大雄宝殿、观音殿、讲经堂等处。天王殿，四大天王表情严肃，只有端坐中间的弥勒佛笑脸相迎；二进大雄宝殿，十八罗汉在两厢作壁上观，佛祖居中，其弟子两旁侍候，文殊、普贤追随其身后。整个组合呈现出佛法庄严、祥和淡定的西方极乐世界；三进观音殿，千手观音居中殿后，地藏王、伽蓝两边陪伴。殿内的观音菩萨仿佛在以她慈祥的心境和千眼观天洞地，凭借她千手伸张，四十八件法器应对四面八方的妖魔鬼怪，展现出观音菩萨救苦救难的法力。千手观音坐像，是由浙江工艺美术大师王向东等于2017年集体创作，获得第七届中国（浙江）工艺美术精品博览会金奖。

（四）西禅寺

西禅寺原位于湘潭县旧城内瞻岳门处之文庙西侧，大门朝向宣化街（城正街）。明永乐十八年（1420年）僧清泉、宣灿建。《湘潭县志》旧载官绅朔望朝贺行礼于天王殿。清顺治六年（1649年），何腾蛟抗清被俘，关押于此，誓死不降，被害于通济门外流水桥畔。康熙十七年（1678年），三藩之乱，吴三桂驻军城内，毁佛铸炮，炉膛炸裂。乾隆十九年（1754年），知县吕正音捐俸重修大殿，占地面积4651平方米。民国时期，僧祇修主持此寺，曾在本寺与望城桐溪寺、南岳祝圣寺传戒五期，皈依弟子甚多。西禅寺旧有名联："西天活佛，南海观音。"西禅寺废后为伞厂。近期将迁址重建。

（五）龙兴寺

龙兴寺位于湘潭县易俗河金霞山山顶。东晋咸康元年（335年），古刹肇造，始名安禅院。迨至唐开元二十六年（738年），玄宗诏令全国通建龙兴寺，乃改今名。一说五台山高僧石头上人游方来此，重兴庙宇，夜梦五龙绕寺而易名，时成七殿伽蓝之制，寺僧迈千。宋开宝六年（973年），太祖御赐《大藏经》一部，并赐额"佛源悟地"，一时名声远播。宣和元年（1119年），徽宗从林灵素言，尊道压佛，此寺亦改"神霄宫"，僧人被逐。事过一百一十年，理宗执政之宝庆二年（1226 年），乃得恢复。明正德年间，武宗崇佛，又曾敕建。至此，三朝御修，代有尊荣。1992 年，湘潭县决策移治易俗河，同时恢复龙兴寺，法亮法师为之开山。释彼岸，披剃于戒清老和尚，修行于广东云门寺，1989 年受具足大戒，1993 年孑然一身飞锡来山，所见断壁残垣，满目萧然，乃率众僧尼结庐苦耕，含泥苦筑。1995 年湘潭县佛教协会成立于寺。于今该寺规制大备。

（六）龙安寺

龙安寺位于湘潭县西之仙女山峰，海拔 311 米。唐代龙安禅师由长安来南岳，途经此地，结茅而居，在此禅定。海禅师，俗姓周，名如海，其父在陕西为官。如海年少时出家，为父所阻，进入仕途，曾任成都主簿。安史之乱发生，如海又入佛门，先后在长安、衡山、长沙等地参禅悟道。海禅师有言："由迦叶至师子，二十三世而离，离而为达摩。由达摩至忍，五世而益离，离而为秀为能。南北相訾，反戾斗狠，其道遂隐。呜呼！吾将合焉……且世之传书者，皆马鸣、龙树道也。二师之道，其书具存。征其书，合于志，可以不慁。"于是北学于惠隐，南求于马素，咸黜其异，以蹈乎中，乖离而愈同，空洞而益实，作《安禅通明论》，推一而适万。龙安寺建立后，名声大振，尚书裴式微、李巽，侍郎吕谓、杨凭，御史中丞房启均等皆执弟子礼。唐元和三年（808 年）二月九日圆寂后，大文学家柳宗元为制《龙安海禅师碑并序》。南宋宝庆三年（1227 年），信众自发捐献木石扩建此寺。清代著名书法家何绍基曾为该寺题写"龙安寺"匾额及"四朝灵迹，三楚大观"楹联。清末民国时期，入寺门登十级阶梯为武圣殿，内有身高丈许的关羽神像；中为娘娘殿，供奉护山法神陈氏婆媳姑三神像；后为祖师殿，另有放生池、僧寮等建筑。明清时由李宋扶张四姓共管。今寺为近年恢复，尚属简陋。

（七）大杰寺

大杰寺位于湘潭县柱塘乡五龙山。五龙山地处湘涓两水之间，1929 年黎承礼所撰《湘潭五龙山碑记》中载："钟衡岳之灵，毓湘水之秀……五峰排闼，其形蜿蜒，故谓之五龙。"大杰寺始建于明崇祯五年（1632 年），武当山慧庵大师在此结茅而居。吉、桂二位藩王捐资兴建庙宇。初建时有武正殿、岳圣殿、观音殿等。三层正殿之后，陆续增建无量佛殿、西林禅堂、云水堂、东林僧禅院等大小房屋120余间。湘潭籍云贵总督黎培敬、翰林黎承礼父子先后在此攻读。清光绪二十年（1894年）春末，齐白石、王仲言、罗真吾、罗醒吾、陈茯根、谭子诠、胡立三常聚集于五龙山大杰寺中，创立“龙山诗社”，被誉为“龙山七子”。1994年有僧尼纯容入山，后有晓忏老法师率徒唯静自长沙铁炉寺来山驻锡，四处化缘募捐，重新修复大杰寺。

（八）东岳庙

东岳庙，原位于湘潭县城小东门。湘潭之道观，始于晋代，最初建有楚山观。宋后有柳师道人，祈雨，埋符剑土中，动则风雨。楚山观旁有柳师巷，为柳师道人炼丹之所。楚山观荒废于元代至元之末，重修于明洪武六年（1373年）。清张九钺有称：“香界三天，接西禅而共霭；钟声万壑，播北郭而遥闻。久为羽客之精庐，洵属湘城之盛域。”清嘉庆五年至九年（1800～1804年），黄南青等倡首扩修，“从此云华杰阁，直与高峰之塔而长存；金箓道场，遥同泮水之宫而俱永”。东岳庙则为晚起之道教建筑，但颇有规制。主殿为三清殿，前排三尊神像，中为东岳大帝，左右各有一侍奉之神。后排为三清三境三宝天尊。四周为六十甲子众神。后有注生元君、女娲娘娘、慈航普渡天尊、斗姥元君、送子娘娘五位女神像。东岳庙每年皆有庙会。东岳庙因近年兴建沿江风光带而被拆除，拟择址重建。

第九章 风物寻旧韵 岁月凝匠心

“龙牌酱油灯芯糕，槟榔果子水上漂，十里荷塘百里香……”这首湘潭民谣，包含了湘莲、槟榔、酱油等传统食品，都是湘潭盛极一时的地方特产，代表着湘潭的特产文化。

有着270多年的传统酿造历史的龙牌酱油，自1915年荣获“巴拿马万国博览会”金奖后，名声遐迩，成为响当当的“中华老字号”。湘潭有“中国湘莲之乡”的美称，所产“寸三莲”为历代贡品。槟榔作为一种食品，已在湘潭生根四百余年。此外，石鼓顶峰的乡里腊肉经在央视《远方的家·北纬30度·中国行》报道后，火遍大江南北。乡里米酒、灯芯糕等，是湘潭驰名至今的传统产品。还有毛氏红烧肉、火焙鱼、水府旅游区的刁子鱼、茅浒水乡的湘乡蛋卷等异彩纷呈的各类美食佳肴，满足着人们的味蕾需求。

境内的古代居民，已知的至迟在距今5000年前。从现今出土的豕尊、铜爵、石器、陶器，证明自商周以降，境内居民已达到较高的文明程度。及至今天，春节期间的舞龙舞狮表演，端午节期间在湘江、涟水、涓水举行的众多队伍参赛并吸引大量观众的龙舟比赛，传统的湘潭花鼓戏、皮影戏、踩高跷，唢呐演奏和山歌等传统民间音乐，如今依然在城市、乡村盛行。

湘潭四季分明，水量充沛，光能、热能资源丰富，可供栽培的粮食等农作物，油料、纤维及其他经济作物上千种，是湖南省相对发达的地区，同时也是重要的农业产区。锦绣湘潭，富饶的鱼米之乡，山水间洋溢着阳光与丰沛，寻常里处处是姿彩和风情。难怪骚人墨客驻足于此，情难自禁，欣然赞道：“潭之土兮何殷沃，潭之人兮美风俗。”正是这片奇瑰的土地，使齐白石的笔下产生了一幅幅乡味浓浓的动人画卷，黎锦光谱写了脍炙人口的歌曲

《采槟榔》；正是这些得天独厚的人文优势、异彩纷呈的民间文化根须和自然资源优势，成就了一个地沃物华的湘潭。

一　乡风乡韵的风土人情

（一）唢呐艺术之青山唢呐

青山唢呐是湖南湘潭的传统民间音乐，主要流传在湘潭县青山桥地区的石鼓、青山桥、分水三乡镇及周边地区。青山唢呐曲牌极为丰富，吹奏常用的曲牌多过数百首。按曲式与功能可分为五种：丧乐牌子、路鼓牌子、宫堂牌子、丝弦牌子、散套牌子。丧乐牌子用于丧葬仪式演奏，又分为明色类子和长行类子。明色类子属套曲，曲牌形成整套结构。长行类子属散套，曲牌的段与段之间并无起承关系，形式为自由结构。路鼓牌子是用于喜庆的器乐曲牌。有快路鼓和慢路鼓之分。慢路鼓速度虽慢，但演奏出的旋律悠扬华彩。快路鼓旋律花俏、欢快、热烈、动感十足。宫堂牌子是与民间戏曲通用的一种吹打乐形式，它可以单独演奏不成套的单支曲牌。这些曲牌，有的如舞台剧般雄浑而富丽堂皇，有的似花鼓般轻快而妙趣横生，有的像民歌小调般欢快而清新秀丽。

据《湘潭县志》记载，地方官员为迎接朝廷旨意，用唢呐演奏营造隆重排场。二十世纪二三十年代，青山唢呐得到全面发展，艺人们自发组成鼓乐班会，经常同台竞艺，并创造出了“西工字”“阿工字”两种独特的演奏技法，使青山唢呐声名远播。二十世纪五十年代，艺人朱梅江、陈庆丰、左元和、赵竹钦、张其云等获评湖南省一等乐师奖。1957 年，朱梅江、陈庆丰、左元和三人用“闷工字”演奏法演奏的青山唢呐独有曲牌《哭懵懂》，参加全国第二届民族民间音乐舞蹈汇演获优秀节目奖，并进中南海怀仁堂向周恩来、朱德、董必武、宋庆龄等老一辈无产阶级革命家作汇报演出，享誉京城。1994 年进京演出《筒车谣》时，莫柏槐将改良后的民间几近失传的吹奏乐器管首次成功搬上演出舞台，进一步丰富了舞台艺术的内涵，大大提升了以唢呐为核心的湘南民俗吹打乐的艺术魅力，该剧因此获文化部颁发的“文华奖”。

青山唢呐

1996年，湘潭县被国家文化部命名为全国首批“中国民间艺术之乡（唢呐艺术）”。2006年，被列为湖南省首批非物质文化遗产保护项目名录，2006年入选第一批国家级非物质文化遗产保护名录。莫柏槐系该项目国家级代表性传承人。

在湘乡市梅桥镇，有梅桥夜唢呐。所使用的乐器有四种：一是唢呐，包括大唢呐、二堂、三音子、挤呐子（又名小青）；二是丝弦乐器，包括大简、中胡、笛子；三是特效乐器——笔杆；四是打击乐，包括乍鼓子（又名竹第公）、可子堂鼓锣钞等。其演奏有复杂的指法变化和高超的吹奏技巧，常用的手法很多，比如，《凤凰音》吹的是正手调（上下手），《锣边鼓》吹的趔调可派生出同宫异调的新曲；《满天飞》吹的闷杆子，即控制或加大气息压力，并通过一定的指法变化使唢呐发出一种高八度的闷声，故称之为“闷杆子”。

（二）湘潭特色花鼓戏（含皮影戏）

湘潭特色花鼓戏是一古老而通俗的地方剧种，其演出剧目、声腔分类、行当划分与长沙花鼓戏一脉相承。因受地域文化尤其是湘中山歌、民间小调、地花鼓的熏陶，加上周边地区一些艺术形式，如邵阳花鼓、衡州花鼓等的渗透，使其在表演风格、演唱方式上又逐渐形成了以花鼓曲调为主，又与民歌小调相结合的演唱特色，因此更具地方色彩，形成了湘潭特色的长沙花鼓戏的演出特征和十分本土的“草根戏剧”。专家认为，湘潭的花鼓戏在演出上重小调、善歌舞，表演风格尤为清新、活泼。湘潭花鼓戏剧目上面广戏多，如以小生、小旦、小丑为主要行当的《放风等》《小砍樵》《小姑贤》《小兰桥》《打铁》《送表妹》《摸泥鳅》《讨学钱》等数十个传统小戏上百年来均为当地百姓所喜爱，久演不衰。

在声腔演唱上，仍以川调、打腔及小调为主，再加上载歌载舞，清新活泼，悦耳动听，幽默打趣。其演唱风格、声腔韵味，因受本地小调、山歌民谣的影响，曲调多四度、六度跳进，高亢、悠扬，富有山野风味。代表性曲调有“湘潭双川调”“花石调”“十字调”“嫂子调”“产子调”“神调”等，在湘中地区独树一帜，有别于益阳、宁乡等长沙路子的花鼓戏风格。

2009 年湖南省湘潭市作为南方皮影戏的代表与河北唐山、陕西华县、甘肃环县四省皮影戏捆绑向联合国教科文组织申报“急需保护的非物质文化遗产名录”，2011 年 11 月 26 日，皮影戏正式入选“世界人文非物质文化遗产”。湘潭市有影偶制作艺人，传承纸质影偶制作技艺。文化部专家魏力群教授评价湘潭市影偶制作技艺制作的影偶为目前国内保留最原始、最完整的纸质纸糊纸影，再现了宋代影戏表演的风貌。

皮影戏主要讲究操耍技巧和唱功，而操耍和演唱都是经师父口传心授和长期勤学苦练而成的。在演出时，艺人们都有操纵影人、乐器伴奏和道白配唱同时兼顾的本领。有的高手一人能同时操耍七八个影人。武打场面是紧锣密鼓，影人枪来剑往、上下翻腾，热闹非常。而文场的音乐与唱腔却又是音韵缭绕、优美动听。或激昂，或细绵，有喜有悲，声情并茂，动人心弦。皮影戏主要有折子戏、单本戏和连本戏，剧目繁多，数不胜数。如《古城会》《薛仁贵征东》《珍珠塔》等，并在演出前常加演《天官赐福》节目。其代表人物为如意镇的汤贵云。

（三）巫家拳

在我国武术界有“南有巫家，北有戳脚”的说法，巫家拳被尊为湖南四大名拳之首（四大名拳即巫、岳、吕、孙四拳），亦被原国家体委确认为

"源流有序、拳理明晰、风格独特、自成体系"的129个拳种之一。巫家拳是属于福建南少林拳系的一个内家拳种，在湖南湘潭、长沙、株洲等地流传甚广，并远传至湖北、江西等省。

巫家拳鼻祖巫必达（1751～1812年），字有能，福建汀州府连城人。幼习南少林拳法，及长远游，拜访名师，结识武林高手，后得武当内家拳法精要，技臻化境，遂自创拳法，世称巫家拳。清嘉庆中，来湖南传艺，在湘潭大石围李大魁家和马家河冯南山、冯连山兄弟家授徒。李、冯均得其真传，李大魁以钯术著称，冯氏兄弟以棍术闻名。嘉庆十七年（1812年），巫必达病逝，葬县东郊黑石头高家冲（现岳塘指方村），门徒为其修墓立碑。巫家拳在国内外广为流传，长盛不衰。第四代门徒唐徽典于1930年参加湖南首届国术比赛获第一名。

（四）湘潭火龙、虾舞、壶天火龙灯

1. 湘潭"火龙舞"

湘潭"火龙舞"是流传于湘潭市岳塘区荷塘一带的一种有特色的龙舞，即龙头、龙尾、每节龙身内部点有油纸捻子的龙灯，当地民间俗称"明笼子"。主要在农历正月十五元宵节、六月初六等节日期间举行。"湘潭火龙舞"有着悠久的历史。据史书及竹埠港尹氏族谱记载，荷塘乡易家坪村火龙舞由唐家屋场发展而来。光绪十二年（1886年）正月，易家坪村祖辈尹德周、尹德湘、尹源江三人组成"易家坪村龙狮队会首"，组建了一支"尹家老屋大王龙灯会"队伍。从此后，耍"火龙"灯这一活动从未间断，代代相传，延续至今。

湘潭"火龙舞"已传承至第九代。刚开始，龙灯内的照明使用的是蜡烛，舞动起来极不方便，易灭。后经高人指点，第一代传人尹明高改用经过特殊工艺处理的油纸捻子附于龙灯灯笼之内，经过多次演练，最终得心应手，"火龙"常亮不灭。舞龙技巧也由过去简单的"打扭丝"逐渐发展演变到能进行十来个故事的表演。

2. 湘潭虾舞

湘潭虾舞是流传于湘江流域湘潭水运行业中的一种民间舞蹈，是一种十分古老而独特的艺术表现形式，一直保持与发扬着宋代以来的舞虾传统，保

有传统典型、独特原始风貌。虾舞由二人配合表演，也可以两两编队，变成群舞。表演形式为载歌载舞，配乐祝赞词由喊唱者自由发挥，按方言顺口溜方式表现。音乐来自本地花鼓戏曲调，歌词内容由古老的七言诗组成，押韵上口，为群众喜闻乐见。虾舞的风格刚劲有力，欢快热烈，富有生活气息。要求表演者身强体壮，舞蹈动作熟练，配合默契，表演时连贯流畅如行云流水。湘潭虾舞以虾的造型为主要道具，舞舞虾在道具上忌用红色，这是中国人讲究口彩和吉利。

湘潭舞虾是产生于劳动中，反映内陆水系古老渔猎、水运生活原生态风俗，是人们在捕鱼猎兽丰收后和在节日庆典等活动中的一种庆祝形式。随着时间的推移、生产力的发展、生活方式的改变等，虾舞活动极少开展。湘潭市水运总公司退休职工谭光明、张利珍夫妇，是省内仅有的两位掌握舞虾绝技的传人。

3. 壶天火龙灯

壶天火龙灯源于清光绪元年（1875 年），是民众为避免火灾而自发的一种民俗行为。其制作工艺繁复、精致。除火龙外，辅以火流星、排灯、花灯等。壶天火龙灯民俗活动程序紧凑、内容丰富，依次为“排街—出灯—扫墓—闹元宵—化灯”。有五大特点：一是“火”。火龙灯从龙头到龙尾安装有火，附件流星、花灯、排灯、烟花、鞭炮、响铳、孔明灯等都有火，形成火的世界。二是“大”，舞动火龙灯需要 240～280 人。三是“重”，仅龙头就重达 40 余斤。四是“长”，如以单线排列，最少连绵 300 米以上。五是“繁”，舞龙花样多，其他辅体也五花八门。

每年农历正月十二日至十五日是舞火龙灯的大喜日子。这几天，壶天老街的群众全力以赴，全街动员，排街、启猖、出龙沿街舞龙，热闹非凡。火龙灯的制作，用竹、木、纸布编扎，包裹、彩绘、置灯而成。其结构为“四件十一节”。“四件”，即龙珠、龙头、龙身、龙尾。火龙灯舞除了火龙以外，人们还在前面安排火流星，排灯（40 盏）、花灯以及象征海底世界的蟹、鱼、虾、蚌等灯，加上彩船、舞狮队、大锣大鼓、虎形锣、抬故事、子母锣鼓队，中乐、西乐、腰鼓、军鼓和威风锣鼓，使火龙灯舞更加热闹。除此之外，加上响铳、发烛人员及挑物人员，增添了火龙灯的热闹氛围。

（五）韶山山歌和杂技

1. 韶山山歌

韶山山歌是湖南省汉族民歌中一种独特的艺术表现形式，主要流传在韶山市韶山、大坪和杨林三个乡镇及周边邻近地区。主要的艺术风格是质朴、粗放、风趣和诙谐，其最大的特点是声调高亢、拖音带颤且长。主要表现内容有插田歌、扮禾歌、收工歌、赞新屋、思郎君等，再加上当地的谚语、俗话，一般多为三句体就五句体。表现形式有男声独唱、女声独唱、对唱、一人领唱众人和等。1960 年作曲家白减仁根据韶山山歌曲调编写的《挑担茶叶上北京》和《日出密山东方红》得到了毛主席的赞扬。

2007 年韶山山歌被列入湘潭市非物质文化遗产保护名录，曾受到毛主席接见的毛爱霞和毛继余两位山歌能手成为代表性传承人。2008 年 9 月，韶山市成功举办了首届韶山山歌大赛。2009 年，韶山山歌又在湖南艺术节上获得了银奖。韶山山歌于 2011 年入选第三批省级非物质文化遗产保护名录。

韶山山歌

2. 杂技

杂技主要有杨林杂技。二十世纪八十年代是杨林杂技发展最辉煌的时期，杨林乡不仅有自己的艺术团体，还有杂技培训学校，杂技团的演出遍布中国各个大中小城市，由此杨林乡也被称为湖南的“杂技之乡”。杨林杂技概括起来有九大特色：一是特别重视腰腿顶功的训练。二是险中求稳、动中求静，显示了冷静、巧妙、准确的技巧和千锤百炼的硬功夫。三是平中求奇，以出神入化的巧妙手法，从无到有，显示人类的创造力量。四是轻重并举，通灵入化，软硬功夫相辅相成。五是超人的力量和轻捷灵巧的跟斗技艺相结合。六是大量运用生活用具和劳动工具作为道具，富于生活气息。七是古朴的工艺美术和形体技巧的结合。八是有极大的适应性，表演形式、场所多样化。广场剧场、街巷、客房，多至百人大荟萃，小至一人的现场即席献艺，正是这种广泛的适应性使其能千古犹存。九是有严密的师承传统，具有地域特性。2010 年 9 月，杨林杂技被湘潭市收录为非物质文化遗产保护名录。

（六）石鼓木偶戏

湘潭民间称木偶戏为“木脑壳戏”。石鼓镇是湘潭木偶艺人最多的地方，传承了 200 余年的“同庆堂”班子，是目前石鼓镇一带仅存的木偶戏班。班内成员的平均年龄在 70 岁以上，演出中各尽其责，在操控二胡、唢呐以及大小锣鼓等几种乐器的同时，还配合完成木偶的动作、唱腔和对白。石鼓木偶的头像造型，一般脸形较短，额平脸宽，下颌较尖，眼大耳重，人中较长，保留了神像的痕迹，再根据各个戏曲人物的特点，予以艺术夸张。木偶的表演，由艺人举着木偶，在一人高的帷幕内进行，因此又称“举偶”。木偶表演细腻传神，使美的更美，丑的更丑。它的表演动作虚实结合，一方面有虚拟的，如开门、关窗、趟马等；另一方面有写实的，如捋胡须、作揖、对打等表演。木偶本身无脚，老艺人创造性地将打脚的表演技巧融入木偶表演之中，使木偶就像从故事里走出的真实人物，有感情，有思想。

“同庆堂”戏班演出的都是民间很有艺术特色的唐、宋、元、明、清时期的 100 多个老剧本，深受观众喜爱。“石鼓木偶”于 2007 年入选湘潭市第一批非物质文化遗产保护名录。

（七）虞塘高跷

虞唐高跷起源于元朝末年，流行于湘乡虞唐镇及周边地区。相传，元朝末年朱元璋侥幸击败了陈友谅，亦损兵折将大伤元气，于是迁怒于湖南人，对湘中大开杀戒。遗留下来的湘乡人以高跷竞技缅怀死难的先人。经过历史的洗礼，虞唐高跷缓慢演变为一门成熟而又独特的民间艺术。虞唐人喜玩高跷，一般在春节、元宵等喜庆节日表演。每次表演，高跷演员 10 人左右，演职人员上百人。表演的服装道具与扮演人物一致，扮演人物有渔翁、小二哥、和尚等下层劳苦大众，也有帝王将相、才子佳人、上层贵族。表演剧目多是取材于历史演义、传统戏曲和民间故事，如《三国演义》《西游记》等。表演者按剧中人物形象开脸（化妆），穿戴相应的服饰，手持相应的道具，行走时，旌旗飘扬，锣鼓开道，牌匾上写着表演的戏剧名称和吉祥语，演员以一字形队伍按指定路线行走。为便于观看，保护者、观众于两旁随行。剧目品种多、接连演出。踩高跷同时以龙灯、狮灯、彩船蚌壳戏、地花鼓伴戏。白天、晚上都可以进行表演，晚上需用火把、火络子照明。

（八）湘乡方言

湘乡话通行于湘乡市、韶山大坪乡等地，属于老湘语，是湘语当中比较保守、受官话影响较小的一支，比较完整地保留了古全浊舒声字，具有完整的元音高化链，绝大部分地区拥有七个声调，与北部新湘语长沙话有较大差别。

俗话说："长沙里手湘潭僄，湘乡嗯啊做牛叫。"湘乡方言以内涵丰富、语言难懂而闻名于世。一是古词汇比较多，许多古典文献上的书面语言，在湘乡方言中是交流的口语。如荀子的《劝说篇》上的"企而望矣不如登高之博见也"，湘乡方言则有"企客难留的成语"，把"站着"说成"企着"是普遍化的。二是底古音在湘乡土话中保留了较多的成分，如《曹刿论战》中的"战于长勺"，"勺"普通话读"shao"，而湘乡方言中读"xiu"，就保留了古音。三是留下了历史的印记。许多重大历史事件在湘乡方言的成语、俗语中可找到佐证，如"南京城里要问出个有名姓"、"南京的铺面打开在这里"，把"成同"作为"过去"的代用词，就足可说明。四是湘乡方言留下了人口流动的证据，如湘乡城区有些字的读音与本市其他地方明显不同，而与四川话相同。可见蒋琬任蜀相时，人口有流动的现象。

杨慕如先生在湘乡工作过几十年，在退居二线之后，潜心研究湘乡方言俗语，并出版了专著《品味湘乡话》。他认为，湘乡话有其所长。其一，它保存了大量的古音，是我们研究古代音韵、词汇，古今音变规律以及文献训诂的重要资料。其二，湘乡特有的俗话、谚语、民谣，是人民群众长期生活经验的总结和集体智慧的结晶，至今仍有重要的认识意义和传承价值，是我们构建和谐社会，实现中华民族伟大复兴的宝贵财富。从清代的中兴名臣曾国藩到世纪伟人毛泽东，都与湘乡有不解之缘。

（九）湘潭剪纸（含响塘、如意）

“湘潭剪纸”于2010年7月被纳入湘潭市第二批非物质文化遗产保护名录，该项技艺在湘潭境内流传广泛，白石镇的胡秀英和锦石乡的黄翠平等众多“名剪”各具专长。在胡秀英的家中，一摞厚厚的证书向我们讲述着这名普通农家女子超凡的民间技艺水平。其中，作品《农家乐》在中国博物馆举行的剪纸展中荣获银奖；作品《刘海砍樵》获全国剪纸大赛十大金剪特等奖，胡秀英也因此被评为全国“十把金剪刀”第一名；系列作品《吻》在上海世博会公益书画展活动中获银奖，胡秀英因此荣获“杰出剪纸艺术家”荣誉称号。

响塘剪纸是以响塘乡方石村吴升平为代表的民间剪纸艺术，其祖传的剪纸“异形刀法”和“反弹琵琶”堪称一绝，是“异形刀法”的唯一传人。他多次参与俄罗斯、法国、英国、韩国、南非等国家对外文化交流，先后有多部剪纸作品在全国和省、市获奖，并被海内外知名人士和单位争相收藏。2002年，作为湖南的唯一代表，应邀出席了在陕西延川召开的全国剪纸艺术研讨会，其论文《浅谈剪纸与刀法》被作为范文供来自全国的同行研讨。2011年3件纸影作品被中国美术馆收藏。2013年《湖南传统纸影》获“第一届湖南省民间文艺奖·民间艺术表演奖”一等奖。2014年再次出版《湘潭地方影子戏》一书。2015年，建立私人纸影博物馆，对外免费开放。2016年，参加“影之美”全国皮影展，获表演一等奖。中央电视台、英国广播公司（BBC）、《人民日报》、《北京日报》、《湖南日报》等众多媒体多次专题报道。响塘剪纸于2007年入选第一批市级非物质文化遗产保护名录。

如意剪纸可以分为“福禄寿喜”“文人仙客”“花鸟虫鱼”“诗词歌赋”“主席生平”几类。目前传承下来的历史最悠久的剪纸作品是罗秀英老人（92岁）保留下来的一套“福寿双全连仙贵”，也是如意剪纸的代表性作品。如意剪纸具有质朴、粗犷、洒脱的艺术魅力，一方面是受到韶山人自古以来拓荒、吃苦耐劳、霸蛮促、勇武顽强的人文精神的潜移默化的影响，另一方面也是由婚丧民俗文化活动的短暂性、集体性、自发性和实用性来决定的。如意剪纸体现出如意人的意志情趣、向往追求、宗教信仰等精神文化内涵。

（十）白石铁笔精雕

石刻石雕技艺，在湘潭境内传承历史悠久，二十世纪四十年代以前的民宗庙宇、桥梁路牌、码头集市，精致雕作随处可见，盛极一时，人物故事灵动如生。“白石铁笔精雕”作品精工细作，拓印精雕齐白石诗书画印等系列名作，现存近300幅，其中包含于右任、郑板桥、苏东坡、何绍基等众多名家名作的石刻精品，多采用当地天马山青石刻制而成。湘潭县白石镇人易上元，苦心研究白石文化，结合自身书法特质，基于民间传统技法，移齐白石刻印单刀法。近年，他投资建成湘潭县白石文化生态馆，主打石材镌刻作品，还在木刻、竹刻上进行制作和研发精美且观赏性和艺术性较强的特色旅游文化产品，为弘扬白石文化艺术，创新发展传统文化融入了新的内容和活力。

白石铁笔精雕作品均在齐白石故居附近的白石文化艺术生态馆进行展出。湘潭白石铁笔精雕于2016年入选第四批市级非物质文化遗产保护名录。

二　根植民间的工艺产品

（一）篾席编制、蓑衣编制

1. 篾席编制

湘乡市梅桥镇篾席子制作是一种纯手工的工艺，流程为破坯、破篾、制篾、染色、织席。一般一条坯条根据织席的需要，可以撕成6层、8层、14层、16层。篾席可以编制成不同的花样，如小万字嵌梅花席、八路万字嵌桂花席、双喜字席、人字席、大万字雪雨席、万字席等。

梅桥篾席历史悠久，做工精致，产品耐用，具有清凉解热作用。二十世纪七八十年代为鼎盛时期，年产篾席8万多床。产品深受当地人们喜爱，近售周边其他县市，远销江西、湖北等省，年产值1000多万元。随着机械生产和川席的大量涌入，梅桥篾席面临濒危状态。现年73岁的丰收村刘仲华，是梅桥镇篾席编制最著名的师傅，不仅掌握篾席各种编制流程，而且编制手法娴熟，花样繁多。

2. 蓑衣编制

蓑衣是一种用棕树皮编织的日常用具，分为上衣和下裙两块，穿在身上与头上的斗笠配合使用，主要用于遮雨，也可以遮羞避寒。工艺流程包括刮棕浸料、扯丝搓绳、编制灌浆等。湘乡市蓑衣编织传承人何桂元手工编织蓑衣的特点是针脚柔顺，精致细密，厚实透气，上下一体，经久耐用，自然古朴，便于雨天田间劳动。编蓑衣有专门的师傅，称为“蓑衣匠”。他们走村串户，根据主人家穿衣人的身材大小，先做好蓑衣领子，再做腰身与下摆。编织工序包括刮棕、浸料、风干、扯丝、搓绳、编织、裁剪等流程工序。2014年，湘乡市已将手工编织蓑衣纳入非物质文化遗产保护名录。

（二）民族乐器制作技艺（湘乡石坝鼓传统制作技艺）

湘乡石坝鼓不但音色好、外观美，且经久耐用，不受潮，不变音质。韶山市仙女峰大鼓，直径1.8米，响声如雷，庄重威武，誉满三湘，是湘乡石坝鼓的杰作之一。

湘乡石坝鼓分为大鼓、堂鼓、高音鼓、班鼓、手鼓、定音鼓、腰鼓、西洋鼓、花瓶鼓九种，制作蕴含了木艺、制皮、上漆、绘画等多项工艺，尤以鼓皮制作最为独到。精选优质牛皮，配以独创药水与特殊手法进行泡制，采用自家改装组制的机械进行打磨、拉皮，使得鼓面紧绷，鼓声清脆悦耳，不走皮、不变音。湘乡石坝鼓适用于花鼓戏等各类戏曲、宗教祭祀、划龙舟、地花鼓以及龙狮灯等打击乐伴奏。其产品主销湖南、江西、湖北、广东、广西、内蒙古等地。随着经济社会的飞速发展，机器大生产早已代替了手工制作。如今的主要传承人丁德仁先生，自幼随父学艺，通过多年的积累，制作工艺更加精湛，方法灵活多样，使手工造鼓工艺更加发扬光大。

（三）制伞技艺、彩纸折叠艺术

1. 制伞技艺

自明朝洪武年间“江西填湖广”时起，江西匠人把制作油纸伞的技艺带到了湘潭县石鼓镇，至今已传承600余年。手工制作的一把伞要经历取材、浸泡、药煮、刮青、画花、收伞、质检等80多道工序才能完工。伞画的题材多为写意式的中国画，如梅兰竹菊、喜鹊、仙鹤、燕子等，现在的风格也拓展到剪纸味、工笔味的画法，中国龙剪纸的伞、工笔绘就的伞，风格新颖，艺术美感独特，文化韵味浓厚，广受喜爱。

“石鼓油纸（布）伞”的特点在于审美化，淡化了实用功能，其品种包括工艺伞、旅游伞、装饰伞等。据该项目市级传承人周汉宇介绍，石鼓的油纸（布）伞占全国工艺伞近1/3的市场份额，产品出口远销到美国、日本、马来西亚、新加坡等国家，畅销于北京、杭州、桂林等国内著名旅游城市。

2. 彩纸折叠艺术

折纸是我国传统文化，有着近两千年的历史。“彩纸折叠”表现的内容非常丰富，题材涵盖古今中外人物、音乐舞蹈、时装、体育、动物、花卉、生活场景等。其制作包括选纸、清洗、平整、构思、设计、制作、粘贴、款识、钤印、装裱十个流程。其工艺有撕、剪、折、叠、搓、拧、盘、卷、编、扭、压、粘贴十二个技法。其制作形制，包含贺卡、册页、横幅、条幅、斗方、扇面、镜屏等。

彩纸折叠艺术作品内容广泛，题材丰富，技法多样，流程严密，制作精美，人物涉及古今中外，花卉贯穿春夏秋冬。彩纸折叠工艺作品自二十世纪八十年代问世以来，深受群众喜爱，先后有央视和近20家地方卫视新闻台进行专题采访报道，有30多家报纸杂志刊登其作品与撰文宣传报道，先后在省级、全国性大赛中获奖40余次。

（四）韶山民间小窖酿酒工艺、民间地缸窖酿米酒工艺

1. 韶山民间小窖酿酒工艺

清咸丰年间，韶山望族一品提督汤仁和的侄子汤述秋，秉承1800年历史的“九醖春酒”古法酿造技艺，将河南古代酿酒技艺和湖南民间古法酿酒工艺有机结合，创办“汤新茂”酒坊，至今已传承160多年。该工艺系采用韶

山古老水系滴水洞的龙泉井水，以四川、贵州等地种植最适合南方酿酒的糯高粱、糯玉米、韶山大米、糯米、河南豫北小麦为主要酿酒原料，通过汤氏家族秘不外传的独特工艺精工酿造而成。其品质优良，特点是绵柔甘醇、香气扑鼻，百年前“汤新茂”便享誉湖南，成为清代长沙四大名酒坊之一。历经百年沧桑，“汤茂新”后人汤昭佑经过不断创新，终于形成了独具特色的“韶山民间小窖酿造技艺”并贡献给“毛府酒业”，使百年“汤新茂”的酿造技艺和韶山酒文化历史遗产能够代代传承下去。1993 年，邵华将军为之题词。

韶山市杨林乡“韶山民间小窖酿造技艺”主要分为桃花春曲手工制作工艺、民间小窖半固态和半液态发酵工艺、民间传统手工摘酒和推饭蒸馏工艺、民间传统陶坛洞藏酒工艺四大工艺技法。90% 的还是沿用古传统的手工生产技艺如人工制曲、人工入窖、人工装甑、手工封坛、手工摘酒、手工控制生产工艺等。

2. 民间地缸窖酿米酒工艺

韶山市永义亭的“民间地缸窖酿米酒”工艺源于 1300 多年前。隋唐时，湘潭长湖黄氏鼻祖黄朝恩携妻秦氏，因战乱南迁至湘潭南门，推造酒工艺，因技术精良深得周边百姓喜爱，遂办起了湘潭“烧酒坊”。清嘉庆十五年（1810 年），黄朝恩后人黄传杨把家传酿酒技艺和湖南民间古法酿酒工艺有机结合，经过不断创新，采用韶山优良水质和具有地域特色的生态酿酒原料大米，结合传统的民间发酵工艺等，形成了独具特色的酿造工艺。

“民间地缸窖酿米酒”工艺全程手工酿造，可分为小酌法工艺、传统手工摘酒和推饭天锅蒸馏工艺、手工勾兑、传统陶坛藏酒、中草药甜酒酒曲五大工艺技法。90% 的工艺仍然沿用古法技艺，如人工制曲、人工入缸、人工装甑、手工封坛、手工摘酒、手工勾调等。该工艺以水义乡为核心区域，流传于韶山市及周边地区。

三　声名远播的名优特产

（一）湘莲

湘潭有“中国湘莲之乡”的美称，湘莲是历代皇室贡品，“寸三莲”驰名中外，是莲中珍品。湘潭湘莲产量占全国的63.4%，且质量均为上乘，年成交额1.2亿元左右，有一万多人从事湘莲的种植、加工、贩运。莲子的系列产品及深加工也在不断发展。

湘莲地理标志产品保护范围为湖南省湘潭县全县乡镇，韶山市银田镇、永义乡、如意镇、韶山乡，湘乡市梅林桥镇、东郊乡、龙洞镇、栗山镇、中沙镇、山枣镇，株洲市荷塘区明照乡，衡阳市衡东县白莲镇等34个乡镇现辖行政区域。

湘莲家园

“寸三莲”盛产于湘潭县杨塘一带。所谓寸三莲，即因该莲子大，3颗莲子接起来有一寸长而得名。其粒大饱满，洁白圆润，质地细腻，清香鲜甜，容易炖煮。封建时代历来被作为献给皇上的“贡莲”。用这莲子蒸煮加冰糖制成的冰糖湘白莲，肉色乳白，香甜味美，落口消融，余味无穷，是湖南独具特色的名点。

一般湘莲含淀粉62%、蛋白质16.6%、脂肪2%和丰富的钙、磷、铁、维生素和胡萝卜素等物质，湘莲被誉为中国南方“人参”。“寸三莲”比普通湘莲更胜一筹，它含有单糖、淀粉、维生素、还原糖、粗蛋白等主要成分，并含有17种氨基酸。它性平味甘，具有降血压、健脾胃、润肺清心之功效；莲心性味苦寒，有强心镇静、清热平火、除烦利尿之能。故“寸三莲”实为莲中珍品，作为我国传统出口商品，远销美国、法国、新加坡和马来西亚等国家，在国际市场上畅销不衰。

（二）湘潭槟榔

槟榔，作为一种食品，已在湘潭生根发展达300余年。湘潭槟榔，久负盛名。民间有句顺口溜：养妻活崽，柴米油盐；待人接客，槟榔香烟。据康熙刊《湘潭县志》载：“己丑（顺治六年，1649年），王师屠城，在市多属客商，各乡鸿集无几。”全县仅存“4653户，男妇20053人”。有一位叫程青来的安徽商人，得一老和尚嚼槟榔避疫之法收尸净域，从此嚼槟榔习惯也就陆续延续下来。另据《湘潭县志》介绍，清乾隆四十四年（1779年）湘潭大疫，百姓多患鼓胀病。县令白璟（广东人）谙医理，明药性，便将槟榔分给患者嚼食，病疫消失，尔后原患常嚼之，未患也随嚼之。自此，湘潭人嚼槟榔逐渐成为习惯。

槟榔

槟榔长在海南，却成名于湖南，湖南槟榔，源于湘潭。一条街因槟榔而新生，一座城因槟榔而闻名。湘潭人做槟榔、吃槟榔，槟榔是代表湖南的独特象征，湘潭人对槟榔怀有一种特殊的情结。“高高的树上结槟榔，谁先爬上谁先尝。”民歌《采槟榔》以艺术的形式表达了人民群众对槟榔特殊的感情。湘潭人吃槟榔很是讲究，刚摘下的鲜果呈青色，先用水煮两小时左右，使之变成棕红色，再用烟熏七天七夜，就成了干果。用清水洗净，用开水烫过，喷上少量糖精水，存放二十四小时左右，才可食用。食前用刀把槟榔剖成两至四瓣，点上用石灰加饴糖熬成的卤水，有的人还爱点上一滴桂子油，放入口中反复咀嚼，又甜又涩，芳香满口，越嚼越有味，余味悠长。湘潭人嚼槟榔以海南岛产的为正宗，称之为“海南个子”。另还有泰国个子、云南个子、台湾个子等。每年深秋，湘潭的大小商贩就云集海南岛收购。近几年来，湘潭槟榔生意日趋兴旺。

（三）龙牌酱油、湘潭紫油姜

龙牌酱油的酿造工艺是一种传统的手工技艺，历经270余年传承至今。湘潭最初产酱油的年代，据1930年湘潭县调查汇刊载：“龚庆祥于乾隆年间设有各行多家，不仅酱园也。”既酿酱又蒸酒，还生产糕点，经营南货。龚庆祥，开办者为本邑龚表然，设龚庆祥酱园于十一总本岸。

龙牌酱油所采用的是天然小缸晒露长周期发酵工艺，注重原料的精良、工序的精深。它选用优质的黄豆（脱脂大豆）、面粉、食盐为主要原料，采用传统的天然晒露发酵工艺精酿而成。具有色泽光亮红褐、酱酯香特别浓郁、滋味鲜美醇厚、体态浓稠、久贮不变质等特点。龙牌酱油的独特之处表现在以下几个方面：一是发酵采用长时间的天然晒露。龙牌酱油从投料至取油的时间维持在8～10个月，在这8～10个月基本历经春夏秋三个季节。二是强化后熟工序。龙牌酱油在取油后，并不急于拼制酱油，而是将所取毛油晒露1～2个月，即让毛油接受太阳能量，促成毛油里酸与醇生成酯，使酱油味更醇、香更浓。三是发酵的容器全部采用泥制陶瓷缸。龙牌酱油存放醅料的容器均采用陶瓷缸，这些缸用青泥烧制。由于酱油本身呈微酸性，如果容器用金属制成，则金属会逐渐溶出，陶瓷则可以完全避免这一金属污染的问题。

湘潭紫油姜，采用在白露季节前出土的形似指掌、杆断无筋、枝长瘦、荷口短的优质嫩黄姜，经精细加工，最后以龙牌酱油浸泡而成。其味道鲜美，香脆可口，姜香而细嫩。

（四）湘潭灯芯糕、中路铺药糖

湘潭灯芯糕已有百年历史，具有深厚的历史底蕴，自1915年荣获“巴拿马万国博览会”奖后名声遐迩，享誉华夏。灯芯糕始产于清嘉庆年间，至今已有 200 多年的历史。灯芯糕为条状食品，洁白、光润，以形似灯芯而得名。据说灯芯糕在当时并不知名，仅受到当地人们的喜爱。1915 年，灯芯糕参加了巴拿马国际博览会，各国使者商人看到这种外形为条状的食品，洁白、柔润、光滑，具有纯净的玉桂香味，拿到手上可以弯成圈而不断，最奇怪的是用火柴点燃后，整根丝能燃尽，继而惊叹起来。于是，名副其实的“灯芯”糕便名扬四海了。灯芯糕采用的是特级糯米加工的元粉，辅以优质白糖、溶油、玉桂油、红丝为原料配方，经过传统的工艺精制而成。近年来，生产部门对传统名产灯芯糕进行了配料改革，原来糕中的桂味是采用肉桂粉，现改为蒸馏的纯桂子油，这样使灯芯糕的桂香味更加纯正香浓，色泽更为纯白，吃起来更加清香鲜甜，落口消融，回味无穷。湘潭灯芯糕由于味道芳香浓郁、包装别致精美，已成为民众馈送亲友的礼品。

中路铺药糖因产于湘潭县中路铺而得此称，具有润肺、滋阴、健胃、消食、化痰等药用效果，为湘潭名优、特色食品。

（五）湘乡蛋糕、湘乡烘糕

湘乡蛋糕又叫湘乡蛋糕花、湘乡蛋卷，是湘乡第一名菜，为各家各户招待客人的传统美食。少年毛泽东在湘乡东山学校读书时，曾多次品尝外婆家的蛋糕。后来毛泽东在《湖南农民运动考察报告》中，提到了湘乡蛋糕、蛋糕席。湘乡蛋糕制作仍然停留在手工制作、口口相授、手手相传的传统理念里。湘乡蛋糕制作的原料为鲜肉、坨粉（红薯淀粉）、鸡蛋；佐料有胡椒粉、桔饼等。其操作流程：①剁肉泥；②和馅料；③烫蛋皮；④卷成蛋卷；⑤入蒸笼；⑥出品。食材保证是土猪肉、土鸡蛋、乡里优质红薯淀粉等绿色食材，搭配比例科学合理，保证了蛋糕酥软鲜美不油腻、色香味俱全。68 岁的吴春生是湘乡蛋糕制作的第三代传人，曾荣获“中国湘菜招牌菜比赛金牌”。

湘乡烘糕流行于湘中地区。据《湘乡县志》载：1723 年，由商人聂福元父子定型定名“湘乡烘糕”，有 300 余年历史。湘乡烘糕曾为作战军粮，随湘军征战十八行省，遍及全国，享誉盛名，一度被清廷赐名“贡糕”，定期进贡清廷。1932 年，湘乡烘糕在芝加哥博览会上展出。1937 年，湖南各界携湘乡烘糕赴沪慰问十九路军抗日将士。1980 年，荣获“湖南省优质产品”称号。湘乡烘糕具有落口融、火炙香、清纯爽口、不反胃回酸、营养丰富、不含油脂、老少皆宜的特点。

四　唇齿留香的风味美食

湘潭湘菜“毛氏、曾氏、齐氏、黎氏”四大伟人名人菜是指围绕湘潭近现代涌现的毛泽东、曾国藩、齐白石、黎氏八骏等历史伟人名人，梳理经典传统菜背后的历史渊源、民间传说、风土人情，挖掘整理而成的菜品。湘菜丰沛的食材、辛辣的美味熏陶出湘潭人“吃得苦霸得蛮、扎硬寨打硬仗”的血性，滋养了湘潭人“为有牺牲多壮志，敢教日月换新天”的品格。

（一）毛氏伟人菜

毛氏菜成型于明清时期。毛氏菜主要有毛氏红烧肉、香辣火焙鱼、韶山全家福、苦瓜烧水鸭、韶峰腊牛肉、猪蹄炖萝卜、红军得胜鸡、马齿苋蒸排骨、江山一片红、酸菜煎苦瓜、香脆白萝卜等十二道菜品。其制作工艺可分为蒸炸系列、腌制系列、小吃系列、腊熏系列，种类丰富多样。毛氏菜的食材以地方土特产为主，制作上以清炖为妙，风味上以香为要，技艺上以辣为助，韶山冲人民的强悍与豪放的性格浓缩在地方传统菜口味当中。如毛氏红烧肉，色泽金黄油亮，肥而不腻，十分香润可口，其选材十分讲究，肉一定要选带皮的五花三层，焯水、油炸、入锅蒸和煮都经过严格控油。五花肉切成块之后直接放入热油锅炸，炸到肉的外表有些金黄，停火，把肉捞出来，油倒出，然后另外起锅，倒入油、姜糖等炒，炒成糖色，再上锅至鲜滑爽口即成。

毛氏菜，是湘菜中的一个重要组成部分。由于毛主席的喜爱与推崇，毛氏菜在国际与国内享有较高的知名度，成为湘菜菜系中最为突出的代表。2016 年 11 月，“毛氏菜制作技艺”入选省级非物质文化遗产保护名录。

（二）曾氏名人菜

“菜好半年粮。”曾国藩把“种菜”引作家训，他在咸丰八年（1858 年）六月初四日的《致沅弟》中写道：“家中种菜一事，千万不可怠忽。”其子曾纪泽在家时，曾请来省城的菜农指导，种了“黄芽白菜、四季萝蒲（卜）、青菜、冬苋、蕹菜、冬萝蒲（卜）、白菜、波菜诸种”。曾国藩还多次要求家人晒小菜，做腌菜，“酝菜亦好”，以“款待人客”。因而，曾家的坛子菜做得很好，远近闻名。曾氏名人菜主要有湘乡蛋糕、涟水煮活鱼、曾府一品肉、水府刁子鱼、将军口味鹅、栗子烧菜心、砣粉野菜卷、湘军瓜砣公、农家杀猪菜、荷叶塘坛子菜、湘乡叫堂鸡、鳝鱼煮粉丝等菜品。

曾氏名人菜中的水府刁子鱼，出产于水府庙水库。水府庙水库水域广袤，生态良好，为人们提供了丰富的鱼类资源。刁子鱼的制作共有筛选、切割、清洗、腌制、晾干、蒸煮、风干、熏制、冷却等工艺流程，特别是除去鱼的腥味，按鱼的大小品种蒸煮时间不一，把鱼的表面水风干，再根据鱼的种类放置不同比例的稻壳、米糠、茶壳等配料进行熏制，使烟入味。水府火焙鱼已于2016年11月入选湘潭第四批市级非物质文化遗产保护名录。

（三）齐氏名人菜

齐白石家境贫寒，自然也在生活中养成了勤俭持家的品行。他的饮食习惯以清贫、清淡、清净为主，所以白石老人健康长寿。因此，齐氏名人菜以“健康长寿宴”为主线，主要有荷塘炒三鲜、糖水湘白莲、蒸大片腊肉、雁鹅菌炖肉、韭菜炒小虾、荷塘土鸡、白石铺红薯粉、芋头萝卜菜、水鱼炖羊肉、蒸火焙鱼虾、花石煎豆腐、荷香麸子肉等菜品。

雁鹅菌炖肉是白石老人家乡百姓喜爱的滋补美味菜品。1953年，齐白石九十大寿之时，毛主席特意给齐白石送了贺寿礼野生寒菌，齐白石在寿宴上就用了“雁鹅菌炖肉”招待客人。老人介绍：“寒菌是毛主席惠赠的，今天烦动大家来祝寿，能吃到毛主席御赐的寒菌，是我们的大福。”雁鹅菌炖肉不仅是一种滋补美味，更代表一种福泽绵长。

（四）黎氏名人菜

湘潭长塘黎氏是一个大户人家，黎氏八骏的父母黎松庵、黄赓夫妇共育有11个子女，全家人丁三四十口和睦相处。家族兴旺、书香门第，每到年关，家人团聚，都要热热闹闹吃团圆饭。黎氏名人菜主要有莲乡酥肉、消水蒸热鱼、家常粉丝、云耳老姜炒鸡、盐菜蒸扣肉、红枣扣肚、鱿鱼三丝、酱油白薯烧肉、白石藕丸、炒矮脚白菜、马家河羊肉等菜品，以“状元升学宴”为主线。

其中的莲乡酥肉，在湘潭民间又叫头碗全家福，只要是办席，就离不开这道菜。相传早年间，黎家厨师在年夜饭上都做道集十种材料于一体的菜，象征着黎家十全十美。黎松庵（黎氏八俊之父）觉得这道菜名为“全家福”再好不过了。于是，这道菜逐渐在当地流传开来，成为家家户户办席中必上的头碗菜。

第十章　湘潭文化的现代化

湘潭文化是一部动人心魄的厚书。它的每一页，如楚文化大美风韵，“潭学”开启湖湘学派，“金湘潭”见证发展奇迹；每一个名字，如毛泽东、彭德怀、齐白石；每一个细节，如三江七泽上的风帆、商道上的扁担，这些都透露出无所畏惧的追求和九死不悔的家国情怀，令人平添豪迈；每一件器物，都透露出清新活泼、柔和灵巧的审美追求，牵动你的美感；即便俗世的味道或仪式，也总能触动你内心的柔软。这是动力的源泉，根的认同，故乡的滋味。

进入新时代，湘潭正承载往日的辉煌，创造性继承，创新性发展，不断擦亮传统文化与时俱进的气质底色，激活创新血脉，在“不忘本来”“吸收外来”“面向未来”的融合发展中重塑精神标识，构建既承载历史记忆，又具有创新张力和时代视野的文化体系，书写湘潭文化现代转型新的章节。

一 坚定文化自信，塑造现代文化精神

湘潭文化现代化的本质是坚持文化自觉与文化自信，以先进文化这一核心资源为抓手，实现凝聚人心、构建精神家园、形成向上向善向前发展的精神力量的过程。先进文化的滋长，总是依赖其扎根的热土，通过传承创新、赋予时代精神而接续发展。习近平总书记指出，文化自信是最根本的自信，“是更基本、更深沉、更持久的力量”，这是对文化发展规律科学精辟的总结。

湘潭是伟人故里，自古就有“潇湘洙泗”“湖南文渊”之称，湘潭先民

以不朽情怀和生花妙笔，在五千年历史时空，书写了震古烁今的文化章节，积淀了大气厚重的人文精神。湘潭文化的开放性、创造性和多元性，形成了文化强市的文化基础，也为文化自信提供了深厚根基。湘潭对接一带一路、中部崛起和长株潭城市群实现跨越发展的伟大实践，迫切需要继承光大这种开放性、创新性文化，塑造向上向善向前的现代文化精神支撑。

一方面，湘潭坚定文化自信，秉持对自身文化理想、文化价值的崇高礼敬，加大力度做好文化的传承保护；充分发挥伟人故里、革命摇篮的红色文化优势，切实担负起发扬红色传统、传承红色基因的责任；深入挖掘湖湘文化、“金湘潭”商业文化资源中蕴含的精神品质、价值思想、道德规范和经世智慧，激活“为有牺牲多壮志，敢教日月换新天”“忧国忧民、经世致用、通变求新、兼容并蓄、敢为人先”等文化血脉，熔铸“胸怀天下、敢为人先、自强不息、勇于牺牲”的新时代文化气质，形成新的城市发展动力。

另一方面，增强文化自觉和文化自立，按照科学、辩证的思维，对历史文化进行再认识、再选择，守正创新，传承有现实价值的思想理念；融汇创新，通过引进消化其他先进文化，在交流互鉴中推动文化观念、文化内容、文化形态、文化科技全面进步，赋予历史文化新的内涵和形态，提升其生命力、竞争力、感召力。

二　高位规划，统筹推进文化强市建设

每一个地域的文化都有其本土性和独特性，这是由地域本身的历史发展决定的，文化的独特性决定地域文化的精神与气质，标示地域身份与本质内涵。湘潭实施文化强市战略，根本目标就是要通过提升地域文化的精神与气质，缔造文化软实力和卓越竞争力。文化软实力是一种系统性的文化构成，涉及空间布局、建筑样式、文艺作品生产、政治文明架构、经济运行方式等诸多方面，需要高位规划，统筹推进。

（一）高位规划，塑造“山江洲城”山水人文辉映的崭新画卷

为保存城市记忆，实现历史底蕴与生态性、时代性牵手，湘潭大手笔制定“山江洲城”城市文化发展规划。其空间布局重点是“一廊、三核、五

心、多点”。“一廊”，即以湘江为廊，利用沿岸各类文化休闲设施，形成一条贯穿历史、现在、未来，融合水脉和文脉，承载湘潭历史记忆的湘江文化景观长廊，延续“山江洲城”的山水人文历史格局；“三核”，即万楼广场文化核心区、湖湘公园文化核心区、雨湖窑湾文化核心区三个市级文化核心区；“五心”，即雨湖文化中心、岳塘文化中心、湘潭经开区文化中心、昭山文化中心、生态文化中心五个文化次中心；“多点”，即分散在城区的街道级、社区级文化设施及综合文化服务中心。促进文化与旅游深度融合，以“三山两水一湾”（“三山”：韶山、昭山、隐山；“两水”：湘江、韶山灌区及水府庙；“一湾”：窑湾）为建设重点，把湘潭打造成为国家全域旅游示范市、世界红色旅游重点目的地。

（二）加大历史文化遗产保护与开发利用力度，塑造城市内在气质

文化遗产是不可再生的珍贵资源，是地方和谐文化建设的宝贵财富。湘潭市境内历史文化遗产较多，有国家级文物保护单位 4 个，省级文物保护单位 15 个。此外，湖湘文化的发源地——隐山、黎氏八骏故居所在地——晓霞山、齐白石纪念馆、列入省第一批非物质文化遗产的“青山唢呐”等都是极具品牌影响力的文化资源。湘潭不断深化对历史文化资源保护的认识，制定湘潭历史文化遗产保护与开发规划，加大文化遗产保护力度。城市建设中力避对具有文化价值的旧区、旧房、老街一拆了之，努力保存历史记忆和文化遗存。保护方式也由过去单体、局部保护，升级为片区全景保护 + 合理修缮 + 文旅模式，河西历史文化风光——窑湾、壶山、唐兴街、城正街、雨湖、万楼六大历史文化片区建设已启动，昔日“金湘潭、小南京”的繁华胜景即将再现。作为文化遗产开发项目的红色文化影视拍摄基地、湘军主题公园、湖湘文化展示中心和湖湘文化名人蜡像馆，以及作为整合记忆碎片的历史文化景点——烟堤柳雾、塔寺钟声、江天暮雪、远浦归航、月弓晓月、铜壶滴露等的建设，未来将逐一付诸实施，彰显湘潭古韵与现代的水乳交融。

（三）创新文化体制机制，释放改革红利

在市场经济高速发展和数字技术引起文化生产、传播、消费根本变革的

当下，引进资金技术，创新更独特的文化模式，以产业反哺文化，是地域文化现代转型的必由之路。湘潭注重创新文化体制机制，筑巢引凤，形成新的发展动能。一是制定文化事业加速发展的政策体系，支持基础教育、基础学科发展；支持围绕地域文化品牌、重要现实题材作品原创，激发原创活力；支持人才队伍培养；打造红色文化、湖湘学派文化、湘军文化、白石文化、金湘潭商业文化五大地方特色文化品牌，促进湖湘文化创造性转化和创新性发展。二是按照公益性、基本性、均等性、便利性的要求，加快构建结构合理、发展均衡、网络健全、运行高效、惠及全民的目标体系，完善现代公共文化服务体系。三是加速构建现代文化产业体系，推动文化跨界融合发展，大力发展文化创意产业和文化旅游产业。目前，适应可持续创新发展的文化生态体系已初步形成。

三　打造文艺高地，焕发原创活力

文脉，是一座城市的 DNA 和核心遗产，是创新思维水平高低的衡量标尺，赋予城市独特气质和审美传承。没有文脉的承续发展，城市的文化将一片荒芜。湘潭人文荟萃，底蕴深厚，历史上曾是湖湘文化的“文渊”，科举甲于长沙，著述超越九府，诗坛艺苑巨匠大家联袂辈出，产生了“儒宗”王闿运、画坛大师齐白石等北山泰斗，名悬天半，光照千秋。

“文运即世运”，文艺生产是标示地域文化生产力和创新力高低的核心指标，是创新思维能力与精神面貌的晴雨表。作为文化强市战略的重要内容，湘潭致力于承续昔日辉煌，激活文化生产力和创新力。启动强化基础教育，推进智库建设，支持特色重点优势学科建设，支持文艺精品创作行动计划，加大人才培养、引进力度，鼓励作家、艺术家、学者潜心挖掘本土历史文化与民俗风情，把握湘潭现阶段呈现出来的新特点新要求，推进文艺创新讲好湘潭故事，创作无愧于时代的文艺大作品，并进一步缔造湘潭文艺创作的“高峰”，为提升我国文化生产力与创新力贡献湘潭智慧。

人文社会科学领域特别是智库建设方面，湘潭社科理论专家和智库专家在“湖南社科专家改革发展献金策”活动中，撰写的“金点子”数量和获奖项和近十年来湘潭公开出版哲学社会科学著作、公开刊载并获得转化、产生一定经济社会效益的研究成果数量以及湖南哲学社会科学奖评奖活动中，湘潭获得文史哲、经济、公共管理等门类社科奖项数量，长期高居全省前列。

文学、影视剧创作领域，长篇重大革命历史题材电视剧《彭德怀元帅》，以纪实性的传记风格，呈现彭德怀毕生的丰功伟绩与革命生涯，浓墨重彩地书写出中国革命的岁月风霜，唱响主旋律，弘扬正能量。该剧获中宣部精神文明建设“五个一工程”奖和中国电视剧“飞天奖”。花鼓戏《齐白石》、广播剧《铁槟榔》，荣获省精神文明建设“五个一工程”奖。书画、摄影艺术领域，在近年全国美展、全国书展、湖南首届文艺成果奖评选中，湘潭市作品参展、获奖数均位居全省市州前列，其中，3 件作品获得文化部群星奖，5 件作品获齐白石奖。

四　繁荣群众文化，提升文化民生保障水平

四时节庆、赏心乐事、饮食消遣、休闲娱乐等，是城市俗世情怀的载体，也是滋养城市文化的土壤。传统“俗”文化符号来自对苍天馈赠的礼敬，对原始宗教鬼神的祈求，是耕作后疲劳的舒缓、收获后的欢庆，体现强烈的仪式感和群体欢娱特征。明清时期湘潭俗文化非常发达，是湖南名声最著的“戏曲窝子”，以总市、商帮为单元逢节庆、行业祖师生辰举行的杂剧、娱神活动，牵动万人空巷。俚俗文化的繁荣，为湘潭小说、戏曲创作提供了沃土。现存的鲁班殿泥塑就是湘潭俚俗文化繁荣的浮世绘。

为繁荣发展大众文化，切实提升文化民生保障水平，满足群众日益增长的文化需求，一是着力建设公共文化服务体系，从硬件上完善公共文化服务设施，从软件上创新公共文化运行机制，促进基本公共文化服务标准化、均等化。二是以基层为重点，深入实施文化惠民工程。精心办好“流动大舞台”，按照“政府搭台，群众表演，舞台流动”的模式和“把城里的节目送到乡下去，把乡里的表演请进城里来”的思路，为群众搭建自编自导、自娱自乐的平台。“流动大舞台”深入农村、厂矿、学校、社区、工棚，逐渐成长为湘潭市一大文化活动品牌。繁荣“广场群众文化”、传统节日文艺活动，引导民间文艺演出活动。民间文艺演出活动在内容选择上注重安排本土风情的文艺节目，如青山唢呐、地花鼓、韶山山歌、纸影戏、火龙舞等，促进地

方文艺品种传承。组织“欢乐潇湘·幸福湘潭”大型群众文化活动，打造“草根”爱好者的文化“博览会”、民间艺人的“星光大道”，发现和培育一批优秀的群众文艺表演团队和群众文艺骨干，推动全市群众性文化活动创作。湘潭的群众文化活动已具备较高的参与度和满意度，形成了较强的文化凝聚力和娱乐教化功能。

五 壮大产业，提升文化跨界与创新融合力

借助最先进的技术，进行融合创新，从而发展起新的文化生产力，创造新市场，拓展新渠道，已经成为当前判断城市文化实力新的衡量指标。

湘潭充分利用已有的资源富集、科技厚植的条件和优势，借助中部崛起和长株潭城市群建设的重大机遇，聚焦高质量发展，大力推进文化体制改革，加快推进国有文化企业公司改革，完善国有文化资产运营监管体系，探索文化产业混合所有制发展机制改革，做大做强湘潭文化产业公司；依托湘潭在线新闻网，整合全市机关单位“两微一端”，打造新型融媒体矩阵。文化新主体、新业态如雨后春笋般涌现，新动能正在持续壮大，产业反哺文化的良性循环正在形成。持续扩大文化领域开放，推进以“一区一园一中心五基地”为总体布局的湘潭特色文化创意产业基地建设，鼓励多种所有制文化创意企业平等竞争、共同发展，推动文化与科技、教育、金融、旅游、健康养老等融合发展，湘潭文化跨界与融合创新力显著增强。2018 年湘潭文化产业增加值占 GDP 比重上升至全省第四位。产业布局已覆盖动漫游戏、文化创意、数字出版、文化节会、文化旅游、演艺娱乐等。落实建设“一谷三城”（“一谷”，即智造谷；“三城”，即军工城、汽车城、文创城）规划要求，昭山国家级文化产业示范园创建加快推进，吸引国内一批知名、优质文化企业向园区集聚；“最忆韶山冲”文旅综合体、九华 F2 汽车文化产业园、昭山“山市晴岚”等重大项目正在铺开；骨干文化企业发展初显成效，军工题材电影项目上马，本土品牌的辐射功能和对外形象展示功能正在提升。

创新推进红色文化与旅游产业融合发展，通过舞活韶山毛泽东故里、乌石彭德怀纪念馆龙头，推进“红色旅游 +”，为相关产业和领域发展提供平台，形成新业态，提升其发展水平和综合价值。将湘潭（韶山）建成中国红

色文化的国际形象展示窗口、国家级红色旅游示范区。同时，充分挖掘湖湘文化、革命文化资源，利用名人、名流、名居、名篇、名镇、名山等品牌特色，开发生态旅游、工业旅游、休闲旅游等新旅游业态，打造“旅行”“旅居”“旅养”等不同模式，延伸旅游产业链条。白石文化品牌已形成一定规模的产业链。其中，依托人民艺术家、“世界文化名人”齐白石故乡这一弥足珍贵的文化经济资源，中国（湘潭）齐白石国际文化艺术节已成为在国内外享有盛名的艺术盛会；涵盖艺术创作、艺术培训、广告策划、动漫制作、出版印刷等白石艺术品牌创意产业链已初步形成；后续将深拓书法绘画、古玩瓷器等艺术品生产、鉴定和交易市场，打造白石艺术文化精品旅游线路。

文化现代化是一个永恒的主题，湘潭文化强市之路任重道远。中国文化重心迁移与中国经济重心迁移高度重叠，表明经济是文化发展的根基和底气；湘潭文化开放性、创造性、多元性传统，传递虚怀若谷、自强不息的精神，防止因闭锁停滞抑制创新的智慧，湘潭借助“一带一路”与“大湾区建设”机遇，秉持自信自觉、然后自立的情怀，一定能够书写文化现代化的辉煌篇章。

主要参考文献

1. 李肖聃：《湘学略》，岳麓书社，1985。

2. 钱基博：《近百年湖南学风》（《湖湘文库·甲编》），岳麓书社，2012。

3. 刘泱泱主编《湖南通史·近代卷》，湖南出版社，1994。

4. 湖南省地方志编纂委员会编《湖南省志·贸易志》，湖南出版社，1990。

5. 湘潭市地方志编纂委员会编《湘潭市志》，中国文史出版社，1997。

6. （清）张云璈：《（嘉庆）湘潭县志》，清嘉庆二十三年（1818年）刻本。

7. （清）吕正音：《（乾隆）湘潭县志》，清乾隆二十一年（1756年）刻本。

8. （清）陈嘉榆、王闿运：《（光绪）湘潭县志》，岳麓书社，2010。

9. （清）邓显鹤：《沅湘耆旧集》（《湖湘文库·甲编》），岳麓书社，2011。

10. （清）郭金台：《石村文集》（《湖湘文库·甲编33》），岳麓书社，2012。

11. （清）王岱：《了庵文集》（北京图书馆古籍珍本丛刊112），书目文献出版社，2000。

12. （北魏）郦道元：《水经注》。

13. 《湘潭县志·山川》，（明）嘉靖三十二年（1553年）。

14. （清）史宗尧：《（顺治）湘潭县志》（转引自清吕志）。

15. 毛泽钧：《中湘韶山毛氏四修族谱》，1941年刊。

16. 何季才：《湘潭锦石何氏七修族谱》，1929年刊。

后记

湘潭历史悠久，文脉深厚。从中华初祖炎帝教耕，途经湘潭，到舜帝南巡，在韶山奏响韶乐；从越楚风韵、秦汉建制、唐宋移治，到宋末湘学源地，明清时期“金湘潭”繁荣鼎盛；从湘学文化，到湘军文化、红色文化和白石文化，湘潭成为名重天下的伟人故里、人文圣地。《湘潭：韶乐惊凤起弦歌》正是按照湘潭历史文化发展的这个脉络思考和展开叙述的。

本书撰稿和图片收集人员包括周亚平、文孝男、陈准、尹铁凡、张作奇、周黎民、何歌劲、刘剑桦、田园、李姗姗、李钱良、谭进军、刘咏资、李芳、罗中、陈青等。本书在编写过程中，得到中共湖南省委宣传部、湖南省社科院、中共湘潭市委宣传部、湘潭地方文化研究会、湘潭文史学会等有关单位、社会组织及相关人员的大力支持，在此一并致谢。

本书编委会

2019 年 1 月 24 日

图书在版编目（CIP）数据

湘潭：韶乐惊凤起弦歌 / 周亚平，文孝男主编. --
北京：社会科学文献出版社，2019.8
（湖湘文化区域精粹）
ISBN 978-7-5201-4615-9

Ⅰ.①湘… Ⅱ.①周… ②文… Ⅲ.①地方文化-介
绍-湘潭 Ⅳ.①G127.643

中国版本图书馆 CIP 数据核字（2019）第 059226 号

湖湘文化区域精粹
湘潭：韶乐惊凤起弦歌

主　　编 / 周亚平　文孝男
副 主 编 / 李珊珊　李钱良

出 版 人 / 谢寿光
责任编辑 / 周雪林
文稿编辑 / 刘如东

出　　版 / 社会科学文献出版社·城市和绿色发展分社（010）59367143
地址：北京市北三环中路甲 29 号院华龙大厦　邮编：100029
网址：www.ssap.com.cn
发　　行 / 市场营销中心（010）59367081　59367083
印　　装 / 三河市尚艺印装有限公司

规　　格 / 开　本：787mm × 1092mm　1/16
印　张：15.25　字　数：233 千字
版　　次 / 2019 年 8 月第 1 版　2019 年 8 月第 1 次印刷
书　　号 / ISBN 978-7-5201-4615-9
定　　价 / 88.00 元

本书如有印装质量问题，请与读者服务中心（010-59367028）联系